大学生素质教育系列教材 · 国民素质教育培训系列教材

大学生安全教育

范晓莹 张肖华 主 编
郑强国 周 伟 副主编

清华大学出版社
北京

内 容 简 介

本书根据国务院关于《教育重大突发事件专项督导暂行办法》的通知，结合学校安全教育，具体介绍了自然灾害、事故灾难、公共卫生、社会安全、校园安全等安全教育体系知识，并通过案例剖析，为学生提供各类应对突发事件的必备知识、求生技巧和安全培训，提高学生应对突发事件的能力。

本书具有知识系统、案例真实、贴近实际、操作性强、强化素质能力培养等特点，因而既可以作为普通高校、高职高专院校及各类学校安全教育的首选教材，也可以用于各级基层政府和高校管理者的在职培训，并为广大社区居民提供突发事件的应对指导。

本书封面贴有清华大学出版社防伪标签，无标签者不得销售。
版权所有，侵权必究。举报: 010-62782989, beiqinquan@tup.tsinghua.edu.cn。

图书在版编目(CIP)数据

大学生安全教育/范晓莹,张肖华主编. —北京:清华大学出版社,2023.5
大学生素质教育系列教材　国民素质教育培训系列教材
ISBN 978-7-302-63455-3

Ⅰ.①大… Ⅱ.①范… ②张… Ⅲ.①大学生-安全教育-高等学校-教材 Ⅳ.①G641

中国国家版本馆 CIP 数据核字(2023)第 081345 号

责任编辑: 田在儒
封面设计: 傅瑞学
责任校对: 袁　芳
责任印制: 朱雨萌

出版发行: 清华大学出版社
　　　　网　　址: http://www.tup.com.cn, http://www.wqbook.com
　　　　地　　址: 北京清华大学学研大厦 A 座　　邮　编: 100084
　　　　社 总 机: 010-83470000　　邮　购: 010-62786544
　　　　投稿与读者服务: 010-62776969, c-service@tup.tsinghua.edu.cn
　　　　质量反馈: 010-62772015, zhiliang@tup.tsinghua.edu.cn
　　　　课件下载: http://www.tup.com.cn, 010-83470410
印 装 者: 三河市铭诚印务有限公司
经　　销: 全国新华书店
开　　本: 185mm×260mm　　印　张: 15.75　　字　数: 359 千字
版　　次: 2023 年 5 月第 1 版　　印　次: 2023 年 5 月第 1 次印刷
定　　价: 49.00 元

产品编号: 098185-01

FOREWORD

前　　言

习近平总书记在党的"二十大"报告中指出"全面加强国家安全教育""增强全民国家安全意识和素养,筑牢国家安全人民防线""提高防灾减灾救灾和重大突发公共事件处置保障能力",这些重要论述清楚表明,新时代新征程上全民国家安全教育的重要性。

本书作为大学生素质教育的特色教材,坚持科学发展观,严格按照教育部关于加强国民素质教育的要求,全面贯彻落实国务院印发的《教育重大突发事件专项督导暂行办法》的通知,旨在积极应对并妥善处理教育重大突发事件,保障师生生命、财产安全和教育教学工作正常开展,维护教育改革发展的稳定大局,保护大学生身心健康,关注其人生长远发展。

全书共七章,以学习者素质培养为主线,根据各种突发事件的特点,按照各种灾害灾难、校园安全突发事件划分的逻辑规律,结合实际案例具体介绍了自然灾害、事故灾难、公共卫生与疫情防护、社会安全、学生伤害事故处理及校园安全等安全教育体系知识,并通过案例剖析,为学生提供应对各类突发事件的必备知识、求生技巧、安全培训,提高学生应对突发事件的能力。

由于本书融入了素质教育的最新实践教学理念,力求严谨、注重与时俱进,具有知识系统、案例真实、注重各类突发事件与安全保护的应对操作等特点;因此,本书既可以作为普通高校、高职高专院校大学生安全教育的首选教材,也可以用于高校和各级基层政府、社会管理者的在职培训,并为广大社区居民提供突发事件应对的学习指导。

本书由李大军筹划并具体组织,范晓莹和张肖华为主编,范晓莹统稿,郑强国、周伟为副主编,由林玲玲教授审定。编者写作分工:牟惟仲编写序言,周伟编写第一章、第二章,范晓莹编写第三章、第七章,张肖华编写第四章、第六章,郑强国编写第五章、附录;华燕萍负责文字修改和版式调整,李晓新负责制作教学课件。

在本书的编写过程中,编者参阅了大量有关突发事件应对与安全教育的最新书刊、网站资料,以及国家和教育部历年颁布实施的大学生安全教育相关法规、通知文件及管理规定,收集了大量具有实用价值的典型案例,并得到有关专家、教授的具体指导,在此一并致谢。为配合教学,本书提供了电子课件,读者可以从清华大学出版社网站免费下载使用。因编者水平有限,书中难免存在疏漏和不足,恳请同行和读者批评、指正。

编　者

2023 年 3 月

目 录

第一章　大学生安全教育与国家安全 …………………………………………………… 1
　第一节　大学生安全意识与应急能力的培养 ………………………………………… 2
　　一、培养大学生安全意识与应急能力的必要性 …………………………………… 2
　　二、培养大学生安全意识的方法 …………………………………………………… 4
　　三、培养大学生校园安全意识 ……………………………………………………… 5
　第二节　大学生应急与安全教育知识 ………………………………………………… 6
　　一、大学生国家安全教育的主要内容 ……………………………………………… 6
　　二、大学生安全知识教育内容及方法 ……………………………………………… 8
　　三、加强大学生安全教育的意义 …………………………………………………… 10
　　四、加强大学生应急能力的培养 …………………………………………………… 11
　第三节　维护国家安全，自觉保守国家秘密 ………………………………………… 11
　　一、大学生应积极维护国家安全 …………………………………………………… 12
　　二、大学生应自觉保守国家秘密 …………………………………………………… 12
　　三、爱我中华，反对分裂 …………………………………………………………… 13
　第四节　反邪教安全教育 ……………………………………………………………… 14
　　一、邪教组织的特征及危害 ………………………………………………………… 14
　　二、针对邪教的法律法规 …………………………………………………………… 15
　　三、反邪教常识 ……………………………………………………………………… 17
　　四、建立反邪教应对机制 …………………………………………………………… 18
第二章　突发事件的安全教育 …………………………………………………………… 21
　第一节　突发事件的特征及应对 ……………………………………………………… 22
　　一、突发事件的特征 ………………………………………………………………… 22
　　二、突发事件的分类 ………………………………………………………………… 22
　　三、突发事件的应对及处置程序 …………………………………………………… 24
　　四、处置突发事件的处置原则 ……………………………………………………… 26
　第二节　高校突发事件特征及应对 …………………………………………………… 27
　　一、高校突发事件的分类及原因 …………………………………………………… 27

二、高校常见突发事件的原因 ……………………………………………… 29
　　三、高校突发事件的处理程序 ……………………………………………… 32
　　四、高校应对突发事件应当遵循的基本原则 …………………………… 36
　　五、学校的事故预防工作 …………………………………………………… 37
第三节　急救知识与技能 ……………………………………………………… 37
　　一、相关概念 ………………………………………………………………… 37
　　二、安全防护与急救能力的形成 …………………………………………… 38
　　三、影响安全防护与急救能力的因素 ……………………………………… 38
　　四、一般的急救知识 ………………………………………………………… 39
第四节　常见急症的急救处理 ………………………………………………… 42
　　一、头痛的处理与预防 ……………………………………………………… 42
　　二、高热的处理与预防 ……………………………………………………… 42
　　三、呼吸困难的处理与预防 ………………………………………………… 43
　　四、昏迷的处理与预防 ……………………………………………………… 43
　　五、休克的处理与预防 ……………………………………………………… 44
　　六、晕厥的处理与预防 ……………………………………………………… 45
　　七、中暑的处理与预防 ……………………………………………………… 45

第三章　自然灾害类突发事件的应对 …………………………………… 48

第一节　地震的应对与安全教育 ……………………………………………… 50
　　一、地震知识 ………………………………………………………………… 50
　　二、地震的预防与应对措施 ………………………………………………… 53
第二节　雪灾的应对与安全教育 ……………………………………………… 58
　　一、雪灾类型 ………………………………………………………………… 58
　　二、雪灾防护措施 …………………………………………………………… 60
　　三、雪灾天气的疾病防治 …………………………………………………… 61
第三节　雷雨极端天气的应对与安全教育 …………………………………… 64
　　一、雷雨极端天气的分类及成因 …………………………………………… 64
　　二、避险常识 ………………………………………………………………… 65
　　三、安全自救知识 …………………………………………………………… 66
　　四、极端气候下的安全常识 ………………………………………………… 69
　　五、学生应掌握的自救方法 ………………………………………………… 69
　　六、学校灾后消毒方法 ……………………………………………………… 70
第四节　台风天气的应对与安全教育 ………………………………………… 73
　　一、台风的气象原理及生命周期 …………………………………………… 73
　　二、台风的等级划分及特点 ………………………………………………… 74
　　三、台风的利弊分析 ………………………………………………………… 74
　　四、台风的防抗 ……………………………………………………………… 75
　　五、台风警报及防御指南 …………………………………………………… 77

　　　　六、学校防范强台风措施 ………………………………………………………… 78

　第五节　高温天气的应对与安全教育 …………………………………………………… 81
　　　　一、中央气象台高温预警发布标准 ……………………………………………… 81
　　　　二、高温天气频发原因 …………………………………………………………… 81
　　　　三、高温天气对人体的损害及导致的疾病 ……………………………………… 81
　　　　四、防暑降温方法 ………………………………………………………………… 84
　　　　五、高温天气的避暑常识 ………………………………………………………… 85
　　　　六、高温天气易发的学校安全事故 ……………………………………………… 86
　　　　七、学校预防措施 ………………………………………………………………… 88

第四章　事故灾难类突发事件的应对 ………………………………………………………… 92
　第一节　空难事故的应对与安全教育 …………………………………………………… 94
　　　　一、机场紧急事件的分类及应急救援 …………………………………………… 94
　　　　二、民用航空器飞行事故应急响应 ……………………………………………… 94
　　　　三、自救方法 ……………………………………………………………………… 96
　　　　四、国内航空运输承运人的职责 ………………………………………………… 98
　第二节　铁路交通事故的应对与安全教育 ……………………………………………… 103
　　　　一、铁路交通事故等级分类 ……………………………………………………… 103
　　　　二、乘坐火车需要注意的安全问题 ……………………………………………… 104
　　　　三、乘坐高铁、动车必须掌握的逃生知识和技巧 ……………………………… 106
　第三节　大型活动安全事故的应对与安全教育 ………………………………………… 113
　　　　一、大型活动安全事故的特点及原因 …………………………………………… 113
　　　　二、避险常识 ……………………………………………………………………… 113
　　　　三、预防大型活动踩踏事故的发生 ……………………………………………… 115
　　　　四、校园踩踏事件的预防措施 …………………………………………………… 116
　第四节　电梯事故的应对与安全教育 …………………………………………………… 118
　　　　一、发生电梯"吞人"事件的原因 ……………………………………………… 118
　　　　二、电梯故障的征兆预警及应对办法 …………………………………………… 119
　　　　三、安全乘坐电梯常识 …………………………………………………………… 120
　　　　四、学校预防电梯事故的措施 …………………………………………………… 122
　第五节　火灾的应对与安全教育 ………………………………………………………… 125
　　　　一、火灾的分类及危险等级 ……………………………………………………… 125
　　　　二、火灾的预防知识 ……………………………………………………………… 125
　　　　三、火灾避险逃生知识 …………………………………………………………… 128
　　　　四、学校的火灾危险源 …………………………………………………………… 131
　　　　五、学校防火措施 ………………………………………………………………… 132

第五章　公共卫生突发事件的应对和心理健康教育 ………………………………………… 139
　第一节　传染性疾病的应对与安全教育 ………………………………………………… 140
　　　　一、传染病的分类及特点 ………………………………………………………… 140

二、常见传染病的诊断与治疗 …………………………………………… 141
　　三、传染病的防治措施 …………………………………………………… 145
　　四、学校传染病应急处置预案 …………………………………………… 145
第二节　心理疾病的应对与安全教育 …………………………………………… 150
　　一、大学生常见心理疾病 ………………………………………………… 150
　　二、大学生心理疾病的成因分析 ………………………………………… 153
　　三、大学生心理疾病的预防措施 ………………………………………… 155
　　四、学校心理疾病预防及危机干预制度的建立 ………………………… 157
第三节　网瘾伤害事故的应对与安全教育 ……………………………………… 161
　　一、网络成瘾的判断标准及特点 ………………………………………… 161
　　二、网络成瘾对大学生危害的主要表现 ………………………………… 162
　　三、网络成瘾原因分析 …………………………………………………… 163
　　四、网络成瘾防治措施 …………………………………………………… 164
第四节　食物中毒突发事件的应对与安全教育 ………………………………… 170
　　一、食物中毒的症状及诊断依据 ………………………………………… 170
　　二、常见易中毒食物及应对方法 ………………………………………… 170
　　三、校园食物中毒事件高发的原因 ……………………………………… 173
　　四、学校预防食物中毒的措施 …………………………………………… 174

第六章　社会安全突发事件的应对 …………………………………………… 180
第一节　暴恐事件的应对与安全教育 …………………………………………… 181
　　一、我国反恐斗争现状 …………………………………………………… 181
　　二、暴恐事件的特点 ……………………………………………………… 182
　　三、各国应对暴恐事件的措施 …………………………………………… 182
　　四、暴恐事件的应急处置方案 …………………………………………… 184
　　五、对校园安全的启示 …………………………………………………… 186
第二节　人质劫持事件的应对与安全教育 ……………………………………… 189
　　一、我国近期发生的人质劫持事件 ……………………………………… 189
　　二、人质劫持的法律定性 ………………………………………………… 190
　　三、人质劫持事件的应对常识 …………………………………………… 190
　　四、劫持未成年学生事件的应急处置方案 ……………………………… 192
第三节　交通工具爆炸事件的应对与安全教育 ………………………………… 194
　　一、交通工具爆炸案特点及法律定性 …………………………………… 194
　　二、我国近期发生的公共汽车爆炸案及应对措施 ……………………… 195
　　三、交通工具爆炸事件应对常识 ………………………………………… 196
第四节　性侵害的应对与安全教育 ……………………………………………… 200
　　一、性侵害的类型 ………………………………………………………… 201
　　二、大学性侵害的主要特征 ……………………………………………… 202
　　三、防范高校校园性侵害事件 …………………………………………… 203

四、性侵害发生后的应对措施 ································· 204
第七章　校园安全突发事件的安全教育 ································· 210
　第一节　校园投毒事件的应对与安全教育 ································· 210
　　一、盘点高校投毒事件 ································· 210
　　二、学生投毒案原因分析 ································· 210
　　三、投毒事故应急处理方案和措施 ································· 211
　第二节　校园暴力伤害事故的应对与安全教育 ································· 212
　　一、校园暴力的概念及类型 ································· 213
　　二、影响校园暴力行为的主要因素 ································· 213
　　三、防范校园暴力行为的措施 ································· 215
　第三节　实验室安全事故的应对 ································· 218
　　一、实验室常见事故应急处置措施 ································· 219
　　二、实验室事故应急预案 ································· 224
附录1　国家安全管理法规 ································· 228
附录2　北京市突发公共卫生事件应急条例 ································· 229
参考文献 ································· 241

第一章 大学生安全教育与国家安全

本章内容提要

(1) 大学生安全意识与应急能力的培养。
(2) 大学生应急与安全教育知识。
(3) 维护国家安全,自觉保守国家秘密。
(4) 爱我中华,反对分裂。

不断提高应急处突能力

5·22玛多地震的发生,再次考验了青海省党员领导干部的应急处突能力。灾情一发生,青海省省委、省政府立刻做出工作要求和安排,省州各相关部门火速集结专业力量投入抗震救灾各项工作中,伤员救治、群众安置、应急保通、灾情上报、疫情防控、次生灾害防范等有力有序地进行。在党中央国务院的关怀指导下,在国家有关部委的大力支持下,在青海省省委、省政府的坚强领导下,在各有关部门团结带领各族群众的坚毅奋战下,抗震救援已取得阶段性成果,体现了青海省防灾、减灾、救灾能力水平的不断提升。

2020年秋季学期中央党校(国家行政学院)中青年干部培训班开班式上提到,干部特别是年轻干部要提高应急处突能力。这不仅是对年轻干部应对各样风险挑战提出的要求,也为广大党员干部提升能力素质指明了方向。在新时代,依然会面对诸多挑战与机遇,提高应急处突能力,不仅尤为重要,而且十分迫切。

备豫不虞,为国常道。提高应急处突能力,就要增强风险意识,下好先手棋、打好主动仗,做好随时应对各种风险挑战的准备,做好预测、预警、预案工作,谋求战略主动。应急处突要站稳人民立场,坚持人民至上、生命至上。党员干部要努力成为所在工作领域的行家里手,不断提高应急处突的见识和胆识,对可能发生的各种风险挑战,要做到心中有数、分类施策、精准拆弹,有效掌控局势、化解危机,做到快速反应、科学处理。应急处突属于国家治理体系和治理能力的重要组成部分,要紧密结合应对风险实践,查找工作和体制机制上的漏洞,及时予以完善,在大力推进治理体系和治理能力现代化建设中警惕和防范"黑天鹅""灰犀牛"。

"君子安而不忘危,存而不忘亡,治而不忘乱,是以身安而国家可保也"。不断提高应

> 急处突能力,有效防范化解各种风险挑战,就能化险为夷、转危为机,推动现代化新征程稳中求进、行稳致远。
>
> 资料来源:http://qh.people.com.cn/n2/2021/0608/c182775-34766466.html,2022-02-10.

安全教育是针对遭遇突发性事件、灾害性事故时所表现出来的应急、应变能力的教育,加强避免自身的生命财产受到侵害的自我保护、安全防卫能力,增强安全意识,以及法治观念、健康心理状态和抵御违法犯罪能力的教育。

大学生安全教育的对象是当代大学生,大学生在我国教育事业中有着独特的地位,关系到国家事业的未来发展,大学生安全教育是和大学生自身特点、成长需要和时代要求分不开的,安全教育也是学校思想政治教育的一个重要组成部分。

安全教育涉及的内容非常广泛,应与高校的一切教育活动相联系,应与学校的思想政治教育、道德教育、民主法制教育、校纪校规教育、心理健康教育等相结合。

第一节 大学生安全意识与应急能力的培养

大学生安全意识是大学生综合素质的一个重要内容,也是高校教育的一个重要方面,更是维持校园稳定的重要因素,因此高校应注重大学生安全意识的培养。目前,无论是在学校还是在家庭,大学生基本上都没有经过系统的安全教育和应急能力的培训,安全意识淡薄,面对各类突发事件常常表现得惊慌失措,应急应对能力严重不足。因此,从当前校园安全问题日益突出的现状来看,进行大学生安全意识与应急能力的培养是十分必要的。

小贴士

> 应对突发事件的基本心态。
>
> 沉着、冷静。应对突发事件,必须冷静、理智,不可一味地针锋相对,一时冲动往往会导致矛盾激化,错过妥善处理的最佳时机。要使各方都能够冷静下来,防止突发事件扩散,就要做到认真倾听,细致耐心。
>
> 勇气、责任。处理突发事件容不得半点拖延,在这种情况下做出决策和采取措施的时间非常有限,因此要坚决果断,勇于承担责任。

一、培养大学生安全意识与应急能力的必要性

(一)大学校园安全问题日益突出

案例

提升大学生对突发公共事件的应对实践能力

全国人大代表、华中科技大学计算机科学与技术学院院长冯丹表示,应重点关注大学生对突发公共事件的应对能力。

2020年伊始,一场突如其来的新冠肺炎疫情给我国经济社会带来了巨大的冲击,在党中央坚强领导下,全国各族人民顽强拼搏,疫情防控取得重大战略成果。作为一名高校教育工作者,冯丹认为,提升大学生在日常生活学习中应对突发公共事件的能力是很有必要的。

她建议,加强在校大学生对突发公共事件的知识教育,通过培训和演练进而增强大学生应对突发公共事件的敏锐力、分析力和处置能力。在急需大量专业人员参与处置、维护社会稳定与发展大局,而仅依靠政府和社会现有机构、人员无法满足需要时,在保障安全的前提下,可以鼓励和支持高等院校专业学生参与应对处置工作。

新型冠状病毒感染疫情暴发初期,由于对其认知不足,各高校考虑学生安全,并未组织医学专业学生(含研究生)集中参与防控工作。尽管华中科技大学11所附属医院,总计3.4万名医务人员全力参加防控救治工作,为取得武汉保卫战、湖北保卫战胜利发挥了积极作用,但疫情初期湖北一线医疗人员短缺严重,大量医学专业在校学生(含研究生)等优质专业资源处于"空置"状态。

湖北作为医学教育资源较为丰富的省份,既有华中科技大学、武汉大学等国家"双一流"院校,也有武汉科技大学、长江大学、三峡大学、江汉大学等一批设置有医学专业的省属院校,以及湖北中医药大学、湖北医药学院等省属医学类专业院校,每年招收和培养了大量临床和公共卫生专业的学生。

她还建议,完善鼓励和支持高等院校在校学生参与突发公共事件应急处置的法律法规。同时,高等院校制订在校学生参与突发公共事件应对与处置的工作预案,并纳入教学案例。在突发重大公共卫生事件中,高等院校可有组织地安排具有一定专业基础知识的高年级本科生、研究生参与社区疫情防控、健康教育、方舱医院和集中隔离点等对专业知识要求一般的工作,提升高等院校学生的实践能力。

资料来源:http://rencai.people.com.cn/n1/2020/1022/c244800-31902373.html,2022-02-10.

当前校园安全问题严峻,不能不让人心惊,所以进行高校安全教育,培养大学生的安全意识与应急能力势在必行。只有让大学生掌握充分的安全防范技能,才能有效地避免各种可能出现的安全问题,从而达到保护大学生生命安全、财产安全的目的,使大学生在成长的过程中不断增强适应社会的能力,以便日后进入社会能够更好地生存和发展。

(二)大学生安全意识薄弱

1. 心理不成熟

虽然大学生的生理机能基本成熟,但心理仍未完全成熟;其个性虽然趋向定型,但却没有完全定型,仍具有较强的可塑性。他们的人生观、价值观仍不明确,法治观念淡薄,具有较强的社交需求,但人际交往较为盲目。受部分追求利益的观念影响,如金钱万能论、读书无用、享乐主义的观点在大学生中滋生;同时当前社会贪污腐败、道德沦丧的事件时有发生,这些事件都给当代大学生带来了严重的负面影响,使大学生对社会、他人、自己产生了错误的认识,因而既不注重自己的安全,同时也不关心他人的安全。

2. 法律知识欠缺

大学生由于法律知识的欠缺,不知道权利的界限,不懂得如何来维护自己的权利和安全,因而在自身安全受到侵犯时,不知道如何自救和他救。

3. 缺乏社会生活经验

受长期应试教育的影响,大学生在中学阶段只注重书本知识,而忽略了社会生活经验的积累,从而造成自身辨别是非能力较差,也很容易导致安全问题的发生。

二、培养大学生安全意识的方法

大学生安全意识薄弱、安全防范技能较差等原因直接导致了校园安全事件的发生,因此,培养大学生的安全意识应从不断提高大学生的安全认知,强化大学生的安全防范技能两方面入手。

(一)提高大学生的安全意识

1. 提高大学生对社会治安形势和校园安全状况的认知

当前,我国正处于社会主义市场经济体制逐步完善的历史时期,社会各个领域正在发生巨大而深刻的变化,这些变化会引起利益、观念的变动和各种社会矛盾的发生,刑事犯罪案件随之增多。随着高校教育的不断发展,校园安全状况也会受到社会治安环境的影响,从而使得大学校园的安全问题日渐突出。

2. 提高大学生主动的自我防范意识

在严峻的社会现实面前,每一个大学生都应有主动的自我防范意识。无论在日常生活中,还是在社会交往中,要考虑到安全问题,要有自我防范意识,包括防火、防盗、防抢劫、防性骚扰和性侵害、防食品中毒、防交通事故、防诈骗等;要学法懂法,学会依法保护自己的合法权益,使自己的人身、财产不受侵害。

3. 提高大学生遵纪守法的意识

遵纪守法是每一个公民应尽的义务,也是大学生应具备的意识。当前少部分学生的法律意识淡薄,常会做出违法的行为,不仅没有起到社会文明的代表作用,而且对大学生的健康成长起到了不良的影响。再加上近年来高校办学规模不断扩大,校园开放程度和社会化程度不断加深,大学生违法乱纪的行为呈现出上升趋势。

因此,提高大学生遵纪守法的意识是十分必要的。大学生必须严格自律,提高遵纪守法意识,遵守社会基本准则,依法规范、约束自己的行为;要全面提高自身素质,增强法治观念,自觉遵纪守法,不去侵犯国家、集体的财产和他人的人身、财产安全,不危害社会,不参与违法犯罪活动。

4. 提高大学生应对社会安全事件的意识

社会安全事件主要包括危及公共安全的刑事案件、涉外突发事件、恐怖袭击事件、民族宗教事件、经济安全事件以及群体性事件等。

(二)强化大学生应急安全技能

强化大学生的应急安全技能可以从以下几方面入手。

(1)强化大学生应对突发事件的技能,包括了解公共突发事件的类型及应对方法等。

(2)强化大学生防范和应对火灾、交通事故的技能,包括明白火灾事故产生的原因和条件,火灾的预防,初起火灾的扑灭,火灾报警,灭火器的种类、用途、使用方法和火灾中的逃生方法;知道与大学生有关的交通事故的主要类型和教训,行人、非机动车驾驶员、机动车驾驶员应遵守的交通法规,交通事故的处理等方面的知识和技能。

（3）强化大学生保护自身生命财产安全方面的技能,包括防凶杀、防事故伤害、防盗、防抢夺、防抢劫、防诈骗以及人身财产被伤害或侵害后如何处置等方面的技能。

（4）强化大学生日常生活中的安全技能,包括办理户口、身份证、暂住证等手续,预防传染病、预防食物中毒和旅游、登山安全,发生案件、事故和疾病的报警求助以及人身保险等方面的技能。

（5）强化大学生教学安全方面的技能,包括实验、实习、社会实践和体育运动等方面的安全技能。

三、培养大学生校园安全意识

1. 维护国家安全的公民意识

没有国家安全,就没有和平的建设环境。每个公民都负有维护国家安全的责任和义务。大学生是社会主义现代化的建设者和接班人,是国家的未来和希望。大学生的安全意识,关系到国家的长治久安。因此,大学生应当树立维护国家安全的公民意识。

2. 对社会治安形势和校园安全状况的认知意识

当前,我国正处在社会主义市场经济体制逐步完善的历史时期,政治、经济、文化体制正发生着日益深刻的变化,社会问题不断涌现,刑事犯罪活动时有发生。在这种背景下,学校的不安定因素也会随之显现。

3. 主动的自我防范意识

大学生在校园内和校园外都应该时刻保持清醒的头脑,学会自我保护。社会经验不足的大学生,在面对侵害行为、自然灾害和意外伤害时,往往因处于被动地位而受到侵害。因此,在复杂的社会生活环境中,大学生必须树立主动的自我防范意识,学会自我保护,知道防范的方法,逐步培养自我防范的能力。

自我保护是人的本能,具备自我保护意识是迈进成熟的重要一步。面对一些突发的事故和侵害,学生们应该积极争取社会、学校和家庭等方面的保护。如果这些保护不能及时到位,就要尽自己所能,运用智慧和法律保护自己的合法权益,使自身安全不受侵犯。

4. 面对突发事件的应变意识

突发事件一般指难以预料、突然发生、关系安危的超出常规的特殊情况,具有复杂性、危险性的特点。大学生应树立面对突发事件的应变意识,无论是在校园内还是在社会实践活动中,遇到突发的安全事件时,要主动采取必要的、积极的应对措施,如火灾逃生、交通安全事故的解决办法等。

5. 遵纪守法的自律意识

大学生应当遵守国家法律、法规,遵守社会公德及社会公共规范;从小养成良好习惯,加强自我修养,自我调节,自我完善;学法懂法,自觉抵制违法犯罪行为的引诱。

综上所述,对大学生进行安全教育是学校教育的重要内容之一,是大学生走向社会应具备的常识,在认识到其必要性的同时,也要在安全意识形成的过程中采取有力的措施。总之,大学生安全教育必须得到人们的重视。

第二节　大学生应急与安全教育知识

2020年9月,为贯彻落实总体国家安全观,构建具有中国特色的国家安全教育体系,全面增强大中小学生的国家安全意识,提升维护国家安全能力,教育部发布《大中小学国家安全教育指导纲要》,旨在通过国家安全教育,使学生能够深入理解和准确把握总体国家安全观,牢固树立国家利益至上的观念,增强自觉维护国家安全意识,具备维护国家安全的能力。

一、大学生国家安全教育的主要内容

(一) 总论

1. 主要内容

主要内容包括国家安全的重要性,我国新时代国家安全的形势与特点,总体国家安全观的基本内涵、重点领域和重大意义,以及相关法律法规。

2. 学习要点

学习要点包括关于总体国家安全观的重要论述,牢固树立总体国家安全观,坚持统筹发展和安全,坚持人民安全、政治安全、国家利益至上有机统一,坚持维护和塑造国家安全,坚持科学统筹。以人民安全为宗旨,以政治安全为根本,以经济安全为基础,以军事、科技、文化、社会安全为保障,健全国家安全体系,增强国家安全能力。完善集中统一、高效权威的国家安全领导体制,健全国家安全法律制度体系。

(二) 重点领域

重点领域主要包括政治安全、国土安全、军事安全、经济安全、文化安全、社会安全、科技安全、网络安全、生态安全、资源安全、核安全、海外利益安全以及太空、深海、极地、生物等不断拓展的新型领域安全。

主要学习国家安全各重点领域的基本内涵、重要性、面临的威胁与挑战、维护的途径与方法。具体内容包括以下几方面。

1. 政治安全

政治安全包括政权安全、制度安全、意识形态安全等方面,是国家安全的根本,对于保障人民安全,维护国家利益,不断提高全体国民的获得感、幸福感、安全感,实现国家长治久安,具有根本性、全局性的重大意义。政治安全面临渗透、分裂、颠覆等敌对活动的威胁。维护政治安全必须加强党的领导、坚定理想信念。

2. 国土安全

国土安全包括领土以及自然资源、基础设施安全等方面,核心是指领土完整,国家统一、边疆边境、领空、海洋权益等不受侵犯或免于威胁的状态,是国家生存和发展的基本条件。维护国土安全必须加强国防和外交能力建设。

3. 军事安全

军事安全包括军事力量、军事战略和领导体制等方面,是指有效遏制、抵御外来武装力量的侵略和颠覆而进行的必要的军事防御准备。

4. 社会安全

社会安全包括社会治安、社会舆情、公共卫生等方面，是社会和谐稳定的基础。社会安全面临重大疫情、群体性事件、暴力恐怖活动、新型违法犯罪行为等威胁。维护社会安全必须健全法制，完善体制机制，提升应对重大新发、突发传染病等社会公共安全事件的能力。

5. 科技安全

科技安全包括科技自身安全和科技支撑保障相关领域安全，涵盖科技人才、设施设备、科技活动、科技成果、成果应用等多个方面，是支撑国家安全的重要力量和技术基础。科技安全面临重点领域核心技术受制于人、原始创新能力不足等问题。维护科技安全必须重视人才培养，突破关键技术。

6. 网络安全

网络安全包括网络基础设施、网络运行、网络服务、信息安全等方面，是保障和促进信息社会健康发展的基础。网络安全面临网络基础设施安全隐患和网络犯罪等威胁。维护网络安全必须践行"没有网络安全就没有国家安全，没有信息化就没有现代化"的理念，强化依法治网、技术创新、国际合作等，树立网络空间主权意识。

7. 生态安全

生态安全包括水、土地、大气、生物物种安全等方面，是人类生存发展的基本条件。生态安全面临生态破坏、环境污染、疫情等威胁。维护生态安全必须践行"绿水青山就是金山银山"的理念，加强综合治理，筑牢国家生态安全屏障。

8. 资源安全

资源安全包括可再生资源安全和不可再生资源安全等方面，是国家战略命脉和国家发展依托。资源安全面临供需矛盾大、对外依存度高、开发利用水平低等问题。维护资源安全必须坚持推进绿色发展，利用好两个市场和两种资源。

9. 核安全

核安全包括核材料、核设施、核技术、核扩散安全等方面，事关人类前途命运。核安全面临核事故风险、涉核恐怖活动、核扩散威胁和核对抗挑战等。维护核安全必须强化政治投入、国家责任、国际合作、核安全文化建设，全面提升核技术能力。

10. 海外利益安全

海外利益安全包括海外中国公民、机构、企业安全和正当权益，海外战略性利益安全等方面。海外利益安全面临冲突与政局动荡、国际恐怖主义、重大自然灾害、重大新发突发传染病疫情等威胁。维护海外利益安全是高水平对外开放的必然要求，必须提升海外安全保障能力，加强国际合作。

11. 新型领域安全

新型领域安全包括太空、深海、极地、生物等发展探索和保护利用等，是未来国际竞争的新焦点。新型领域安全面临技术挑战、参与国际规则制定等问题。维护新型领域安全必须推进顶层设计、加快人才培养、深化国际合作等。

大学生通过国家安全教育，重点理解中华民族命运与国家关系，践行总体国家安全观。学生要系统掌握总体国家安全观的内涵和精神实质，理解中国特色国家安全体系，树立国家安全底线思维,将国家安全意识转化为自觉行动,强化责任担当。

二、大学生安全知识教育内容及方法

近几年,高校大学生安全事件层出不穷,甚至还出现了恶劣的刑事犯罪,如宿舍火灾、寝室盗窃、溺水死亡、交通事故等。因此,新时期大学生安全教育应成为高等学校教育体系的重要组成部分。

(一)大学生安全知识教育内容

1. 法律知识教育

法律知识教育是增强大学生法律意识和法治观念的重要途径。通过学习法律知识,增强大学生法律观念和法律意识,避免大学生违法犯罪行为的发生。充分利用高校的"两课"教学,深入开展法制专题讲座,围绕学生学习、生活、交友、就业等方面,深入开展宪法、刑法、互联网安全保护管理办法、民法、消防法、劳动法、合同法等法律法规知识教育。

2. 人身安全教育

人身安全指个人的生命、健康、行动等没有危险,不受威胁。大学生人身安全教育的具体内容包括以下几个方面。

(1)防止因打架斗殴造成人身意外伤害,冷静处理各类滋事寻衅和纠纷。

(2)谨慎交友,避免因交友不慎而造成安全事故。

(3)防范实验室、户外实习(见习)、体育活动时人身安全事故。

(4)求职(兼职)过程中具备人身安全防范意识。

(5)防范非法性侵害。

(6)防范因感情、学业、生活等原因而造成的自残、自虐事件。

3. 财产安全教育

(1)防盗窃。大学生被盗的主要场所是寝室、食堂、图书馆、教室、体育场;常见被盗物品有自行车、手机、笔记本电脑等物品。

防盗的基本方法是养成随手关窗、锁门的良好习惯,对身边出现的陌生人习惯性保持警惕,不乱丢乱放自己的贵重物品,在公共交通工具上不与陌生人聊天。

(2)防骗。大学生由于缺乏社会经验和正确的社会判断能力,思想相对单纯,容易被不法分子蒙蔽、欺骗,如兼职被骗、购物被骗、信用卡被骗、短信(电话)被骗等。

(3)防抢劫(抢夺)。应教育学生尽量结伴出行,禁止晚归及夜不归宿,晚间不走偏僻道路,不携带大量现金,穿戴朴素、不炫耀。

(4)防误入传销组织。

4. 交通安全教育

(1)进行交通法律法规知识宣传教育。

(2)教育学生选乘合法营运的交通工具。

(3)教育学生选乘车况良好的交通工具。

(4)教育学生自觉遵守交通规则。

5. 消防安全教育

火灾是威胁人类安全的重要灾害,是仅次于旱灾、水灾的第三大灾害。全球每年约发生600万～700万起火灾,约6万～7万人在火灾中丧生。近年来,各高校火灾事件时有发生,对在校大学生造成了巨大的人身伤害和财产损失,因此,消防安全教育应该成为大学生安全教育的重要内容。

(1) 禁止在宿舍使用大功率用电器,如电磁炉、电饭煲、烘鞋器、电吹风、电夹板等。

(2) 禁止在寝室使用明火器具,如煤炉、酒精炉、蜡烛、液化炉等。

(3) 禁止在宿舍、教室、图书馆等场所乱丢未灭烟头、火种,避免火灾的发生。

(4) 禁止在宿舍内私拉电线。

(5) 宿舍内禁止存放易燃易爆物品。

(6) 外出时,随手切断室内电源。

(7) 定期组织学生进行消防安全隐患检查,及时发现问题,及时处理。

(8) 加大消防教育的投入,举办形式多样的展览,与公安专职消防人员联合举办培训讲座、消防演练、消防知识竞赛等,让学生从思想认识和实践行动上都能有所收获,真正掌握用电、用火的安全知识和逃生知识。

6. 网络安全教育

高校学生几乎人人涉足网络,但对维护网络安全的法律、法规、条例却知之甚少,网络安全防范意识相对淡薄。计算机网络技术的快速发展,为大学生的学习与生活提供了方便,与此同时,大学生网络安全问题也随之而来。

大学生涉及的网络安全问题主要有以下三点。

(1) 大学生利用自己的专业网络技术直接实施、参与违法犯罪活动,如网络诈骗、盗取他人银行私人信息等。

(2) 网上购物或网络交友不慎,为自己带来人身伤害或财产损失。

(3) 由于不知道网络法规、网络伦理或者被他人欺骗、蒙蔽,在网络论坛上发布虚假信息,对政府、他人进行攻击和伤害。

因此,大学生网络安全教育是新时期大学生安全教育的重心。

7. 心理健康安全教育

大学生心理健康安全教育是安全教育的重要组成部分。当前,大学生突出的特点是情绪具有极强的波动性,心理比较脆弱,同时,在校大学生承载来自学习、交友、就业、经济等诸多方面的压力,容易产生各种心理问题。

为此,大学生心理健康安全教育要针对年级和季节分阶段、有步骤地开展新生入学适应性教育、心理健康知识宣传教育、健康人格教育、人际关系教育、情感教育、正确面对挫折与心理障碍防治教育,通过宣传教育,排解学生心理不安定因素,及时纠正心理偏差,及时发现并治疗心理疾病。

8. 恋爱安全教育

处于青春期的高校大学生,其性生理、性心理日渐成熟。对于大学生而言,需树立科学的无产阶级的恋爱观,端正恋爱动机,发展适当的恋爱关系。

恋爱安全教育具体有以下内容:建立志同道合的爱情;摆正爱情与事业的关系;懂得爱情是一种责任和奉献。由于校园里恋爱受到许多因素的影响和制约,在追求爱情的过程中,大学生难免遇到一些挫折,其中失恋是较严重的一种。为此,大学生应树立正确的恋爱观,具备一定的心理承受能力,使其遇到挫折能够合理疏导情绪,将对自己的伤害降到最低。

(二) 大学生安全知识教育方法

(1) 培养学生常见安全事故的防范能力。常见安全事故的防范能力包括防火、防盗、防骗、防抢劫等能力。

(2) 培养学生面对突发性重大灾难的应变与处置能力以及野外生存能力,如掌握发生地震、火灾等灾害时的自救及互救的知识。

(3) 培养学生自救互救的能力。面对各类安全事件,在紧急情况下,大学生应该具备保护好自己与他人生命和财产安全的能力。

三、加强大学生安全教育的意义

(一) 大学生安全教育是确保国家、社会、校园安全稳定的重要举措

安全教育是公众教育,大学生是公众的主体之一,大学生安全教育的意义不仅发挥在高校,更影响在社会。安全教育也是终身教育,就社会而言,大学生的安全教育对稳定社会环境极其重要。

当前,我国面临的环境复杂多变,安全形势不容乐观。一方面,国际形势错综复杂,各国之间综合国力的竞争日趋激烈,各种矛盾不断碰撞激化,出现了新的不稳定因素,和平和发展的时代主题受到严峻挑战,恐怖主义对当今世界构成严重威胁。另一方面,随着经济的发展,我国的安全工作变得更加复杂,如何利用有利条件,避免不利因素,确保国家经济、文化、信息安全,成了不容忽视的重要议题。高校要强化大学生的安全意识,并且教育大学生树立国家安全观,增强国家安全意识。

(二) 大学生安全教育是适应社会发展、促进大学生健康成长的迫切需要

大学期间开展安全教育,主要是大学生生活、学习、工作的需要。从大学生自身成长的角度出发,大学时期是人生发展的高峰期,是学习知识和技能的最佳时期,是人的个性心理品质逐步成熟的时期,处于这个时期的学生有强烈的自我意识,其自控能力和自控意识较差。

大学生安全行为养成来自安全教育,来自于大学生自己成长经验教训的积累和行为教育的过程。处在身心成长过程中的大学生,表现出独特的生理和心理特征,对他们进行安全观、安全文化的教育,使他们养成良好而规范的安全行为习惯,不仅是当代大学生健康成长的迫切需要,也是提高我国全民族安全水平的长期有效途径,大学生作为知识层次较高的青年群体,作为国家未来的建设者,其安全教育的水平将是全民族安全稳定的保证。

小贴士

> 安全行为是指人们在劳动生产过程中遵守作业规程并在出现危险和事故时能够保护自身、设备和工具等的行为。

(三) 大学生安全教育提高大学生自身安全意识和自控能力

新型大学生活要求大学生提高自身的安全意识和自控能力。当代大学生的生活丰富多彩,生活空间、节奏、内容与之前相比都已经发生了很大的变化,大学生有了更多的自主支配时间,日常活动空间更趋宽广;大学生利用节假日旅游、了解社会、全面发展无疑是有益的。

但是由于大学生长期生活在相对较为安定、有序的校园里,对社会环境、治安状况缺乏了解,多数学生安全意识淡薄,缺乏安全知识,不能自觉遵守有关安全规定,部分学生自我管理、自我控制能力较弱,遇到紧急情况,往往不知所措,经常因处理不当造成不必要的伤害,如果高校对大学生缺乏必要的指导和监控,将使大学生的安全得不到相应的保障。

四、加强大学生应急能力的培养

大学生应急能力的强弱是影响高校应对突发公共事件效果的关键因素,良好的应急能力可以帮助学生在突发公共事件中科学自救以及实施他救,一定程度上可以减少突发公共事件造成的损害。

应急能力的培养主要包括以下几个方面内容。

1. 积极的应急意识

大学生应具有积极应对突发事件的自觉性,事件发生前认真学习、储备应急知识,掌握应急技能,事件发生时能够实施科学自救和积极他救,事后对于自身状态及时调整,争取把事故造成的伤害降到最低。

2. 良好的心理素质

良好的心理素质主要表现为在突发事件处理中能够镇定而不慌乱,有条不紊地解决问题,化解危机。

3. 扎实的应急知识储备

保证在突发事件中实施科学有效的应急措施,没有应急知识储备,突发事件处理就像无源之水,无本之木。

4. 熟练的应急技能

在应急事件中,能够迅速准确、灵敏快捷地施展应急技能,是应急事件处理中最为关键的环节。

第三节 维护国家安全,自觉保守国家秘密

《中华人民共和国宪法》第五十四条、第五十五条规定,"中华人民共和国公民有维护祖国的安全、荣誉和利益的义务""保卫祖国、抵抗侵略是中华人民共和国每一个公民的神圣职责"。《中华人民共和国国家安全法》第十一条进一步规定,"中华人民共和国公民、一切国家机关和武装力量、各政党和各人民团体、企业事业组织和其他社会组织,都有维护国家安全的责任和义务。中国的主权和领土完整不容侵犯和分割。维护国家主权、统一和领土完整是包括港澳同胞和台湾同胞在内的全中国人民的共同义务。"由此可见,维护国家安全是包括大学生在内的每一个公民的神圣职责。

《中华人民共和国国家安全法》第六章第七十七条规定,公民和组织应当履行下列维护国家安全的义务:遵守宪法、法律法规关于国家安全的有关规定;及时报告危害国家安全活动的线索;如实提供所知悉的涉及危害国家安全活动的证据;为国家安全工作提供便利条件或者其他协助;向国家安全机关、公安机关和有关军事机关提供必要的支持和协助;保守所知悉的国家秘密;法律、行政法规规定的其他义务。任何个人和组织不得有危害国家安全的行为,不得向危害国家安全的个人或者组织提供任何资助或者协助。

一、大学生应积极维护国家安全

作为一名大学生,应当成为国家安全和利益的自觉维护者,要始终树立国家利益高于一切的观念,熟悉有关国家安全的法律法规,善于识别各种伪装,要严守党和国家秘密,自觉同泄密行为和泄密行径做斗争,具体包括以下几个方面。

第一,忠于祖国,站稳立场,坚持原则,不散布不满言论或攻击党和社会主义制度的言论。

第二,要始终树立国家利益高于一切的观念,不做任何危害国家安全的事情。

第三,提高警惕,不随意同外国人谈论我国内部情况,不泄露党和国家的秘密。

第四,要努力熟悉有关国家安全的法律法规。据统计,涉及国家安全和保密工作的法律法规有一百多种,大学生都应该有所了解,弄清什么是合法,什么是违法,什么可以做,什么不能做。其中,特别应该熟悉以下一些法律法规:《中华人民共和国宪法》《中华人民共和国国家安全法》《中华人民共和国保守国家秘密法》《中华人民共和国刑法》《中华人民共和国刑事诉讼法》《科学技术保密规定》《出国留学人员须知》等。遇到法律界限不清的问题,要肯学、勤问、慎行。

第五,不与外国人中的不法分子交往;不与外国人勾结进行走私倒卖活动;不向外国人索要财物,借阅黄色书刊;不托外国人购买市场短缺商品及捎带违反有关规定的物品。

第六,当收到国外寄来的信件中夹有反动宣传品时,不在周围的学生中传看,不扩大影响范围,要立即口头或书面向学校保卫部门报告,并将夹寄的反动宣传品交学校保卫部门处理。

第七,发现有危害国家安全行为的人或事立即向有关部门报告。

高校作为人才汇集的场所和培养人才的重要基地,向来是国内外敌对势力争夺和破坏的重要目标,他们寻找各种机会进行反动宣传,散布谣言,制造事端,煽动闹事,唯恐学校不乱。对此,大学生要提高警惕,明辨是非,时刻保持头脑清醒,不上当受骗,不被坏人利用。在发现敌人的破坏活动时要积极向有关部门提供线索,同时进行坚决的斗争,维护学校的安定团结。

二、大学生应自觉保守国家秘密

我国高校承担着国家大量的自然科学和社会科学方面的研究任务,有许多方面在国内、国际都处于领先地位。因此,高校中存有国家秘密,甚至有些秘密的保密级别还比较高。近年来,随着高校的改革、开放和各项事业的不断发展,对外交流、交往越来越频繁,窃密与反窃密的斗争更加复杂艰巨。作为高等学校的大学生,特别是参加科研项目的大学生,一定要树立保密意识,养成良好的保密习惯。具体包括以下几个方面。

1. 学习保密常识，接受保密知识教育

要增强保密意识，严格遵守保密制度。既要对外开放，扩大对外交流，又要确保国家机密不被泄露。要克服有密难保、无密可保的错误认识。

2. 提高防范意识，在对外交往中坚持内外有别

在对外交往过程中，凡涉及国家机密的内容，要么回避，要么按上级的对外口径回答，不要涉及内部的人事组织、社会治安状况、科技成果、技术诀窍和经济建设中各种未公开的数据资料。

3. 在与境外人员接触时不带秘密文件、资料和记有秘密事项的信息载体

对方直接索取科技成果、资料、样品或公开询问内部秘密时，要区别情况，灵活予以拒绝。

4. 不经主管部门批准，不带境外人员参观和进入非开放区

不准境外人员利用学术交流、讲课等机会进行系统的社会调查。不经有关部门批准，不得填写境外人员发放的各种调查表或替他们写社会调查方面的文章。

5. 注意保密原则

在新闻出版工作中，不得随意刊载有关国防、科研等事关国家机密的事项。参加国际学术会议或在国外刊物上发表文章，要按规定办理审查手续。不得为境外人员提供或代购内部读物和资料。

6. 自觉遵守保密的有关规定

要做到"八不"：不该说的不说；不该问的不问；不该看的不看；不该记录的不记录；不在普通电话、明码电报、普通邮局传达机密事项；不携带机密材料游览、参观、探亲、访友和出入公共场所；不在通信中谈及国家机密；不在普通邮件中夹带任何保密资料。

保守国家秘密是每个公民的义务，也是大学生的社会责任，每一位大学生都应该自觉遵守国家的保密法规，自觉履行保密义务，坚决同泄密和窃密行为作斗争。

三、爱我中华，反对分裂

我国是一个拥有 56 个民族的温暖大家庭，是一个血脉相连的共同体。增强民族团结，维护国家统一，是我国各族人民的共同责任。加强大学生的民族团结教育，是实现各民族团结和睦的基础。民族团结是我国社会主义民族关系的基本特征和核心内容之一，也是党和国家所构建的和谐目标。特别是在多民族聚居地区，维护民族团结对社会稳定、经济持续快速发展显得尤为重要。

民族地区的稳定事关祖国边防的巩固，社会的长治久安；少数民族的发展事关建设中国特色社会主义事业的成败。民族地区的进步和发展不但需要各族群众自力更生、艰苦奋斗、开拓进取，还需要经济发达地区的帮助和社会各方的献计出力。各民族互相合作、互相支持，才能共同发展、共同繁荣。

中国共产党是我国的执政党，是历史的选择、人民的选择，但西方反华势力却始终没有放弃对我国进行"西化""分化"的图谋。同样，境内外的敌对势力也会利用互联网、个人信箱等途径发布有害信息，企图用资产阶级腐朽思想腐蚀大学生，进行渗透、颠覆破坏活动。每当国内外发生重大事件及高校内部出现热点、敏感问题和不稳定因素时，一些别有用心

的人就会利用互联网进行煽动、炒作,故意夸大事实,扩大事态,引起群体性事件,从而对校园稳定造成危害,引发治安、刑事案件。

那么,大学生如何维护民族团结呢?

(1) 认真履行维护国家统一和民族团结的基本义务,自觉同一切危害祖国统一和民族团结的行为做斗争。对各种破坏民族团结的谣言不听、不信,更不参与。

(2) 了解并尊重各民族习俗。我们身处的文化环境是一个多样性的文化生态环境,坚决摈弃狭隘的民族主义,多学习民族知识,增进各民族间的相互了解,尊重各民族的风俗习惯和宗教信仰,以促进各民族同胞的信任和团结。

(3) 要加强民族团结。学生团体可以通过组织各民族歌舞会演、民族团结故事会、民族知识竞赛等活动,增进不同民族同学间的相互了解和友谊。

(4) 大学生要自觉加强政治思想和道德修养学习,牢固树立社会主义核心价值体系,坚决抵制腐朽没落的思想观念和生活方式的侵蚀,真正经得起考验。

第四节　反邪教安全教育

邪教是指冒用宗教、气功或者其他名义建立,神化首要分子,利用制造、散布歪理邪说等手段蛊惑、蒙骗他人,发展、控制成员,危害社会的非法组织。

邪教大多是以传播宗教教义、拯救人类为幌子,散布歪理邪说,且通常有一个自称开悟的具有超自然力量的教主,以秘密结社的组织形式控制群众,一般以不择手段地敛取钱财为主要目的。

一、邪教组织的特征及危害

(一) 邪教组织的主要特征

(1) 邪教对其信徒实行精神控制,信徒必须遵循"精神领袖"的旨意而行动。这种精神控制之严重,早已超出人们的想象。

(2) 邪教通过信徒大肆敛财,因此邪教往往拥有强大的经济实力。邪教敛财的手段也是多种多样的。有的邪教要求入会者交纳年收入的3%作为"会费";有的通过举办培训班收取费用;有的出版会刊、教刊等。

(3) 邪教脱离正常社会生活。邪教的内部法则高于正常的社会法规,信徒必须首先遵守会规,使信徒脱离社会,失去家庭和朋友的帮助,彻底被纳入邪教内部。有的人即使醒悟了,也难以脱身。

(4) 邪教侵犯个人身体,特别是对女性信徒和儿童来说,人身侵犯,包括性侵犯已是邪教信徒中经常出现的悲剧。

(5) 邪教吸收儿童入会。一些国家法律是禁止向儿童传授宗教内容的,但邪教则毫无顾忌。

(6) 邪教具有反社会性质,即宣扬社会是如此"丑恶",只有加入"教会"才能净化灵魂。

(7) 邪教扰乱社会正常秩序。

(8) 邪教不断引起司法纠纷。

(9) 邪教经常性地转移资金。

(10) 邪教试图渗入公共权力机构,以求扩大影响。

(二) 邪教的危害

1. 残害生命,侵犯人权

世界各国的邪教,为达到其不可告人的邪恶目的,都把成员当作任意摆布的奴隶,将其生命视如草芥,极尽折磨、残害之能事。以极端利己主义的说教宣扬世界末日,鼓吹以极端残忍的方式结束生命,这是他们经常采取的恐怖行为。

2. 骗取钱财,精神控制

邪教组织在创立之初,会巧立各种名目以达到他们敛财的目的。当他们发现确有不少人落入圈套后,就开始变本加厉,不断地榨取精神上已被他们控制的成员。

3. 破坏生产,扰乱社会

有的邪教主张农业生产无用之说,致使许多成员不事生产,而致农田荒废。

4. 侵蚀政权,践踏法律

从我国的情况看,邪教起家时往往以敛财为目的,但随着其组织壮大、成员增多、钱财聚集,他们的政治野心也随之膨胀,开始公然践踏法律,竭力进行各种反党、反政府、反社会主义的活动,甚至走上卖国求荣的罪恶之路。

二、针对邪教的法律法规

《中华人民共和国刑法》第三百条规定:组织、利用会道门、邪教组织或者利用迷信破坏国家法律、行政法规实施的,处三年以上七年以下有期徒刑,并处罚金;情节特别严重的,处七年以上有期徒刑或者无期徒刑,并处罚金或者没收财产。

组织、利用会道门、邪教组织或者利用迷信蒙骗他人,致人重伤、死亡的,依照前款的规定处罚。犯第一款罪又有奸淫妇女、诈骗财物等犯罪行为的,依照数罪并罚的规定处罚。

为依法惩处组织和利用邪教组织进行的犯罪活动,根据《中华人民共和国刑法》的有关规定,就办理这类案件具体应用法律的若干问题解释如下。

第一条 《中华人民共和国刑法》第三百条中的"邪教组织",是指冒用宗教、气功或者其他名义建立,神化首要分子,利用制造、散布迷信邪说等手段蛊惑、蒙骗他人,发展、控制成员,危害社会的非法组织。

第二条 组织和利用邪教组织并具有下列情形之一的,依照《中华人民共和国刑法》第三百条第一款的规定定罪处罚。

(1) 聚众围攻、冲击国家机关、企业事业单位,扰乱国家机关、企业事业单位的工作、生产、经营、教学和科研秩序的犯罪活动。

(2) 非法举行集会、游行、示威,煽动、欺骗、组织其成员或者其他人聚众围攻、冲击、强占、哄闹公共场所或宗教活动场所,扰乱社会秩序的犯罪活动。

(3) 抗拒有关部门取缔或者已经被有关部门取缔,又恢复或者另行建立邪教组织,或者继续进行邪教活动的行为。

(4) 煽动、欺骗、组织其成员或者其他人不履行法定义务,情节严重的行为。

(5)出版、印刷、复制、发行宣扬邪教内容出版物,以及印制邪教组织标识的行为。

(6)其他破坏国家法律、行政法规实施的行为。实施前款所列行为,并具有下列情形之一的,属于"情节特别严重"的行为。

① 跨省、自治区、直辖市建立组织机构或者发展成员的行为。

② 勾结境外机构、组织、人员进行邪教活动的行为。

③ 出版、印刷、复制、发行宣扬邪教内容出版物以及印制邪教组织标识,数量或者数额巨大的行为。

④ 煽动、欺骗、组织其成员或者其他人破坏国家法律、行政法规的实施,造成严重后果的行为。

第三条 《中华人民共和国刑法》第三百条第二款规定的组织、利用邪教组织蒙骗他人,致人死亡,是指组织和利用邪教组织制造、散布迷信邪说,蒙骗其成员或者其他人实施绝食、自残、自虐等行为,或者阻止病人进行正常治疗,致人死亡的情形。具有下列情形之一的,属于"情节特别严重"的行为。

(1)造成3人以上死亡的行为。

(2)造成死亡人数不满3人,但造成多人重伤的行为。

(3)曾因邪教活动受过刑事或者行政处罚,又组织和利用邪教组织蒙骗他人,致人死亡的行为。

(4)造成其他特别严重后果的行为。

第四条 组织和利用邪教组织制造、散布迷信邪说,指使、胁迫其成员或者其他人实施自杀、自伤行为的,分别依照《中华人民共和国刑法》第二百三十二条、第二百三十四条的规定,以故意杀人罪或者故意伤害罪定罪处罚。

第五条 组织和利用邪教组织,以迷信邪说引诱、胁迫、欺骗或者其他手段,奸淫妇女、幼女的,依照《中华人民共和国刑法》第二百三十六条的规定,以强奸罪或者奸淫幼女罪定罪处罚。

第六条 组织和利用邪教组织以各种欺骗手段,收取他人财物的,依照《中华人民共和国刑法》第二百六十六条的规定,以诈骗罪定罪处罚。

第七条 组织和利用邪教组织,组织、策划、实施、煽动分裂国家、破坏国家统一或者颠覆国家政权、推翻社会主义制度的,分别依照《中华人民共和国刑法》第一百零三条、第一百零五条、第一百一十三条的规定定罪处罚。

第八条 对于邪教组织和组织、利用邪教组织破坏法律实施的犯罪分子,以各种手段非法获得的财物,用于犯罪的工具、宣传品等,应当依法追缴、没收。

第九条 对组织和利用邪教组织进行犯罪活动的组织、策划、指挥者和屡教不改的积极参加者,依照《中华人民共和国刑法》规定追究刑事责任;对有自首、立功表现的,可以依法从轻、减轻或者免除处罚。

对于受蒙蔽、胁迫、受骗参加邪教组织并已退出和不再参加邪教组织活动的人员,不作为犯罪处理。

三、反邪教常识

（一）有人向你宣传邪教时，你该怎么办

（1）要态度坚决，义正辞严予以拒绝。

（2）及时向学校或公安机关报告。

（二）把邪教宣传品扔进你家或送给你看，你该怎么办

邪教组织往往印制大量的书籍、磁带、光盘，想尽各种办法让你知道他们宣传的内容。对此要坚决做到不听、不信、不传，将邪教宣传品上交，避免再坑害他人，并且及时报警或将邪教人员扭送至公安机关。

（三）有人通过电话向你传播邪教，你该怎么办

邪教组织通过盲打电话，直接向机主宣传其歪理邪说，出现这种情况时，保持继续通话，拖住对方，同时设法报警，方便公安机关查找线索。

（四）被邪教分子纠缠时，你该怎么办

一旦被邪教组织定为发展对象，就会有邪教徒对你进行拉拢，若你胆小怕事，不敢拒绝或举报，邪教分子便会纠缠你不放；或吃住在你家，赶也赶不走；或不分早晚，频繁登门，死缠硬磨，直至你信邪教为止。如果发生这些情况，要克服害怕报复、不想多事的想法，设法报警，以便公安机关及时将其抓获，使你摆脱邪教分子的骚扰。

（五）面对邪教的各种诱惑，你该怎么办

邪教组织善于利用各种诱惑，骗人加入其组织。一是用小恩小惠收买，如帮干活，送小礼物，请客吃饭等，让你无法拒绝；二是假借介绍对象等进行引诱；三是造谣欺骗，宣扬违背科学伦理的观念。面对各种诱惑，要提高警惕，防止上当受骗。

（六）被邪教势力包围，精神受到伤害，人身受到攻击时，你该怎么办

如果你被邪教组织定为重点发展的对象，用软的方法发展不了你时，他们往往会先发展你周围的人；或编造谎言，在群众中散布对你不利的言论；或想方设法击垮你的精神防线；或损害你的生产资料，影响你的生产生活；甚至采用绑架、殴打等暴力手段强迫你加入。

发生这些情况时，一要依靠基层组织；二要及时跟家人说明情况，争取家人、朋友的帮助；三要及时采取灵活的方法报案，努力避免恶性案件的发生。

（七）邪教组织逼你加入邪教组织时，你该怎么办

邪教组织往往会在信教群众之间、教会内部以及教派与教派之间制造矛盾，调拨离间，使发展对象陷入孤立无援的境地，在你走投无路时，将你拉入邪教组织。在生活中，要多和亲邻接触，有不顺心的事，可以找亲朋好友倾诉，绝不要上邪教的当，误入邪教泥潭。

（八）你的家人或亲朋好友中有人被邪教迷惑时，你该怎么办

如果发现你的家人或亲朋好友中有人受邪教迷惑，你要多与其交流，帮助其摆脱邪教组织的精神控制，上交邪教宣传品，不接待外来邪教人员，断绝与邪教组织的任何往来，必要时寻求基层组织、派出所的帮助。

（九）你的家人加入邪教组织离家出走，你该怎么办

如果发现你的家人加入邪教组织离家出走，请立即到公安机关，提供你家人入教的详细情况、来往关系人、邪教资料及其个人照片等，以便当地公安机关帮你查找。

（十）曾陷进邪教中，醒悟后又无法脱身时，你该怎么办

首先，要摆脱邪教的精神控制，不怕其任何方面的恐吓。其次，要与邪教组织划清界限，断绝往来。最后，要主动向公安机关说明问题，争取从宽处理。检举揭发有功的还可以依法减轻或免予处罚。那些受骗上当加入邪教组织的群众，本身也是受害者，社会希望他们痛改前非，过上正常生活。

四、建立反邪教应对机制

（一）充分认识邪教的危害性

邪教具有很强的暴力倾向，组织内部有一套非常严密的戒律，如想退出邪教组织，都被认为是"叛教"。邪教内部还有一些用刑方法，手段极其残忍，情节严重的甚至致死。

（二）增强法律意识和防范意识

邪教是社会的毒瘤，是对人民群众生命、财产安全的极大威胁，也是对发展、稳定大局的极大危害。

邪教作为一种世界性的社会顽疾，具有多发性、长期性、反复性、隐蔽性等特点。歪理邪说和精神控制有很强的欺骗性，同学们一定要擦亮双眼，同时多学习一些科学文化知识，避免被邪教蒙骗利用。特别要增强法律意识和防范意识，发现邪教人员在从事非法传教、聚众闹事和散发非法宣传品等行为时，要立即报告有关部门或拨打110报警。

（三）防范邪教传播

（1）大力抓好学校教育工作，为青年打好预防针，使他们有抵御邪教，鉴别邪教的基本能力和认知。

（2）加大法律的打击力度，做到发现即打击，绝不姑息纵容。

（3）政府工作及时到位，化解社会矛盾，增加社会监督和民主、公正及时调整政策，减少人民的不满，消灭邪教生存的空间。

（4）大力发展社会主义文化，以优秀的精神食粮丰富现阶段人们的社会生活和精神生活，大力提倡和弘扬优秀文化，填补因经济高速发展而产生的精神空白，消灭邪教的生存条件。

（5）要不听、不信、不传。

（6）要用科学的方法，破除封建迷信思想，正确对待人的生老病死，特别是要选择科学的健身方法健身。要正确对待人生，珍惜生命，以积极的态度面对各种困难，自强不息地追求美好生活。

（7）遇到一时难以识别的情况，可向当地人民政府防范和处理邪教问题办公室和公安机关咨询。发现邪教的违法活动，每一位公民有责任和义务依法向当地政府检举揭发或向公安机关报案。

案例

反邪教宣传教育进校园 让我们一起对邪教说不

2021年6月18日,北海市反邪教宣传教育进校园首场活动在北海职业学院11号楼报告厅举行,来自一县三区的公安局、教育局领导,各高校、市直各学校、市辖区各中学分管安全工作的副校长及老师300多人参加活动。

活动现场,北海市公安局邪教犯罪侦察支队教导员通过讲解和案例分析相结合的方式,从"什么是邪教""邪教的种类""邪教的危害""如何防范邪教"等方面进行宣讲,通过警示教育让广大教职工认识邪教组织活动的危害性。讲座从整体国家安全观和社会安全稳定的角度,提高了广大教师对邪教组织活动的认识,增强识别和抵制邪教活动的能力,筑牢防范邪教向校园渗透的安全防线,提升反邪教源头治理水平。

为扎实推进反邪教宣传教育制度化常态化,进一步扩大宣传教育的覆盖面和影响力,北海市公安局、市教育局将联合开展三场主题警示教育,向各级各类学校分发"对邪教说不"宣传册,在校园张贴"对邪教说不"主题宣传海报,制作"反邪教警示教育进校园"主题展板进行流动宣传。

资料来源:http://gx.people.com.cn/n2/2021/0621/c390645-34786328.html,2022-02-11。

习题

1. 培养大学生安全意识的方法有哪些?
2. 应急能力的培养主要包括哪几个方面内容?
3. 学生维护国家安全应做到哪些方面?
4. 邪教的危害有哪些?

讨论题

校园是人员密集、活动频繁且生活、工作环境复杂的场所,学生的身心发育尚未成熟,因此学校突发事件有着必然性和高发性。学校和家长需要对学生进行哪些方面的安全教育?

微课:扩展阅读

北京:重大突发事件5小时内向社会发布信息

根据修订后的《北京市突发事件总体应急预案》,遇有重大突发事件,主责部门要加强网络舆情的监测与响应,第一时间通过权威媒体向社会发布信息,最迟应在5小时内发布。

修订后的预案进一步强化了突发事件信息报送和发布的有关工作要求,对于能够判定为较大及以上突发事件等级的,可能产生较大影响的突发事件或突出情况,相关机构或单位要立即报告市委总值班室和市应急办,详细信息最迟不得晚于事件发生后2小时报送。重大、特别重大突发事件发生后,24小时内组建新闻发布中心,及时、准确、客观发布突发事件信息。

同时，修订后的预案建立了更加科学的突发事件分级响应机制，进一步强化先期处置联动机制，力争做到"早发现、早控制、早解决"，将应急响应由高到低划分为四级。根据多年的实践经验，预案对各级响应的启动条件进行创新调整，以事件等级标准作为重要参考，充分考虑应急资源与能力状况实行分级管控。

资料来源：http://gs.people.com.cn/n2/2021/0810/c183341-34860628.html，2022-02-11.

第二章

CHAPTER 2

大学生安全教育

突发事件的安全教育

 本章内容提要

(1) 突发事件的特征及应对。
(2) 高校如何应对突发事件。
(3) 急救知识与技能。
(4) 常见急症的急救处理。

加强应急救援能力建设

按照六盘水市市委、市政府对应急管理工作的统一部署,市应急管理局着眼有效应对安全生产、自然灾害、事故灾难需要,以加强"应急救援指挥体系、应急救援力量体系、应急物资储备体系"建设为抓手,以夯实基础性工作为重点,扎实做好应急救援各项准备工作,统筹推进六盘水市应急救援能力稳步提升。

构建应急救援指挥体系。构建市县两级"1+22"应急救援指挥体系,明确机构职责任务,履行好区域内突发事件的应对工作。建立健全行业管理部门安全生产责任体系,建立"1+N"安全生产责任体系,在1个安委会框架内设置17个安全生产专业委员会,整合12个部门的14项职责,抓"两委四部"(安委会、减灾委、森林防火指挥部、防汛抗旱指挥部、抗震救灾指挥部、应急救援指挥部)统筹,完成职能职责调整,有力推动应急管理、安全生产、防灾减灾救灾责任落实。

加强应急处置能力建设。有序推进"3预案1办法"的编修工作,组织修订六盘水市总体应急预案、安全生产类和自然灾害类专项预案,下发《六盘水市灾害事故市级专项应急预案编制修订框架指南》。市、县两级健全完善应急预案249个。"十三五"期间全市共组织应急预案演练2 200余次,参加应急演练3.1万余人次,提升现场应急处置能力。

推进区域矿山应急救援(中心)基地建设。与贵州省其他市(州)相比,六盘水市矿山救护力量最强,救援经验丰富,专业人才多,建队以来处理的煤矿事故、非煤矿事故、铁路隧道液化气爆炸事故以及地下油库、礼堂火灾等事故约2 600起,抢救生还人员280人、遇难人员592人,为国家挽回10多亿元损失。利用全市矿山救援队伍资源优势,统筹全市救护资源,依托盘江煤电集团,推进全市16支1 080人(特级3支736人、二级1支52人、三级12支193人)专职矿山救援队伍整合,建立区域矿山应急救援(中心)基地。

> 推进航空应急救援基地建设。与盘州通用航空公司开展合作，按照平战结合和市场化运作模式，依托区域应急救援中心建成六盘水市航空救援保障基地，推进20个停机坪建设，直升机应急救援覆盖全市87个乡（镇、街道）、旅游景区、森林公园、林场、重大地质灾害点，为全市各类灾害事故快速应急救援提供支撑。
>
> 健全应急物资储备体系。2021年推进六盘水市100个乡镇应急避难场所和10个片区乡镇物资储备点建设，主动向上争取中央资金支持六盘水市物资储备库建设，六枝特区、水城区救灾物资储备库获得中央资金400多万元。建成以市级库为支撑、以县级库为依托、以乡镇储备为补充的"市-县-乡"三级救灾物资储备网络，实现紧急状态下应急物资的统一、高效调配，确保受灾群众及时得到救助。
>
> 资料来源：http://gz.people.com.cn/n2/2021/0811/c401347-34862416.html，2022-02-12.

第一节 突发事件的特征及应对

一、突发事件的特征

一般来说，突发事件具有以下几个特征。

（一）突发性

突发性是突发事件最根本的特征，往往事件的爆发没有更多的先兆，出乎意料外。带有很强的随机性，而且一旦爆发，蔓延迅速，很难控制。新闻报道中涉及最多的是重大交通事故、生产事故、水灾、火灾、矿难等。

（二）不确定性

突发事件的形成、发展和演变很难有一个特定的模式供人们研究和应对，可以说有多少突发事件就有多少突发事件的发展模式和运行轨迹。

（三）危害性和灾难性

多数突发事件对当事人都具有危害性和灾难性。

（四）关注度

突发事件最能引起人们的关注和兴趣，自然也就是媒体最大的新闻源。当突发事件发生后，媒体的版面都是关于突发事件的报道。

（五）规模信息量

突发事件最重要的特征即单位事件爆发的信息量极大，尤其在爆发初期，所以突发事件新闻报道往往具有先入为主的特征，即谁先抓住受众，谁就引导了舆论并设定了人们的"认知过程"。

二、突发事件的分类

（一）根据《中华人民共和国突发事件应对法》分四类

根据《中华人民共和国突发事件应对法》，突发事件是指突然发生、造成或者可能造成严重社会危害,需要采取应急处置措施予以应对的自然灾害、事故灾难、公共卫生事件和社会安全事件。

1. 自然灾害

自然灾害主要包括水旱灾害,台风、严寒、高温、雷电、灰霾、冰雹、大雾、大风等气象灾害,地震、山体崩塌、滑坡、泥石流等地质灾害,风暴潮、海啸、赤潮等海洋灾害,重大生物灾害和森林火灾等。

2. 事故灾难

事故灾难主要包括矿山、石油化工、危险化学品、特种设备、旅游、建设工程、国防科技工业生产等安全事故,民航、铁路、公路、水运等交通运输事故,地铁、供电、供水、供气和供油等城市公共服务设施安全事故,以及通信、信息网络生产安全事故,火灾事故,核与辐射事故,环境污染和生态破坏事故等。

3. 公共卫生事件

公共卫生事件主要包括传染病疫情,群体性不明原因疾病,食物安全和职业危害,以及其他严重影响公众健康和生命安全的事件。

4. 社会安全事件

社会安全事件主要包括危及公共安全的刑事案件、涉外突发事件、恐怖袭击事件、民族宗教事件、经济安全事件以及群体性事件等。

(二)根据预警分为四级威胁

1. 蓝色等级(Ⅳ级)

预计将要发生一般(Ⅳ级)以上的突发公共安全事件,事件即将临近,事态可能扩大。

2. 黄色等级(Ⅲ级)

预计将要发生较大(Ⅲ级)以上的突发公共安全事件,事件已经临近,事态有扩大的趋势。

3. 橙色等级(Ⅱ级)

预计将要发生重大(Ⅱ级)以上的突发公共安全事件,事件即将发生,事态正在逐步扩大。

4. 红色等级(Ⅰ级)

预计将要发生特别重大(Ⅰ级)的突发公共安全事件,事件会随时发生,事态正在不断蔓延。

(三)根据处置方式分四级

1. 一般突发公共事件(Ⅳ级)

一般突发公共事件(Ⅳ级)是指突然发生的,事态比较简单,仅对较小范围内的公共安全、政治稳定和社会经济秩序造成严重危害或威胁,已经或可能造成人员伤亡和财产损失,只需要调度个别部门或区县的力量和资源就能够处置的事件。

2. 较大突发公共事件(Ⅲ级)

较大突发公共事件(Ⅲ级)是指突然发生的,事态较为复杂,对一定区域内的公共安全、政治稳定和社会经济秩序造成一定危害或威胁,已经或可能造成较大人员伤亡、较大财产损失或生态环境破坏,需要调度个别部门、区县力量和资源进行处置的事件。

3. 重大突发公共事件（Ⅱ级）

重大突发公共事件（Ⅱ级）是指突然发生的，事态复杂，对一定区域内的公共安全、政治稳定和社会经济秩序造成严重危害或威胁，已经或可能造成重大人员伤亡、重大财产损失或严重生态环境破坏，需要调度多个部门、区县和相关单位力量和资源进行联合处置的紧急事件。

4. 特别重大突发公共事件（Ⅰ级）

特别重大突发公共事件（Ⅰ级）是指突然发生的，事态非常复杂，对公共安全、政治稳定和社会经济秩序带来严重危害或威胁，已经或可能造成特别重大人员伤亡、特别重大财产损失或重大生态环境破坏，需要当地政府统一组织协调，调度各方面资源和力量进行应急处置的紧急事件。

三、突发事件的应对及处置程序

由于突发事件所处的具体环境和条件不同，每一事件的特殊矛盾、规模、程度、性质和后果不同，卷入事件的群众情况不同，因而处置的办法和程序也就各异。但是，无论其状况如何，一般来说，都要经过以下六个程序，每一个程序又各有一些需要注意的事项和处置策略。

（一）控制事态

突发事件发生后，迅速控制事态是处置事件的第一步。事件的突发性，要求处置工作必须突出一个"快"字。快速出动是把突发事件控制在最小范围、消灭在萌芽状态的重要保证；要快速发现、快速报告、快速出动、快速到位、快速展开、快速介入，以便抓住先机，争取主动，尽快控制事态发展。领导者可以根据具体情况成立临时专门机构。

例如在处置突发事件的过程中，可以把所辖机构分成突发事件决策机构和处置机构两部分，决策机构及其人员主要是对事件发展情况进行预测，制订处置事件的策略和步骤，对工作进行全面指导；处置机构及其人员负责掌握动向，反馈信息，贯彻决策机构意图，对事件进行具体处置。把决策层和执行层分开，有利于各司其职，各负其责。

领导者控制事态的策略表现在以下几个方面。

1. 要迅速隔离险境

当出现灾害事故类突发事件时，为了确保社会及公众的生命财产不受损失或少受损失，应采取果断措施，迅速隔离险境，力争把突发事件和重大事故所造成的损失降到最低程度，为恢复正常状态提供保证。

2. 转移群众的注意力

一般地说，每次群体性突发事件中，群众的注意力都会集中在一两个敏感的热点问题上，在这种情况下，转移群众的注意力，对于控制事态是十分有利的。可以通过说服诱导，寻找双方利益的交汇点，使群众对党和政府的主张产生认同。

可以从群众的角度出发，承认某些可以理解和合理的方面，做出无损于实质的让步或许诺；还可以运用归谬法引导事件的参与者意识到最终可能出现的双方都不愿意看到的不良后果，使大多数人恢复理智，同时找出解决问题的正确途径和方法。

3. 进行强制性干预

在解决突发事件过程中,政府的强制性干预是十分必要的。面对突发事件,政府中枢决策系统就必须享有发号施令的权威,并且可以制定和执行带有强制性的政策。

在突发事件状态下,每一个人的信息量都是有限的,某些群众和个别领导者还会处于一种非理性状态,同时决策也会遇到各方面的阻力,其风险性使得任何意见都难以像常规情况下那么容易达成妥协和统一,因此,依靠领导权威、推行强制性的决策是唯一的选择。这样做的目的在于能够迅速而有效地遏制事态的扩大、升级、蔓延。

(二)调查研究

当突发事件得到初步控制以后,领导者应马上进入第二阶段,即组织力量开展调查研究。对突发事件的调查,在内容上强调针对性和相关性,查明事件发生的时间、地点、背景、人员伤亡、财产损失、事态发展、控制措施、相关部门和人员的态度以及公众在事件中的反应;在方法上强调灵活性和快速性。

在调研过程中,应广泛收集和听取事件参与者、目睹者的意见、反映和要求,从中分析事件的性质和因由;要与事件的参与者正面接触,尽量抓住事件的薄弱环节和暴露之处进行调查,以利于发现问题。

一般情况下,目睹者观察和提供的情况,是较为客观和准确的,因为他们与事件没有直接的利害关系,能够客观公正地分析和反映情况,为领导者制订对策提供可靠依据。根据调查来的情况,找出突发事件发生的因果联系,把握主要问题,就可以为确定事件的性质打下基础。

(三)制订对策

在通过调查研究,对事件的来龙去脉和性质予以确定之后,应迅速会同有关职能部门,进行分析讨论,制订相应的对策。制订对策须注意三个方面的问题。

(1)对策必须具有可行性,能在现有条件下付诸实施。

(2)对策应充分考虑到可能出现的各种情况和问题,做多种准备,不能简单从事。

(3)重视专家的意见,因为突发事件的出现,有时是在领导者不太熟悉的领域,而专家对自身涉及领域的问题有专业的知识和经验,专家的意见可以弥补领导者知识和经验的不足,特别是在事态基本得到控制的情况下,制订对策更应该重视专家的意见。

总之,突发事件的处置,对领导者素质和能力的要求特别高,不允许决策出现失误和漏洞,也不允许在执行过程中软弱无力。领导者在抓主要矛盾的同时,应注意总体配合,综合治理,以便尽快解决问题。

(四)贯彻实施

经过前三个阶段的准备工作,在贯彻实施阶段,领导者应动员社会力量有序参与。面对灾害类以及恐怖动乱类突发事件,在一个开放、分权和多中心治理的社会,没有社会力量的参与是不可想象的。社会力量的参与,可以缓解突发事件在公众中产生的副作用,使公众了解真相,消除恐惧心理,起到稳定社会、恢复秩序的作用。

突发事件造成的最大危害在于社会正常秩序遭到破坏并由此带来社会公众心理上的脆弱,所以,保持稳定的社会秩序和原有的社会运行轨迹、提高公众心理承受能力是首要的选择。要尽可能保证社会公共生活的正常运转,尽可能避免突发事件进一步造成更大的公众心理伤害。

对于社会性突发事件,领导者要公开表明立场,恳切道出自己的希望和担心,这样可以增加社会公众的信任感,拉近情感距离。诚实的态度容易赢得社会公众的尊重,减轻他们的恐慌心理,有助于尽快解决问题,恢复正常的工作和生活秩序。

(五)评估总结

突发事件解决后,领导者要对整个事件的过程进行评估。

1. 评估有关措施的合理性和有效性

注意从社会效应、经济效应、心理效应和形象效应等方面,评估有关措施的合理性和有效性,并实事求是地撰写出详尽的突发事件处置报告,为以后处置类似的事件提供参照。

2. 认真分析突发事件发生的原因,反思工作中的不足

如果是组织机构设置有问题,那就重新建立健全预防突发事件的运行机制,堵塞漏洞;如果是政策有问题,就应重新调整政策;如果是干部工作作风有问题,就要从克服官僚主义、改进工作作风入手,想人民之所想,急人民之所急,以得到群众的理解和支持;如果是领导者政治敏锐性差,就应严肃纪律,让应当承担责任的人承担必须承担的责任。要通过评估反思,切实改进工作,努力消除各种不安定因素,从根本上杜绝类似突发事件的发生。处置突发事件的善后工作做好了,才能说该事件圆满解决了。

(六)重塑形象

即使领导者采取积极有效的措施处置了突发事件,政府的形象也仍然有可能受到一定的负面影响。因此,在突发事件过后,领导者要采取一定措施,进一步完善管理体制,调整组织机构使之更精干、更有工作效率。

与此同时,还要以诚实和坦率的态度安排各种交流活动,加强与社会公众的沟通和联系,及时告知他们突发事件后的新局面、新进展,消除突发事件带来的形象后果,恢复或重新建立政府的良好声誉和美好声望,以赢得社会的理解、支持与合作。

四、处置突发事件的处置原则

根据国内外处置突发事件的理论与实践,处置突发事件应遵循以下原则。

(一)救治第一原则

不管是什么类型的突发事件,首先要保护人民的生命安全。应将媒体报道和公众反应首先集中于对伤亡人员的救助而不是领导人的活动、缉拿罪犯、防范措施等,这样有利于号召和动员公众支持政府,参与救援活动,这是在特殊情况下增强社会凝聚力和得到公众支持的必然选择。

(二)把握主要矛盾原则

任何突发事件都有一个牵动全局的主要矛盾,把握主要矛盾,并采取适当的措施予以解决和转化,是解决突发事件的根本所在。因此,领导者应注意全面地认识事件的各种现象,潜心分析各种现象间和现象背后的因果联系,要在把握各种联系的基础上,通过一一过滤、比较和筛选,认准制约整个事件的主要矛盾,从而找到整个事件的"总闸门"。

（三）重视信息传播原则

突发事件出现以后，为了求得公众的深入理解和全面谅解，必须向广大公众传播有关的准确信息，从而通过信息控制舆论导向。封锁消息是无益的，只会导致谣言制造混乱。

（四）协调作战原则

突发事件的复杂性和综合性，要求处置手段必须借助合力，任何一起突发事件都会涉及社会各领域、各行业、各层面，如交通、通信、医疗服务、消防等，只有在领导的统一指挥下，各有关部门协同配合，才能准确全面地把握突发事件的性质和症结，及时形成和贯彻科学的决策，迅速控制事件的发展。

（五）科学处置原则

科学处置主要针对那些因工业技术而引起的灾害以及由自然灾害而造成的事件，如台风、火灾、飞机失事等。对于突发事件，在处置中一定要注意科学性、技术性，多征求特定技术领域内专家的意见，不能蛮干。

第二节 高校突发事件特征及应对

学校是教书育人的场所，学校的安全稳定是开展教学、培养人才的前提基础。随着社会经济的发展，一些社会深层次的矛盾会不断显现，可能引发一些校园突发事件。

学校是学生集中学习和居住的地方，自然灾害会造成人数众多的伤亡，因此保证学校师生的生命财产安全，直接关系到社会的稳定和发展。必须最大限度减少突发事件对学生造成的伤害，为学生成长提供良好的环境。

一、高校突发事件的分类及原因

所谓高校突发事件，是指由于自然的、人为的或社会政治的原因引发的，突然发生在高校校园内（或虽然发生在校园外但涉及的主体是高校师生的）的，不以高校管理者的意志为转移，对学校的教学、工作、生活秩序造成一定影响、冲击或危害的事件。

高校突发事件的本质特征就在于事件发生上的突发性，往往令高校管理者始料不及；或是会给高校现有的学习、工作、生活秩序造成干扰或冲击，具有一定危害性，只有突发性和危害性二者同时具备，才构成一个完整的高校突发事件，否则可能属于正常活动，或者只是突发事件的苗头而已。

（一）分类

从总体上说，按事件的性质分，高校突发事件包括自然灾害、事故灾难、公共卫生事件和社会安全事件等几类。具体来说，有以下几种。

1. 自然灾害

自然灾害如地震、洪水、台风、暴雪等。像2008年年初南方几个省发生的雪灾和发生在四川的"5·12"地震，就是自然灾害方面的突发事件，还有每年都会出现几次的台风（或叫热带风暴），这对沿海地区的高校来说，也是常见的突发事件。还有南方地区几乎每年都会发生的山洪暴发所引起的自然灾害等。

2. 事故灾难

事故灾难如实验室或学生宿舍发生的电器火灾、爆炸、楼舍倒塌、人员踩踏等事件。这些灾难性的事件都是事故,有人为因素。

3. 公共卫生事件

高校是人员高度聚集的地方,也是最容易发生公共卫生事件的场所。由于现在食品安全存在诸多隐患,因食品中毒或者不洁食品进入高校从而引发事端。

4. 社会安全事件

发生在高校的社会安全突发事件,主要是指在高校校园内或者是与高校师生直接相关、影响国家或地方政治及社会稳定和学校正常程序的群体性事件、恐怖袭击事件、治安刑事案件、民族宗教事件、涉外突发事件,以及其他因素造成的社会安全类突发事件。

高校或师生中的集会、游行示威、静坐等群体性事件,总体上很少,但也不是没有,如当国际上出现有损我国尊严、领土、主权的情况时,高校师生通过集会、静坐、游行示威等方式表达爱国热情;或者为表达对某一事件的强烈抗议或强烈诉求,自发组织活动。

5. 网络与信息安全事件

网络与信息安全事件主要是指高校主管或主办的网络与信息系统发生的有害程序事件、网络攻击事件、信息破坏事件、信息内容安全事件、设施设备故障和灾害性事件。对此,学校不能轻视,特别是招生时,或者是在一些特别敏感事件发生时,高校的信息系统遭到破坏,信息内容受到篡改,就会造成很大的问题。

6. 教育考试安全事件

教育考试是高校的一项经常性的大量的工作,这方面的安全突发事件,主要是指在国家考试或者学校考试中,在命题管理、试卷印刷、运送、保管、评卷组织管理等环节出现的试卷(答卷)安全保密事件,考试实施中出现的舞弊(特别是群体舞弊)、阻碍考试等突发事件,以及网络有害信息等影响考试及社会稳定的其他突发事件。

7. 非正常死亡事件

非正常死亡包括自杀、他杀和意外死亡。目前这是高校遇到比较多并且难以处置的事件。可以说每一起非正常死亡都是突发事件,都必须妥善应对和处置。

近些年,大学生因为各种原因自杀的案件数量呈上升趋势,受到媒体、社会、教育界的重视和关注,此外,由于心理问题或其他原因对自己或他人产生伤害、攻击的行为在大学校园也时有发生。师生的非正常死亡,极易引发聚集事件和过激行为。从近些年的情况看,大学校园内死者亲属聚集甚至发生过激行为的情况是比较多的。几乎每一起非正常死亡事件,都伴随聚集事件和过激行为的发生。

因此,如何应对和处置师生非正常死亡事件,是必须要面对的问题,也是当前比较棘手的问题之一。此外,还有一些"民族学生和谐关系"方面的问题,也成为突发事件,需要认真谨慎地应对。

(二)特点

在大学校园或者在大学生中发生的突发事件,从其起因来看,是通过一定的诱发契机引发的。而这个契机是偶然的。因此,高校突发事件发生的具体时间、实际规模、具体形态和影响深度等,都是难以预测的,具有很大的突然性。

1. 行为的过激性

高校中发生的突发事件,由于大学生是一个高度集中的群体,一旦在大学生中发生某种事件,很容易出现聚集、罢课罢餐甚至打砸抢等过激行为,甚至酿成严重事件。

由于高校是备受社会关注的地方,大学生是高度敏感的群体,因此,大学校园里或者大学生中发生某种突发事件,更容易引起社会反响,处置难度也会增大,并且极容易被社会上别有用心的人所利用,客观上"放大"和"加深"其危害的范围和程度。

2. 事件不良影响的扩散性

在现代媒体、网络等的作用下,高校发生的突发事件,很容易在极短的时间内迅速传播扩散。作为高校的管理者,当事件发生后,如果不在极短的时间里采取有效措施控制局面,一旦事件的信息急剧传播,加之在传播中被有意无意地添油加醋,甚至歪曲事实真相,就很可能在短时间内就造成难以控制甚至是难以收拾的局面。

3. 不良影响的持久性

高校的大学生群体,不同于社会上的普通群体,他们是有知识、有思想、热情高的青年学生群体。他们关注社会发展,对非常规事物有天然的好奇心,并且具有这个年龄段的年轻人特有的热情和冲动。

某个事件发生后,一旦处置不当,留下的印记是深刻的,产生的影响是深远的,如果不是有重大机遇使他们改变看法、观点,这种影响会扎根在他们心里,影响他们的世界观、人生观、价值观,甚至影响他们一生的思想和行为。

4. 事件的两面性

高校发生突发事件后,就其客观效果来说,可以具有两面性。一方面,突发事件发生后,客观上破坏了正常的教学、工作程序,给高校带来不必要的损失,也对社会造成一定的不良影响,这是其"危机"的一面。另一方面,如果高校的决策者、管理者在突发事件发生后正确应对,积极消除事件带来的负面影响,化"危机"为"转机",化"危机"为"契机",就会极大地推动学校的建设和发展。

二、高校常见突发事件的原因

(一) 高校外部运行环境的直接影响

1. 国内社会因素的影响

从国际范围来看,经济全球化、政治多极化和文化多元化的格局已经形成。在发展过程中,各国之间因政治、经济、文化、价值观等方面的不同而产生的冲突连绵不断,国际社会的风云变化,必然对大学生的思想、心理和行为产生一定的影响,他们必然要通过某种方式来表达对和平与发展的向往,对各种纷争的态度与看法。

从国内情况来看,随着市场经济制度的不断完善,高校已迅速从经济社会的边缘走向中心。因此,社会环境的变化必定会在高校中有所体现。

2. 外部环境刺激的影响

高校备受社会关注,已成为不法分子新的肇事目标。高校的突发事件,对人们思想和心理的影响更为深刻,几乎每一件被报道的高校突发事件都会引起社会的广泛关注,令相关学校陷入尴尬与无奈,并且在社会上引发讨论。

3. 公共政策的影响

政府制定的政策和规章制度都直接影响和引导着大学生的行为,由于大学生正处于敏感和易冲动的年龄阶段,他们的思维活跃、维权意识强,当他们对涉及切身利益的公共政策感到不理解或不满意的时候,很容易产生过度反应。

4. 网络媒体的影响

现代社会,网络媒体对大学生的影响很大。网络似乎已经成为大学生必不可少的东西,但是网络媒体给大学生获取知识带来便利的同时,也产生了不良影响。

在高校突发事件中,发生率比较高的校园暴力,虽有多层次、多方面的原因,但社会环境中不良的网络媒体也是重要原因之一。由于大学生好奇心强,各种信息都想了解,部分大学生可能会沉溺于黄色信息、反动宣传和暴力游戏中。长此以往,大学生的世界观会受到很大影响,甚至诱发犯罪或者自毁事件。

而与此同时,学校如果对校园网络管理不严,对网上炒作的热点问题出现的一些不实的、有害的信息,没有及时发现、封堵和清理,再加上媒体的一些负面影响,就会造成一些不明真相的学生在互联网上炒作、串联,导致学生上街游行的突发事件发生。

5. 高校周围不良环境的影响

近年来,高校周围的治安环境问题经常是高校突发事件的源头。高校周围遍布旅店业、饮食业和娱乐业,在这些商业场所中可能会出现不法竞争的现象。一些业主为了争夺顾客通宵营业,学生涉足此地和社会上大量成分复杂的社会青年接触,可能会因言语不和发生口角,或因经济利益发生纠纷。周围不良的环境引发学生和社会人员之间、学生和业主之间、学生和学生之间纠纷不断。

(二)学校管理上的不足

1. 高校管理缺失所带来的问题

从当前我国高校的实际情况看,问题突出、影响大且发生频率高的突发事件主要集中在招生与就业、群体性行动、心理疾患、校园安全与事件等方面。高校一校多区的现状,造成高校管理上的难度增大。高校招生规模的扩大,导致教育资源的相对匮乏。

值得注意的另一个问题是,在推行高校后勤社会化改革过程中,虽然引进社会资本建设学生公寓等措施,在一定程度上为缓解扩招造成的高校资源缺乏起到了一定的积极作用,但随着时间的推移,暴露的问题也越来越多,使学校的管理难以到位。

2. 素质教育的缺失

尽管这些年一直在呼吁进行素质教育,但这并没有从根本上改变应试教育的现状。在应试教育模式下,从小学到大学,学校和家长更关心学生在校的学习成绩排名和学生的考试分数,忽略了一个人的发展是综合素质的全面发展,不仅包括学习能力,还包括学生的道德品质、抗挫折能力、心理承受能力、应急反应能力、人际交往能力、实践能力等。

同时,学校普遍忽视了对学生进行危机教育、防范意识教育、灾难教育,特别是忘了告诉学生当遭遇不同的突发事件时如何去面对,以及处理的技巧等。导致学生在面临大事、要事和急事时出现价值错位、心理失衡、举止无措的现象。

(三)学生自身及家庭因素的影响

1. 大学生的思想特征

大学时期是一个人从青年期向成人期发展的阶段。在这个阶段,大学生正处在学习、思考、探索、选择的成长过程中,尚未确立十分明确的、坚定的信仰,缺乏应有的锻炼与考验。大学生的世界观、人生观和价值观尚未成熟,易受外界影响。

随着经济全球化的到来,各种文化相互激荡,如果没有正确的思想引导他们,西方意识形态的不良思想、极端的利己主义和腐朽的拜金主义就会乘虚而入,使他们形成错误的、扭曲的世界观、人生观和价值观。在价值观失衡的情况下,大学生很容易受鼓动而产生过激行为。

同时,大学生还是社会发展中的特殊群体。他们之间相同的生活空间,相近的年龄,相投的兴趣爱好,相似的思维定式,相仿的行为方式,使大学生成为社会结构中最活跃、最敏感、最易动、最不稳定的特殊群体。当一部分学生为某个社会问题聚集在一起的时候,会形成社会心理学上所谓的"偶集群"效应或群体决策中的"极化现象"。

在偶集群中,大学生会表现出某些有别于平时的、甚至是个人平时没有想到的或不敢想象的偶集行为。在偶集群效应下,"他人在场"成为大学生个人竞相表现自己的创造性、顽皮性甚至破坏性的促进外因。

2. 大学生自身心理危机引发的突发性事件

大学生处于青年早期,一般来说,他们是同龄人中的佼佼者,有较高的智力能力,对自己和社会都有较高的期望,对未来充满了美好的憧憬。但是,大学生自身的阅历及不成熟的人生观、世界观、价值观,也给他们对理想的追求带来了较多的心理困惑。

他们面临学习的压力,经济尚不独立的压力,就业的压力;对学校生活环境、学习方法、内容的适应问题;在新集体中的自我认知和评价问题;重新构建同学、朋友的人际关系问题;与异性交往、变化的问题;求职与考研的选择等问题。较之以往大学生承担的压力越来越大,而且大学生受自身认知的局限,在激烈竞争的压力下,容易造成其行为上的失控。

3. 学生判断是非的能力较弱,容易引发突发事件

青年大学生是学校主要群体,他们大部分人正处在学习、思考、探索和成长的过程中,还没有形成明确的坚定的信仰。

一方面,他们具有特殊的政治敏锐性,高度的社会责任感,疾恶如仇的正义感和争强好胜的上进心,具有敢想敢干、勇于探索真理的精神;另一方面,他们年龄较轻、涉世不深,判断是非的能力较弱,思考问题的方法容易片面,情绪容易偏激,行为容易冲动且不计后果。

同时,他们自控能力较差,一旦周围发生群体性事件,他们就可能在从众心理的支配下卷入进去。他们开始参与的动机和愿望可能是好的,但由于采用的方式方法不当,往往事与愿违。所以在高校学生为主体的突发事件中,往往起因合理,而做法不当。如果不能及时发现,正确教育引导和处理,就有可能演化为影响较大的事件。

4. 大学生的从众心理容易导致群体性事件的发生

大学生思想活跃,富有寻找刺激和渴望游乐的心理倾向,这些特点为诸多群体组织,如老乡会、球迷协会、军事爱好者协会等,在大学生中的存在提供了群体基础。而大学生群体组织的存在,又容易导致"从众效应"。在特定的氛围下,众多大学生的互动频率会越来越高,互动中的敏感性也会越来越高,形成一种相互刺激的循环反应。

当这种集体激动的情绪发展到一定程度,自我意识明显下降,普遍产生不能自制的过激情绪,自发产生"情绪共振",从而导致无明确目的的、无组织的、有悖于现有社会规范的

短暂性狂热行为,甚至破坏行为,如观看足球比赛因失球而怪叫,甚至斗殴。

5. 家庭环境影响

家庭环境可以对学生产生非常深远的影响。家庭环境包括家庭结构、家庭关系、家庭氛围、家庭教育以及家庭周边环境等。总结起来,在家庭环境影响因素方面可能致使大学生产生突发事件的情况有两种。

一是家庭不和睦。例如在幼年或少年时期家庭遭到破坏,父母离异或死亡,就会使孩子过早地失去家庭的温暖,在这种环境下长大的孩子心灵有创伤,极易形成变态心理,产生过激行为而引起突发事件。

二是家庭教育不到位。有些父母要么忙于工作,对孩子放任不管;要么溺爱过度,使孩子养成不良习气;还有的权威式教养,给孩子造成很大的压力和束缚;有些家长甚至是打骂齐下,造成亲子关系不佳。这些家庭管教方式都极易导致孩子的性格向病态的方向发展。

在现实生活中,这类受家庭环境影响的学生往往成为大学生突发事件的主角。

(四) 毕业生就业困境的影响

自改革开放以来,我国社会经济的变革与发展、科技文化的进步,一方面为青年提供了越来越多的就业机会和为就业进行素质准备的受教育机会;另一方面,经济、政治体制变革带来的工作效率加快,科技进步带来的劳动生产率普遍提高以及社会经济结构的巨大跃迁,在一定程度上又减少了从业人员的需求量,由此产生了巨大的社会就业压力。

三、高校突发事件的处理程序

(一) 处理程序

1. 自然灾害、事故灾难或公共卫生事件发生后应采取的应对措施

(1) 配合有关部门组织营救和救治受害人员,疏散、撤离并妥善安置受到威胁的人员,必要时可报请有关部门组织医疗卫生专业队伍赶赴现场开展医疗救治、心理抚慰等救助工作。

(2) 迅速控制危险源,标明危险区域,封闭危险场所,划定警戒区,必要时报请公安等有关部门实行交通管制以及其他控制措施,确保安全通道的畅通,保证应急救援工作的顺利开展。

(3) 禁止或者限制使用有关设备、设施,关闭或者限制使用有关场所,中止可能导致危害扩大的活动以及采取其他保护措施,防止发生次生、衍生事件。

(4) 配合有关部门做好受灾师生员工的基本生活保障工作,提供食品、饮用水、衣被等基本生活必需品和临时住所,确保受灾师生员工有饭吃、有水喝、有衣穿、有住处、有病能得到及时医治。

(5) 启用本校储备的应急救援物资,必要时报告当地党委政府和上级教育行政部门调用教学设备、用具以及其他应急物资。

(6) 协调有关部门抢修被损坏的校舍、教学设施以及交通、通信、水电热气等公共设施,短时间内难以恢复,要实施临时过渡方案,保障教学秩序及生活基本正常。

(7) 在确保安全的前提下,组织教职工和大学生参加应急救援和处置工作,要求具有

特定专长的教职工和学生提供相应服务。

2. 社会安全事件发生后应采取的应对措施

社会安全突发事件发生后(如非法集会、游行示威,发生恐怖袭击、治安刑事案件等),学校应在第一时间向当地公安机关报警,向当地党委政府和上级主管部门报告,并立即启动本校社会安全突发事件的应急预案,自主或协助公安机关及其他相关部门采取下列一项或多项应急处置措施。

(1) 对可能影响师生情绪并引发群体性事件的矛盾和问题,相关负责人要第一时间到场,立即组织党员、班干部、班主任、骨干教师和学生工作人员开展教育引导和必要的心理咨询工作,化解矛盾,稳定和疏导师生情绪。

(2) 对参与社会群体性事件的师生要立即组织力量进行劝阻并带离现场。

(3) 对严重危害师生员工生命安全的突发事件,要全力配合有关部门第一时间挽救和保障师生员工生命和财产安全。

(4) 加强对易受冲击的重点单位、重要场所的警卫工作,在校园通信、广播、有线电视、涉外区域等校园重要部位附近设置临时警戒。

(5) 封闭有关场所,对有关道路实施交通管制,查验现场人员的身份证件,限制整个校园或有关区域内的活动。

(6) 对特定区域内的建筑物、交通工具、设备、设施以及水电热气的供应进行控制,必要时依法报请有关部门对网络、通信等进行管控。

(7) 维护现场治安秩序,妥善解决现场纠纷和争端,控制事态发展。

(8) 严重危害校园和社会治安秩序的事件发生时,应报请公安机关立即依法出动警力,根据现场情况依法采取相应的强制性措施,尽快使校园或社会秩序恢复正常。

(9) 除上述措施以外,还可以采取法律、行政法规和规章规定的其他必要措施。

3. 网络与信息安全事件发生后应采取的应对措施

(1) 当网络和信息系统运行安全因病毒攻击、非法入侵、系统崩溃等原因出现异常或瘫痪时,立即组织相关单位或人员采取技术措施,尽快恢复网络和信息系统的正常运行,必要时报请电信管理部门组织协调相关运营商给予支援,防止事件蔓延至其他网络系统,同时将突发事件有关情况向当地公安机关报告。

(2) 当网络信息内容出现危害国家安全、社会稳定及学校正常教学秩序的有害信息或其他不良信息时,应立即采取必要的管控措施,有效阻止网上有害或不良信息的传播,同时根据不同性质和情况,有针对性地开展教育引导工作。

(3) 全面了解网络和信息系统所受波及与影响,检查影响范围,跟踪事态发展,及时将处置进展情况上报。

(4) 应急处置过程中要及时调查取证,尽可能保留相关证据。对于人为破坏活动,应及时报请当地公安机关开展侦查和调查工作,并视情况依法依规处置。

(5) 除上述措施以外,还可以采取法律、行政法规和规章规定等其他必要措施。

4. 教育考试突发事件发生后应采取的应对措施

(1) 迅速掌握情况,第一时间上报上级考试机构。

(2) 涉及自然灾害、事故灾难、公共卫生、社会安全、网络与信息安全类的突发事件并影响考试工作的,按照有关预案并结合考试工作特点确定处置方案。

(3) 其他类别教育考试安全事件发生后,应及时报告当地考试应急指挥机构和上级考试机构,妥善处置。如需要其他部门协助的,应及时报告,协同处置。

(4) 偶发事件发生后,由现场应急指挥机构处置并逐级上报。

(5) 除上述措施以外,还可以采取法律、行政法规和规章规定的其他必要措施。

5. 大学生非正常死亡发生后的应对措施

高校发生的大学生非正常死亡,就是指自杀、他杀和意外死亡三种情况。

随着社会的进步和以人为本思想的深入人心,非正常死亡发生后,很容易引发群体性事件和过激行为。因此,如何应对非正常死亡事件,成为当前高校维护稳定面临的一个很现实的挑战。

 小贴士

> 所谓非正常死亡,在法医学上指由外部作用导致的死亡,包括火灾、溺水等自然灾难;或工伤、医疗事故、交通事故、自杀、他杀、受伤害等人为事故致死。与之相对的正常死亡,则指由内在的健康原因导致的死亡,例如病死或老死。在统计相关数据时,把包括自杀、凶杀(他杀)、交通事故、意外溺水、坠楼、猝死等死亡归类为非正常死亡。

非正常死亡事件发生后的一般工作程序包括以下几个步骤。

(1) 救人。

(2) 报警。

(3) 保护现场。

(4) 启动应急预案(成立善后工作领导小组,一般由分管学生工作的领导负责,其他校领导配合),并向上级主管部门报告。

(5) 通知死者亲属。

(6) 由公安机关向死者亲属通报案情。

(7) 与死者亲属协商处理事宜(包括火化尸体的时间、补偿事宜等)。如果协商能达成一致,事件很快就能处理完毕;如果协商不成,就要进行下一步。

(8) 调解。在协商不能达成一致的情况下,请学校所在地的司法机关进行调解。如果学校所在地的司法机关调解不成,可请死者家所在地的司法机关及相关部门参与调解。

(9) 签订协议。协议必须是死者的直系亲属签字,如父母亲。

(10) 火化并请死者亲属将死者的骨灰带回家。

在处理非正常死亡事件时需要注意以下几个问题。

(1) 安排好死者亲属的食宿。

(2) 理解死者亲属失去亲人后极度悲痛的心情,在其亲属到学校后的两三天内,不要急于谈后事的处理,等到死者亲属的情绪平静一些后再开始谈。

(3) 死者亲属提出的要求如果是合理合法的,都应该满足,对不合理也不合法的,要有根有据地讲清道理,不要轻易认为对方是无理纠缠、胡搅蛮缠。

(4) 对补偿金额要根据有关规定和相关案例确定,一旦确定,就要坚持,不要随意增加金额,同时必须给进行调解的一方留有适当余地,不然调解难以成功。

(5) 对自杀或意外死亡的结论存在疑虑的,可以建议死者的亲属进行尸体解剖,但解剖的要求必须由死者的直系亲属提出来。

(6) 尸体火化后,骨灰由死者亲属带回,学校可以出车费,但不要派人同去。

(7) 通知死者亲属来学校时,不要派人到死者家里去,要通过当地政府通知死者的亲属。最好在通知死者的直系亲属时,不要告诉其已经死亡的消息,而是告诉其病情非常严重,使其有心理准备,逐步接受事实。防止体弱多病的死者亲属听到噩耗后发生不测。

(8) 学校工作人员与死者亲属协商或者调解时,一定要有公安人员和学校的保卫人员在场,做好安全保卫工作,防止死者亲属因情绪激动产生过激行为,造成人身伤害。如果有过激行为的发生,要注意保留证据。

(9) 学校只指定一位领导和死者亲属协商有关事宜,主要领导要看望死者亲属,并对参与处理问题的领导授权,但不要直接参与协商和调解,以便留有余地。进行协商和调解不要到学校的办公室,应在死者亲属住宿的宾馆进行。

(10) 无论是什么情况,不要让死者的亲属睡到死者的宿舍里,但可以到死者的宿舍看一看,看完立即出来,并安排在离学校有一定距离的宾馆休息。

(二) 事故损害的赔偿

(1) 对发生学生伤害事故负有责任的组织或者个人,应当按照法律法规的有关规定,承担相应的损害赔偿责任。

(2) 学生伤害事故赔偿的范围与标准,按照有关行政法规、地方性法规或者最高人民法院司法解释中的有关规定确定。教育行政部门进行调解时,认为学校有责任的,可以依照有关法律法规及国家有关规定,提出相应的调解方案。

(3) 对受伤害学生的伤残程度存在争议的,可以委托当地具有相应鉴定资格的医院或者有关机构,依据国家规定的人体伤残标准进行鉴定。

(4) 学校对学生伤害事故负有责任的,根据责任大小,适当予以经济赔偿,但不承担解决户口、住房、就业等与救助受伤害学生、赔偿相应经济损失无直接关系的其他事项。学校无责任的,如果有条件,可以根据实际情况,本着自愿和可能的原则,对受伤害学生给予适当的帮助。

(5) 因学校教师或者其他工作人员在履行职务中的故意或者重大过失造成的学生伤害事故,学校予以赔偿后,可以向有关责任人员追偿。

(6) 未成年学生对学生伤害事故负有责任的,由其监护人依法承担相应的赔偿责任。

学生的行为侵害学校教师及其他工作人员以及其他组织、个人的合法权益,造成损失的,成年学生或者未成年学生的监护人应当依法予以赔偿。

(7) 根据双方达成的协议、经调解形成的协议或者人民法院的生效判决,应当由学校负担的赔偿金,学校应当负责筹措;学校无力完全筹措的,由学校的主管部门或者举办者协助筹措。

(三) 事故责任者的处理

(1) 发生学生伤害事故,学校负有责任且情节严重的,教育行政部门应当根据有关规定,对学校的直接负责的主管人员和其他直接责任人员,分别给予相应的行政处分;有关责任人的行为触犯刑律的,应当移送司法机关依法追究刑事责任。

(2)学校管理混乱,存在重大安全隐患的,主管的教育行政部门或者其他有关部门应当责令其限期整顿;对情节严重或者拒不改正的,应当依据法律法规的有关规定,给予相应的行政处罚。

(3)教育行政部门未履行相应职责,对学生伤害事故的发生负有责任的,由有关部门对直接负责的主管人员和其他直接责任人员分别给予相应的行政处分;有关责任人的行为触犯刑律的,应当移送司法机关依法追究刑事责任。

(4)违反学校纪律,对造成学生伤害事故负有责任的学生,学校可以给予相应的处分;触犯刑律的,由司法机关依法追究刑事责任。

(5)受伤害学生的监护人、亲属或者其他有关人员,在事故处理过程中无理取闹,扰乱学校正常教育教学秩序,或者侵犯学校、学校教师或者其他工作人员的合法权益的,学校应当报告公安机关依法处理;造成损失的,可以依法要求赔偿。

四、高校应对突发事件应当遵循的基本原则

教育部对全国教育系统突发事件的处置,规定了五条原则。

1. 以人为本,积极预防

遵循这条原则,就是要把保障师生员工的健康和生命财产安全作为首要任务,无论遇到什么样的突发事件,都要本着最大限度地减少人员伤亡和危害为最高原则。同时要坚持预防和应急相结合,常态与非常态相结合,平时就切实做好应对各项突发事件的各项准备。

2. 统一领导,分级负责

高校发生的突发事件,凡涉及社会的,在当地党委政府的统一领导和指挥下,按职能职责分工分级负责;凡只涉及学校内部的事件,在学校党委行政的统一领导和指挥下,由各相关部门和单位按职能职责分工负责。

比如,学生意外死亡事件发生后,一般应在党委行政主要负责人的领导下,由分管学生工作的校领导直接负责,学工、保卫、学生所在院(系)的负责同志参与,负责善后事宜的处理。

3. 部门联动,快速反应

高校中突发事件不是只靠某个部门或某几个部门就可以处理好的,需要相关各部门的参与和配合,相互支持和帮助,使各个环节、各个方面、各个层级都有部门、有人员负责。同时,这种负责不是被动应付,而是积极主动地做出快速反应。

4. 科学规范,依法处置

高校突发事件的防范和处置,都必须依法依规,科学合理。因此作为高校的领导者,不只是要懂教育教学,还要了解相应的政策法规(当然可以咨询法律顾问),面对突如其来的情况,能做到猝然临之而不惊,胸有成竹,有条不紊,没有良好的心理素质和很高的思想政治水平,是做不到的。

5. 把握主动,正确引导

在现代社会条件下,任何一起突发事件都会引起社会和媒体的高度关注,甚至成为舆

论的焦点。在这种情况下,作为高校的领导者、管理者,应当掌握舆论引导的主动权,增强工作的预见性和主动性,加强与新闻媒体的联系和沟通,及时、准确、客观地发布突发事件事态发展及处置工作情况等权威信息,正确引导社会舆论。

但有的高校平时不做准备,一旦发生突发事件,总怕新闻舆论曝光,造成工作被动,因而既不愿接受媒体采访,也不主动发布相关信息,从而造成小道消息传播,甚至谣言四起。这种情况是必须改变的。

五、学校的事故预防工作

(一)加强危机意识,积极预防

高校师生员工面对信息多元化的社会形势,要自觉增强忧患意识和危机意识,清醒看到日趋激烈的社会竞争给高等教育带来的严峻挑战,要从关系国家和社会稳定与和谐、关系社会主义建设人才培养以及学校进一步生存发展的高度,认识危机意识的树立和校园突发事件有效处理的重要性。

要见微知著,未雨绸缪,力争把容易引起突发事件的矛盾解决在萌芽状态,妥善协调、积极处理,切实维护学校稳定与和谐。要及时关注学生关心的热点问题,密切注意社会不良思潮对大学生的影响,努力消除校园突发事件的各种诱发因素。

(二)发挥辅导员的作用,加强思想政治教育工作

辅导员在学生事务管理过程中,除了学生上课之外,与学生直接接触较多。要充分发挥辅导员的作用,做学生学习上的引路人,生活上的知心人,从多方面了解、关心、帮助学生的成长,加强学生的安全意识、法制规范和校纪校规教育,及时发现可能诱发突发事件的隐患,将问题解决在萌芽状态。广大教职员工要树立以人为本的工作理念,从课堂、管理、服务等各方面加强对学生的教育和引导。

(三)加强信息监管,畅通突发事件信息传播机制

当今信息时代,信息沟通在高校突发事件处理中显得尤为重要。建立良性的信息沟通与传播机制,无论是在危机预警或是危机处理过程中,都是非常重要的一个环节。高校各部门和单位要及时收集汇集相关预警信息并对可能引发的突发事件的性质、范围及结果进行分析、判断,并及时向有关领导汇报,为领导层提供决策依据,同时预测信息能及时在相关范围内发布,以便学校有关部门及学生做好突发事件的应对准备。

第三节　急救知识与技能

一、相关概念

1. 急救

伤害事故的现场急救是指对现场出现的意外或突发的伤、病、事故进行紧急的、临时性的处理。通过正确、有效、迅速的急救措施,不仅能抢救伤病员的生命、减轻其痛苦和预防并发症,而且在急救的黄金时间内为下一步转送医院治疗创造良好的条件。

2. 安全防护

安全防护是指为了避免出现可能危及人或环境的安全而采取主动的预防措施。人的安全防护与急救能力是现代物质文明和精神文明的具体表现,在现代社会,公民的安全防护与急救能力的提高对提高国民生活、生存质量具有重要的意义。

二、安全防护与急救能力的形成

人体的生长发育规律及教育学家的研究成果显示,人的安全防护与急救能力的形成发展过程分为4个阶段:婴儿期、学龄初期、学龄中期、学龄晚期。

(一)婴儿期

婴儿期主要是监护人对他们进行简单的安全常识与防护的启蒙教育。这个时期婴儿会简单地玩弄和操作熟悉的物体,并能参加一些简单的游戏活动,但是他们的语言能力和理解能力较差,对事物的认识和对事态的预见性很差,注意力不集中,发生自己造成的主动伤害的机会也随之增加,因此对婴幼儿进行必要的安全防护教育可以为以后接受系统的安全防护教育打下基础。

(二)学龄初期

学龄初期是儿童开始接受学校正规教育的时期,这是安全防护与急救能力形成发展的关键阶段。这一时期儿童的活动范围明显扩大,主动或被动参加活动的机会明显增加,他们由于缺乏相应的安全防护与急救知识,因此也是意外突发事件中伤亡率最高的人群。因此,如何提高这一群体的安全防护能力是学校教育工作者和家长所面临的严峻课题。

(三)学龄中期

学龄中期是少年心理、生理变化十分显著的阶段,其身体形态的快速变化,个性心理特征的快速发展,使他们能完成一些成人交给的体力与智力活动。这一时期的少年具有明显的群体性,是意外事件中伤亡较高的人群,对他们进行基本的安全防护知识教育和急救技能培训是非常必要的。

(四)学龄晚期

学龄晚期的青年在心理和生理方面发生了根本性的变化,他们开始接触并了解社会,探讨人生的价值,对一些社会现象有自己的看法,并积极参加各种社会活动。这个时期是他们人生观、价值观、道德观、社会责任感、各种生存技能形成的关键时期,因此对他们加强安全知识教育,开展必要的急救技能培训,使他们在步入社会前就具备良好的、全面的安全防护和急救能力,对提高国民素质,普及和推广急救技术技能具有重要意义。

三、影响安全防护与急救能力的因素

影响安全防护与急救能力的因素主要有:相关医学知识的技能;必要的安全防护与急救知识;健康的体魄与充沛的体力;良好的生活习惯;正确的思想道德导向。

四、一般的急救知识

（一）获得院外急救服务的步骤

全国统一的急救电话号码是120,全国各大中小城市均已开通120急救电话。120急救电话是联系病人与急救中心的生命线。

随着社会的发展和健康意识的增强,越来越多的人认识到或应该认识到发生急症之后应该请医生到病人身边来抢救,这是争取生存的唯一正确的措施。在发生急病或者意外灾害事故的紧急情况下,现场(病人身边的)目击者或幸存者,通过拨打120急救电话进行呼救,向急救中心总调度台讲清楚病情、地址等关键的事项,急救中心随即派出救护车以最快的速度到达病人所在的现场,实施最有效的救护。待病情稳定以后,在急救医生的护送下,到有条件的医院去进一步检查治疗。

获得院外急救服务包括以下几个步骤。

（1）拨打120急救电话。

（2）向急救中心总调度台讲清楚要求急救服务的项目。

（3）急救中心总调度台根据情况派出急救医生。

（4）救护车将急救医生送到病人所处的位置。

（5）急救医生对病人进行急救治疗。

（6）经过急救后,病情稳定,救护车将病人送到医院。

（7）个别情况下,病人留在原地休息,必要时再去医院。

（二）正确拨打120急救电话的步骤和内容

120急救服务或者呼叫120急救电话,完整的步骤为:拨打120电话,接通后,值班调度员问明病情,派出急救医生到现场进行急救,然后护送病人到医院去进一步检查治疗。

正确地拨打120急救电话是获得院外急救服务的关键。在打通120电话后,打电话的人应尽量保持镇静,讲话要清楚、简明,有主有次,并应注意以下几点。

（1）讲清楚病人的姓名、性别、年龄、确切地址、联系电话。

（2）讲清楚病人患病或受伤的时间,目前的主要症状和现场已采取的急救措施,如服药、吸氧、心肺复苏、止血、包扎、固定等。

（3）打电话的人最好是了解病人和受伤情况的人。报告病人最突出、最典型的发病表现,如头痛、胸痛、意识不清、呕血、呕吐不止、痉挛、哮喘、呼吸困难等;报告受伤原因,如由于塌方、爆炸、地震,或触电、溺水、各种车辆意外事故而受伤。

（4）弄清楚病人过去得过什么疾病,重点为是否得过糖尿病、冠心病、高血压、心绞痛、脑中风、癫痫、精神病、传染病,是否长期服药,最近的服药情况。

（5）讲清楚病人住址或发病现场的主要标志及行车的捷径,并说明交通和道路情况,如窄小胡同、修路情况,约定具体的候车地点,以便接应,候车地点最好是交通要道、公交车站、大型建筑物、明显的标志物。

（6）如果是伤亡人数多的大型意外灾害事故,应报告事故原因,伤员数量和大概的伤情。以便派出相应的急救人员和携带必要的急救器材、药品。

(7) 明确告知此次拨打120电话的目的：申请救护车服务，到现场急救；仅仅使用救护车运送病人；需要使用随车担架员等。

小贴士

> 拨打120报警电话的要点包括：报告病人的姓名、性别、年龄、确切地址、联系电话；报告病人患病或受伤时间，目前的主要症状和现场采取的初步急救措施；报告病人最突出、最典型的发病表现；过去得过什么疾病，服药情况；约定具体的候车地点，保持联络电话通畅，准备接车。

（三）救护车到来之前的处理措施

如果坐等救护车的到来，有时会错过最关键的抢救时间，可能使病人病情加重、恶化甚至死亡，尤其是心脏病猝死、出血性脑中风、严重工伤事故造成大出血、休克、颅脑损伤、胸部外伤、脊柱伤等危重病人。心脏病发生猝死后的前4分钟内为最佳抢救时机，其他疾病、外伤也应尽可能早地采取救护措施。

现场急救应采取的初步措施包括以下几种。

(1) 初步检查病人神志、呼吸、血压、脉搏等生命体征，并随时观察它们的变化，每5分钟观察一次。

(2) 必须保持病人的正确体位，切勿随便推动或搬运病人，以免病情加重。

① 昏迷病人发生呕吐时，使其头侧向一边。

② 对脑外伤、昏迷病人，不要抱着头乱晃。

③ 对高空坠落的伤者，不要随便搬头抱脚地移动。

④ 哮喘发作时若呼吸困难，病人应取半卧位。

(3) 采取相应的措施进行初步急救。

① 将病人移到安全、易于救护的地方，如将煤气中毒病人移到通风处。

② 根据病情选择体位，使其安静休息。

③ 吸氧疗法。病人身边备有氧气袋或氧气瓶的，在很多类型的急症发生时均可首先应用，如心脏病、脑中风、哮喘、呼吸困难、胸外伤、脑外伤等。

④ 保持呼吸道通畅，对已昏迷的病人，应将呕吐物、分泌物掏取出来或使其头偏向一侧顺位引流。

⑤ 呼气道被异物阻塞时，运用腹部冲击法等急救手法，使异物排出。

⑥ 心跳呼吸停止，及时进行心肺复苏术，即口对口人工呼吸和胸外心脏按压。

⑦ 采用安全可靠的药物口服办法。应尽量采用过去曾用过的、证实无过敏反应的药物。记好药名、药量、服药时间，以便向医生陈述。

⑧ 外伤病人给予初步止血、包扎、固定。

(4) 清理楼道、走廊，移除影响搬运病人的杂物，方便急救人员和担架的快速通行。

(5) 待救护车到达后，应向急救人员详细地讲述病人的病情、伤情以及发展过程和采取的初步急救措施，以保证急救的连续性和完整性。

（四）现场急救的基本原则

心脏骤停、突发创伤、急性中毒、急性病症等危重病人的救护必须从现场开始，现场的正确救治及快速转送对提高伤病员的救治成功率、降低伤残率极为有利。现场急救中要掌握现场解救、通气、止血、包扎、固定、搬运及心肺复苏等技术，还要掌握各种创伤、常见急性病症、自然灾害事故的现场救治方法。在评估时必须迅速控制情绪，尽快了解情况；在进行现场救护时，要注意自身安全，加强个人防护。同时在施救时还要遵循以下原则。

1. 注重现场救护

传统的现场救护是遇到重病员往往只做些简单的照顾护理，对外伤做一些止血、包扎等处理，然后尽快地寻找交通工具将病人送到医院，将抢救伤病员的希望完全寄托于医院和医生身上，缺乏对现场救护的重要性和可实施性的认识。这种传统的观念往往使处在生死之际的伤病员错过了最宝贵的几分钟至十几分钟的"黄金救助时间"。

现场救护是指在事发现场，对病人实施及时、先进、有效的初步救护。现代救护立足于现场的抢救，在医院外的环境下，"第一目击者"或医疗救护员对伤病员实施有效的初步紧急救护措施，以挽救生命，减轻伤残和痛苦。然后及时将伤病员迅速送到最近的医疗机构，继续进行救治。

面对各种急危重症、自然灾害事故的挑战，传统的现场救护概念以及由此派生出的急救运作方式已经难以适应。而现代现场救护突出了现场救护的及时性、重要性，在急救的黄金时间内对处在生死之际的病人进行有效的救护。

2. 现场全面评估

在对伤病员施救前，施救人员必须对现场情况进行全面评估，对伤病员的状况进行判断，分清病情的轻重缓急。如果不进行正确、有效、全面的评估，就盲目地采取措施，容易耽搁施救时机或影响救治效果，进而给伤病员造成严重的后果。

在紧急情况下，可以通过实地感受、眼睛观察、耳朵听、鼻子闻等来对异常情况做出判断，遵守救援行动的程序，并利用现场的人力、物力实施救护。首先，应注意可能对救护员本人、病员或旁观者造成伤害的隐患；其次，对各种疾病或损伤的原因进行判断；最后，确定受伤人数，并在数秒钟内完成评估，寻求医疗急救中心帮助。

3. 正确判断病情

在现场对伤病员的状况进行判断，及时检查伤病员的意识、气道、呼吸、循环体征、瞳孔反应等，分清病情的轻重缓急。尤其是在情况复杂的现场发现病员，救护人员需首先确认并立即处理威胁生命的情况。

4. 规范救护步骤

在经过现场评估、对伤病员危重病情判断及发出各种紧急呼救之后，专业救护人员赶到现场之前，现场初步救护步骤一定要规范、紧急地展开。毕竟专业人员到达现场总需要若干分钟，甚至更长时间。而及时有效的救护措施，可使一些生命得以挽救、伤病情况得到控制、病员痛苦减轻、伤残率得以降低、神志清醒的病员心理得以抚慰，为日后伤病员全身心康复打下良好基础。

第四节　常见急症的急救处理

日常生活中的常见急症较多,掌握必要的急症救治知识,有助于人们及时、果断、正确地对突发疾病采取救治措施;对自己和家人的健康、平安,生命质量的提高,具有十分重要的意义。

本节选择日常生活中常见的头痛、高热、呼吸困难、昏迷、晕厥、休克、中暑、食物中毒等急症的处理措施,帮助大家更好地掌握相关急症救治的技术。

一、头痛的处理与预防

(一) 头痛的处理

(1) 注意观察和体会头痛发作的性质、时间、伴随症状,及时到医院做进一步检查。

(2) 头痛发作时,减少活动,安静休息,必要时应服用小剂量镇静安眠药。

(3) 对于突然出现剧烈头痛伴呕吐,一般取平卧位,伴呕吐者,应在身边放一个脸盆或塑料袋;血压高者,应尽快按脑出血等进行急救。

(4) 若怀疑是急性青光眼引起的头痛,不要盲目服止痛药,应及时去眼科检查,以免引起失明。

(5) 服用止痛药,如索米痛片、罗通定、阿尼利定等药,只能供临时止痛用,如去痛药片1~2片口服,阿司匹林0.6~0.9克口服。

(6) 针对病因治疗,如高血压引起头痛,通过降血压可使头痛好转;屈光不正引起头痛,佩戴合适的眼镜可以使头痛消失;由脑血管痉挛导致供血不足引起头痛,可以用扩张血管的方法。

(二) 预防措施

虽然头疼的原因很多,但只有一部分是器质性头痛,大部分是功能性头痛,如能早期找出病因也可缓解头痛发作。

(1) 加强锻炼,凡事心平气和,遇到不开心的事找知心人交流,可减轻头痛发作。

(2) 头痛时间较长,又逐渐加重,应及时去医院诊断,找出病因并进行治疗。

二、高热的处理与预防

(一) 高热的处理

(1) 降低体温(物理降温或药物降温),家庭中可采取物理降温法,促使体温有效下降。

① 患者采取仰卧位,解开衣扣,脱去或松开衣服,同时可用电扇或扇子扇风,帮助散热。

② 额上放置冰袋或冷毛巾,腹股沟、腋下放置冰袋。

③ 可用温水或酒精进行全身擦浴,促使血管扩张,有利于散热。

④ 若高热不退,可将患者全身浸到温水中,再用软毛巾快速擦洗全身15~20分钟,洗后用干毛巾轻轻擦干全身。

(2)加强病情观察,观察生命体征、伴随症状、发热的原因及诱因、治疗效果及饮水量和尿量的变化。

(3)补充营养和水分,食用高热量、高蛋白、高维生素,易消化的流质或半流质食物,多饮水,每日 300 毫升为宜。

(4)注意口腔和皮肤的护理。

(5)进行心理护理,病人病情好转后,可让其饮服绿豆汤、淡盐水、西瓜汁等,另外,运送患者去医院的途中,应保持车厢温度在 16℃左右。

(二)注意事项

(1)高热原因尚未弄清楚前,不主张用退烧药,以免影响对病情的观察和诊断。

(2)如必须使用退烧药,应在医生指导下进行。

(3)在物理降温过程中,温度一旦降至 38℃,应停止降温措施。

(4)应向接诊医生讲清患者发热时间,每日波动状况,经过何种处理等。

(三)预防措施

(1)夏天在高温下劳动,应采取防暑措施。

(2)一旦发现身体有感染迹象,应立即就医,并及时进行感染治疗。

(3)平时加强身体锻炼,适当增加营养,以增强体质,提高机体的抗病能力。

三、呼吸困难的处理与预防

(一)呼吸困难的处理

(1)患者取半坐位,在小桌、写字台上用棉被垫高,身体靠前,有利于肺部扩张和回心血量减少。

(2)患者稍向前倾,急救者上下摩擦其背部,配合摩擦速度让患者呼吸,并转移情绪,可使其呼吸平稳。

(3)有条件者,立即给予吸氧,如有必要,应进行机械性人工呼吸。

(4)注意病因和对症治疗,在医生指导下,合理利用抗生素,抗心律失常的药等。有支气管哮喘者,可用气雾剂喷雾。

(5)立即拨打 120 急救电话,快速送患者到医院急救。

(二)预防措施

对患有支气管哮喘的患者,应注意气道湿化,以避免气道内干燥,并及时消除诱因,如过敏、寒冷、煤气刺激等。

四、昏迷的处理与预防

(一)昏迷的处理

昏迷是一种严重的意识障碍,因此对出现昏迷的患者必须立即进行救护,急救处理的主要目的是降低昏迷致死率,提高患者生活质量。凡昏迷的患者,其舌根向后坠落,造成呼吸道入口不同程度的阻塞,影响气体的正常交换,因此,在急救处理时首先要保持患者呼吸道的畅通,专家提倡采用CAB三部曲,C是指心脏按压,A是保持呼吸道畅通,B是指人工呼吸。

(1) 立即将患者平卧,头偏向一侧。

(2) 抽去患者头下的枕头,或在其两肩胛骨下放一薄枕,使头稍向后仰。

(3) 施救者可以用仰头举颏法疏通患者的呼吸道,使其舌根上举,打开患者的呼吸道,并及时清理口腔、鼻腔内的黏液、血液和分泌物。

(4) 将患者身上的其他异物取下,如钥匙、硬币、小刀等,以免造成压伤。

(5) 在施救过程中,冬天应该注意保暖,夏天应该防暑降温。

(6) 如发现患者的呼吸、心跳已经停止,应立即进行心肺复苏救生术。

(二) 预防措施

(1) 对导致昏迷的常见病因进行针对性的治疗,如降低过高的血压、控制血糖、对脑部疾病进行仔细分析等。

(2) 妥善保管好各种农药和危险药品。

(3) 提高人们对昏迷的危险性的认识,普及和昏迷相关的急救处理技术。

五、休克的处理与预防

(一) 休克的处理

在进行现场急救处理的同时,应迅速安排运输工具将伤患者运送到医院,如等到伤患者出现血压下降时再送医院,有可能延误抢救和治疗。在急救时应注意以下几点。

(1) 安静休息。迅速使伤患者平卧或半卧,并进行安慰和鼓励,消除伤患者心理负担。

(2) 止血、止痛。如果是外出血,应迅速正确地进行临时止血。有骨折、脱位或软组织严重损伤,应给予止痛剂、镇静剂使其镇静。

(3) 保暖和防暑。在不影响伤肢或伤口的情况下,尽可能将穿着的潮湿衣服除去,并覆以毛毯或大毛巾进行保暖,在炎热天气时应注意防暑降温。

(4) 饮水和吸氧。对于清醒的伤员,可饮用少量的淡盐水,如果有条件可以让伤员吸氧。

(5) 针刺穴位。对于昏迷的伤员,可以针刺人中、合谷、涌泉等穴位。

(6) 保持呼吸道畅通。如果是昏迷的伤员,要及时清除其口腔中的分泌物或血块,必要时拉出舌头,以保持呼吸畅通。

(7) 另外,在急救过程中应尽量减少搬运或移动伤员,以免造成更大的伤害。如果出现呼吸停止、心跳停止,必须采用人工呼吸和胸外心脏按压等急救技术。

(二) 预防措施

对休克的预防,应积极采取消除病因、保护和提高机体的代偿调节能力等综合措施。对有可能发生休克的伤病员应针对病因采取相应的预防措施;对外伤病员应进行及时而准确的急救处理;活动性大出血要立即有效止血;骨折部位要稳妥固定;软组织损伤应予以包扎,防止感染。对严重感染的病人,采用敏感性抗生素静脉滴注,积极消除原发病灶(如引流排脓等),对某些可并发休克的外科疾病,应抓紧手术治疗,如坏死肠段切除。必须充分做好术前准备,包括纠正水电解质紊乱和低蛋白血症;补充血容量,全面了解内脏功能;选合适的麻醉方法。

六、晕厥的处理与预防

(一)晕厥的处理

一旦有晕厥的前兆或晕厥发生,必须采取正确的方法、手段进行处理,避免造成严重的后果。

(1)患者感到站立不稳时,应立即让其坐下,身体前倾,头靠在两膝中间,以防跌撞造成外伤;或立即平卧,头放低,松解衣扣,症状可缓解或消失。

(2)患者一旦晕倒,应立即让其平卧,或取头低脚高位,有利于血液流向大脑,并应将患者置于空气流通处,松解领口、衣扣、腰带和胸罩等,同时要注意保暖和防暑。

(3)可用针刺或用手指压掐患者的人中、内关、涌泉、合谷、十宣等穴位,以强刺激使患者苏醒。

(4)患者苏醒后,可饮服糖水、热茶等,有利于患者病情的迅速恢复。

(5)对于原因不明的晕厥,应尽快将患者送医院检查,及时治疗,清除病根。

(二)预防措施

(1)如出现注意力不集中、头昏、面色苍白、恶心、出冷汗、心慌、无力、视力模糊、听力下降等前驱症状时,应立即平卧,避免晕厥。

(2)应避免各种诱因,特别是在午间和晚上6时到7时这两个时间段内要防止高度紧张引起血管迷走性晕厥的发生;从平卧状态突然变换成站立位时,动作不能太急、太猛,速度宜慢,避免体位性晕厥的发生。

(3)养成良好的排尿习惯,睡前少饮水,平时不应憋尿过多过久。

(4)对查明病因的晕厥应及时治疗。

七、中暑的处理与预防

(一)中暑的处理

应迅速使患者脱离热环境,到阴凉通风处休息,并采取降温、消暑等措施,如解开衣扣,喝清凉饮料,服用人丹、十滴水或藿香正气水等防暑药物。针对不同症状可以采取相应的急救处理方法。

(1)针对热射病者,重点应是迅速有效地全身降温(物理降温或合并药物降温),如冷敷,冷水淋浴,冰袋冷敷,酒精擦浴(10%的酒精溶液,擦洗全身较大的动脉行走部位,面部、胸部、腹部、外生殖器不宜擦浴)等紧急降温措施。若症状较重或有昏迷时,必须迅速转送医院做进一步处理。

(2)针对热痉挛及中暑衰竭者,重点应是补充生理盐水或葡萄糖生理盐水,纠正血液浓度,可大量口服含盐的饮料(含盐量为0.2%~0.3%)。

(3)针对日射病者,重点应是对头部进行有效的降温,如让患者仰卧,垫高头部,额部做冷敷(如冰袋)或以10%的酒精溶液(白酒也可以)擦身。

(二)预防措施

(1) 出门要做充分的防晒准备,如打遮阳伞、戴遮阳帽、戴太阳镜,有条件的最好涂抹防晒霜,上午10时至下午4时最好不要在烈日下行走。

(2) 准备充足的水、饮料和必需的防暑降温药品,如十滴水、人丹、风油精等。

(3) 外出时的衣物应尽量选用棉、麻、丝类的织物,应少穿化纤类服装,以免大量出汗时不能及时散热,引起中暑。

(4) 注意饮食安排,多食时令蔬菜、水果,如生菜、黄瓜、西红柿等,含水量较高,新鲜水果如桃子、杏、西瓜、甜瓜等水分含量为80%~90%。

(5) 保持充足的睡眠和休息。夏天日长夜短,气温高,人体新陈代谢旺盛,消耗也大,容易感到疲劳,而充足的睡眠可使大脑和身体各系统都得到放松,既利于工作和学习,也是防中暑的措施。

(6) 对不耐热的个体要加强预防措施。中暑存在明显的个体差异性,一些人对炎热较为敏感。另外,因职业的不同,中暑的可能性也不同。脱水、肥胖、体能水平低、疾病等因素可使个体的耐热能力降低。老年人、孕妇、有慢性疾病的人,特别是有心血管疾病的人,在高温季节要尽可能地减少外出活动。

 小贴士

加快推进应急管理体系和能力现代化

我国应急管理体系日益完善,能力不断提高,应急管理体系和能力现代化进程正在加快推进。全国应急管理部门和国家综合性消防救援队伍取得多方面突破进展。

基本形成中国特色应急管理体系。新组建的应急管理部整合了11个部门的13项职能,包括5个国家议事协调机构,理顺了应急管理统与分、防与救的关系,基本形成了统一指挥、专常兼备、反应灵敏、上下联动的中国特色应急管理体制,探索构建了一套全新的应急管理工作体系。

不断提升国家综合应急能力水平。应急管理部建成部、省、市、县贯通的应急指挥信息网,构建应急管理"一张图"、大数据平台和卫星监测系统,实现危化品重大危险源、煤矿等全面联网监测,灾害事故风险监测预警能力不断提高,自上而下的应急指挥体系基本建立。

有力有序有效应对重大灾害事故。应急管理系统每天24小时应急值守,50多万名干部职工和消防救援指战员时刻保持应急状态。应急管理部组建以来,累计组织830次应急会商,启动246次应急响应,有效应对处置了河南郑州特大暴雨、云南漾濞和青海玛多连续地震、2020年全国严重汛情等一系列重特大灾害事故。

持续夯实应急管理发展基础。应急管理部推动实施全国安全生产专项整治三年行动计划,对9个重点行业领域开展专项整治;开展高危行业领域从业人员安全技能培训,2020年培训786.8万人次;开展全国综合减灾示范社区建设,建成近100万人的灾害信息员队伍。

全面建强中国特色应急救援力量。国家综合性消防救援队伍坚持应急救援主力军和国家队定位,新组建水域、山岳、空勤等专业队 3 000 余支,救援能力明显增强;建设应急救援专业力量,建成隧道施工等国家级应急救援队伍近 100 支;地方政府建有专业救援队伍约 3.4 万支,包含 134 万人。目前,我国已经初步构建起以国家综合性消防救援队伍为主力、以专业救援队伍为协同、以军队应急力量为突击、以社会力量为辅助的中国特色应急救援力量体系。

资料来源:http://edu.people.com.cn/n1/2021/1109/c1006-32277417.html,2022-05-20.

习题

1. 突发事件有哪些特征?
2. 什么是突发事件?
3. 处置突发事件有哪些处置原则?
4. 高校应对突发事件应当遵循哪些基本原则?
5. 什么是急救?什么是安全防护?

讨论题

校园是人员密集、活动频繁且生活工作环境复杂的场所,学生的身心尚未成熟,因此学校突发事件存在必然性和高发性。学校和家长需要对学生进行哪些方面的安全教育?

第三章

大学生安全教育

CHAPTER 3

自然灾害类突发事件的应对

本章内容提要

(1) 地震的应对知识。
(2) 雪灾的应对知识。
(3) 雷雨极端天气的应对知识。
(4) 台风天气的应对知识。
(5) 高温天气的应对知识。

应急管理部发布2021年全国十大自然灾害

2021年,我国自然灾害形势复杂严峻,极端天气气候事件多发。全国各种自然灾害共造成1.07亿人次受灾,因灾死亡失踪867人,倒塌房屋16.2万间,直接经济损失3 340.2亿元。

经应急管理部会同工业和信息化部、自然资源部、住房城乡建设部、交通运输部、水利部、农业农村部、卫生健康委、统计局、气象局、银保监会、粮食和储备局、林草局、中国红十字会总会、国铁集团等部门和单位对2021年全国重大自然灾害事件会商核定,2021年全国十大自然灾害如下。

一、7月中下旬河南特大暴雨灾害

2021年,7月17—23日,河南省遭遇历史罕见的特大暴雨,全省平均过程降雨量达到223毫米,有285个观测站超过500毫米;有20个国家级气象站日降水量突破建站以来历史极值,其中,郑州、新密、嵩山站均超其历史日极值1倍以上,郑州气象观测站最大小时降雨量(2021年7月20日16—17时,降雨量达201.9毫米)突破我国大陆有记录以来小时降雨量历史极值。多条河流发生超警以上洪水,郑州、新乡、鹤壁等多地遭受特大暴雨洪涝灾害,受灾范围广、灾害损失重、社会关注度高。

灾害造成全省16市150个县(市、区)1 478.6万人受灾,因灾死亡失踪398人,紧急转移安置149万人;倒塌房屋3.9万间,严重损坏17.1万间,一般损坏61.6万间;农作物受灾面积为873 500千公顷;直接经济损失达1 200.6亿元。

二、黄河中下游严重秋汛

2021年入秋后,冷暖空气在黄河中游持续猛烈交汇,带来连续降雨,黄河流域9月份平均降水量179毫米,为1961年以来历史同期最多,造成黄河中下游发生1949年以来的最大秋汛,中游干流9天时间连续发生3次编号洪水,支流洛河、汾河水位或流量超历史实测记录,黄河中下游河道高水位、大流量行洪持续一个月,山西、陕西、河南、山东等省局地洪涝灾害严重,造成4省32市232个县(市、区)666.8万人受灾,因灾死亡失踪41人,紧急转移安置46.7万人;倒塌房屋4.6万间,不同程度损坏17.5万间;农作物受灾面积为498 600千公顷;直接经济损失达153.4亿元。

三、7月中下旬山西暴雨洪涝灾害

2021年7月10—23日,山西省10—11日、18—23日先后出现两轮强降雨天气过程,间隔时间短、累计雨量大,引发严重洪涝灾害,造成晋城、忻州、长治等10市47个县(市、区)61.2万人受灾,因灾死亡失踪35人,紧急转移安置7.4万人,倒塌房屋2.1万间,不同程度损坏5.7万间;农作物受灾面积为51千公顷;直接经济损失达82.8亿元。

四、8月上中旬湖北暴雨洪涝灾害

2021年8月8—15日,湖北省部分地区出现强降雨,其中,8月11—12日湖北襄阳和随州出现大到暴雨,局地特大暴雨,最大日降雨量为随县柳林达到519毫米,引发严重洪涝灾害,造成随州、襄阳、孝感、黄冈等11市(州)58个县(市、区)和神农架林区158万人受灾,因灾死亡28人,紧急转移安置5.7万人;倒塌房屋1 100余间,不同程度损坏1.7万间;农作物受灾面积为126 500千公顷;直接经济损失达31.2亿元。

五、4月30日江苏南通等地风雹灾害

2021年4月30日,江苏沿江及以北大部地区遭受大风、冰雹等强对流天气袭击,南通沿海局地风力达13~15级,最大风速达47.9米/秒(15级),多地大风观测突破建站以来历史极值,引发严重风雹灾害,造成南通、泰州、淮安等8市36个县(市、区)2.7万人受灾,因灾死亡失踪28人,紧急转移安置3 100余人;倒塌房屋397间,不同程度损坏1.3万间;农作物受灾面积为11千公顷;直接经济损失达1.6亿元。

六、8月中下旬陕西暴雨洪涝灾害

2021年8月19—25日,陕西省部分地区出现强降雨过程,其中,陕南地区暴雨持续时间长、影响范围广、累计雨量大、局地降水强度强,引发严重洪涝灾害,造成西安、汉中、安康、商洛等9市49个县(市、区)107.2万人受灾,因灾死亡失踪21人,紧急转移安置9.9万人;倒塌房屋2 700余间,不同程度损坏2.4万间;农作物受灾面积为26 600千公顷;直接经济损失达91.8亿元。

七、11月上旬东北华北局地雪灾

2021年11月4—9日,我国大部地区出现寒潮天气过程,降温幅度大、雨雪范围广、极端性强,综合强度指数为1961年以来第四强,降温幅度超过16℃的国土面积达101万平方千米,华北、东北等地普降暴雪或大暴雪,局地出现特大暴雪,东北三省和内蒙古局地雪情较重。低温冷冻和雪灾造成内蒙古、辽宁、吉林、黑龙江等9省(区、市)35.1万人受灾,因灾死亡7人(建筑物、树木倒压所致),农作物受灾面积为19.3千公顷,大量农业大棚、牲畜棚舍、简易工业厂房倒损,直接经济损失达69.4亿元。

八、云南漾濞6.4级地震

2021年5月21日21时48分,云南大理州漾濞县(北纬25.67°,东经99.87°)发生6.4级

地震,震源深度8千米,此后发生多次5级以上余震。地震造成大理、临沧2市(州)13个县(市)16.5万人受灾,因灾死亡3人,紧急转移安置2.8万人,倒塌房屋1854间,严重损坏1.9万间,一般损坏7.5万间,交通、道路、市政、教育等设施不同程度受损,直接经济损失达33.2亿元。

九、2021年第6号台风"烟花"

2021年第6号台风"烟花"于7月25日12时30分前后,在浙江舟山普陀区沿海登陆,登陆时中心附近最大风力13级(38米/秒),26日9时50分在浙江平湖市沿海以强热带风暴级(10级)再次登陆,30日晚8时停止编号。"烟花"具有移动速度慢、陆上滞留时间长、风雨强度大、影响范围广等特点,造成浙江、上海、江苏等8省(区、市)40市230个县(市、区、旗)482万人受灾,紧急转移安置143万人;倒塌房屋500余间,不同程度损坏8300余间;农作物受灾面积为358.2千公顷;直接经济损失达132亿元。

十、青海玛多7.4级地震

2021年5月22日2时4分,青海果洛州玛多县(北纬34.59°,东经98.34°)发生7.4级地震,震源深度17千米,此后发生数次余震,最大余震5.1级。地震造成果洛、玉树2州7个县11.3万人受灾,19人受伤,紧急转移安置10.8万人,倒塌房屋1039间,严重损坏7600余间,一般损坏5万间,部分道路、桥梁等基础设施损毁,直接经济损失达41亿元。

资料来源:http://society.people.com.cn/n1/2022/0123/c1008-32337657.html,2022-03-10。

自然灾害类突发事件主要包括水旱灾害、台风、暴雨、冰雹、风雪、高温、沙尘暴等气象灾害,地震、山体崩塌、滑坡、泥石流等地质灾害,风暴潮、海啸等海洋灾害,森林火灾和生物灾害等。

我国自然灾害种类多、频度高、分布广、损失大。由于特有的地质构造条件和自然地理环境,我国是世界上遭受自然灾害最严重的国家之一。

由于近一个世纪以来我国人口的快速增长,对自然资源的需求压力加大,资源过度开采及浪费、破坏资源情况时有发生,生态环境遭破坏;化学制品的普遍使用,农药等的不当使用,使环境污染状况严重;转基因技术等生物新科技的不当使用,也对自然产生难以预估的影响。这些因素的存在,使洪水、沙尘暴等自然灾害频繁出现,应对不当,就会引发突发性自然灾害。

第一节 地震的应对与安全教育

地震是一种自然现象,目前人类尚不能阻止地震的发生。但是人们可以采取有效措施,最大限度地减轻地震灾害带来的影响。

一、地震知识

地震又称地动、地振动,是地壳快速释放能量过程中造成振动,期间会产生地震波的一种自然现象。全球每年发生地震约550万次。地震常常造成严重人员伤亡,能引起火灾、水灾、有毒气体泄漏、细菌及放射性物质扩散，还可能造成海啸、滑坡、崩塌、地裂缝等次生灾害。

（一）地震的危害

地震时，最基本的现象是地面的连续振动，主要特征是明显的晃动。极震区的人在感到大的晃动之前，有时首先感到上下跳动。因为地震波从地内向地面传来，纵波首先到达，横波接着产生大振幅的水平方向的晃动，这是造成地震灾害的主要原因。1960年智利大地震时，最大的晃动持续了3分钟。地震造成的灾害首先是破坏房屋和建筑物，如1976年中国河北唐山地震中，80%以上的地面建筑物毁坏，人员伤亡惨重。

地震对自然界景观产生很大影响，最主要的后果是地面出现断层和地裂缝。大地震的地表断层常绵延几十至几百千米，往往具有较明显的垂直错距和水平错距，能反映出震源处的构造变动特征。但并不是所有的地表断裂都直接与震源的运动相联系，它们也可能是由于地震波造成的次生影响。特别是地表沉积层较厚的地区，坡地边缘、河岸和道路两旁常出现地裂缝，这往往是由于地形因素，在一侧没有依托的条件下晃动使表土松垮和崩裂。

地震的晃动使表土下沉，浅层的地下水受挤压会沿地裂缝上升至地表，形成喷沙冒水现象。大地震能使局部地形改观，或隆起，或沉降。使城乡道路坼裂、铁轨扭曲、桥梁折断。在现代化城市中，由于地下管道破裂和电缆被切断造成停水、停电和通信受阻，煤气、有毒气体和放射性物质泄漏可导致火灾和毒物、放射性污染等次生灾害。在山区，地震还能引起山崩和滑坡，常造成掩埋村镇的惨剧。崩塌的山石堵塞江河，在上游形成地震湖。

1. 地震造成的直接灾害

（1）由建筑物的倒塌等直接导致人员伤亡、财产损失等。

（2）建筑物与构筑物的破坏，如房屋倒塌、桥梁断落、水坝开裂、铁轨变形等。

（3）地面破坏，如地面裂缝、塌陷、喷沙冒水等。

（4）山体等自然物的破坏，如山崩、滑坡等。

（5）海啸、海底地震引起的巨大海浪冲上海岸，造成沿海地区的破坏。

地震的直接灾害发生后，会引发出次生灾害。有时，次生灾害所造成的伤亡和损失，比直接灾害还大。1932年日本关东大地震，直接因地震倒塌的房屋仅1万幢，而地震时失火却烧毁了房屋70万幢。

2. 地震引起的次生灾害

（1）火灾，由震后火源失控引起。

（2）水灾，由水坝决口或山崩壅塞河道等引起。

（3）毒气泄漏、核泄漏等，由建筑物或装置破坏等引起。

（4）瘟疫，由震后生存环境的严重破坏所引起。

（二）地震类型

1. 构造地震

由于地下深处岩石破裂、错动，把长期积累起来的能量急剧释放出来，以地震波的形式向四面八方传播出去，到地面引起的房摇地动称为构造地震。这类地震发生的次数最多，破坏力也最大，占全世界地震的90%以上。

2. 火山地震

由于火山作用,如岩浆活动、气体爆炸等引起的地震称为火山地震。只有在火山活动区才可能发生火山地震,这类地震只占全世界地震的7%左右。

3. 塌陷地震

由于地下岩洞或矿井顶部塌陷而引起的地震称为塌陷地震。这类地震规模比较小,次数也很少,即使有,也往往发生在溶洞密布的石灰岩地区或大规模地下开采的矿区。

4. 诱发地震

由于水库蓄水、油田注水等活动而引发的地震称为诱发地震。这类地震仅仅在某些特定的水库库区或油田地区发生。

5. 人工地震

地下核爆炸、炸药爆破等人为引起的地面振动称为人工地震。人工地震是由人为活动引起的地震,如工业爆破、地下核爆炸造成的振动;在深井中进行高压注水以及大水库蓄水后增加了地壳的压力,有时也会诱发地震。

(三) 地震震级

目前衡量地震大小和破坏强烈程度的标准主要有震级和烈度。一般情况下仅就烈度和震源、震级间的关系来说,震级越大震源越浅,烈度就越大。

地震烈度表示地震对地表及工程建筑物影响的强弱程度(或解释为地震影响和破坏的程度),如表3-1所示。这是在没有仪器记录的情况下,凭地震时人们的感觉或地震发生后器物反应的程度,工程建筑物的损坏或破坏程度、地表的变化状况而定的一种宏观尺度。在中国地震烈度表上,对人的感觉、一般房屋震害程度和其他现象做了描述,可以作为确定烈度的基本依据。

表 3-1 中国地震烈度表

度	人的感觉及房屋震害程度和其他现象
1度	无感:仅仪器能记录到
2度	微有感:特别敏感的人在完全静止中有感
3度	少有感:室内少数人在静止中有感,悬挂物轻微摆动
4度	多有感:室内大多数人,室外少数人有感,悬挂物摆动,不稳器皿作响
5度	惊醒:室外大多数人有感,家畜不宁,门窗作响,墙壁表面出现裂纹
6度	惊慌:人站立不稳,家畜外逃,器皿翻落,简陋棚舍损坏,陡坎滑坡
7度	房屋损坏:房屋轻微损坏,牌坊、烟囱损坏,地表出现裂缝及喷沙冒水
8度	建筑物破坏:房屋多有损坏,少数路基破坏塌方,地下管道破裂
9度	建筑物普遍破坏:房屋大多数破坏,少数倾倒,牌坊、烟囱等崩塌,铁轨弯曲
10度	建筑物普遍摧毁:房屋倾倒,道路毁坏,山石大量崩塌,水面大浪扑岸
11度	毁灭:房屋大量倒塌,路基堤岸大段崩毁,地表产生很大变化
12度	山川易景:建筑物普遍毁坏,地形剧烈变化,动植物遭毁灭

第三章 自然灾害类突发事件的应对

地震震级是根据地震时释放的能量大小而定的。一次地震释放的能量越多,地震级别越大。国际上一般采用里氏地震规模。里氏规模是地震波最大振幅以 10 为底的对数,并选择距震中 100 千米的距离为标准。里氏规模每增强一级,释放的能量约增加 32 倍。

小于里氏 2.5 级的地震,人一般不易察觉,称为小震或微震;里氏 2.5~5.0 级的地震,震中附近的人会有不同程度的感觉,称为有感地震,全世界每年大约发生十几万次;大于里氏规模 5.0 级的地震,会造成建筑物不同程度的损坏,称为破坏性地震。里氏规模 4.5 级以上的地震可以在全球范围内监测到。有记录以来,历史上最大的地震是发生在 1960 年 5 月 22 日 19 时 11 分南美洲的智利,根据美国地质调查所探测发现里氏规模竟达 9.5 级。

二、地震的预防与应对措施

根据地震发生的过程,从震前、震中、震后三个阶段来预防与处置。

(一)震前前兆

前兆是指地震发生前出现的异常现象,伴随地震而产生的物理、化学变化(振动、电、磁、气象、水氡含量异常等),往往能使一些动物的某种感觉器官受到刺激而发生异常反应。

1. 地下水异常

地下水主要包括井水、泉水等。地震前出现的主要异常有发浑、翻花、冒泡、升温、变色、变味、井孔明显变形、泉眼突然枯竭或涌出等现象。人们总结了震前井水变化的谚语:井水是个宝,地震有前兆;无雨泉水浑,天干井水冒;水位升降大,翻花冒气泡;有的变颜色,有的变味道。

2. 动物异常

许多动物的某些器官感觉特别灵敏,它能比人类提前知道一些灾害事件的发生,常见的地震前动物异常反应包括:牛、马、驴、骡等惊慌不安、不进厩、不进食、乱闹乱叫、打群架、挣断缰绳逃跑、蹬地、刨地、行走中突然惊跑;鸡飞上树鸣叫、鸭不下水、猪不吃食、狗乱叫、大鼠叼小鼠满街跑等。

3. 电磁异常

电磁异常是指地震前家用电器,如收音机、电视机、日光灯等出现的失灵现象。最常见的是收音机的失灵、手机信号减弱或消失、电子闹钟失灵等现象。

(二)防震准备

在已发布地震预报或者地震易发地区的居民须做好家庭防震准备,制订一个家庭防震计划,检查并及时消除家里不利防震的隐患。

(1)检查和加固住房,对不利于抗震的房屋要加固,不宜加固的危房要撤离。对于笨重的房屋装饰物如女儿墙、高门脸等应拆掉。

(2)合理放置家具、物品,固定好高大家具,防止倾倒砸人,牢固的家具下面要腾空,以备震时藏身;家具物品摆放应做到"重在下,轻在上",墙上的悬挂物要取下来或固定位,防止掉下来伤人;注意家具的摆放,确保安全的空间。清理好杂物,让门口、楼道畅通;阳台护墙要清理,拿掉花盆、杂物;易燃易爆和有毒物品要放在安全的地方。

(3)准备好必要的防震物品,准备一个包括食品、饮用水、应急灯、简单药品、绳索、便携式收音机等在内的家庭防震包,放在便于取用处。

(4)进行家庭防震演练、紧急撤离与疏散练习以及"一分钟紧急避险"练习。

在已发布破坏性地震临震预报或易发生地震的地区,政府部门应做好以下几个方面的应急工作。

(1)备好临震急用物品。地震发生之后,食品、医药等日常生活用品的生产和供应都会受到影响,水塔、水管往往被震坏,造成供水中断。为能度过震后初期的生活难关,临震前社会和家庭都应准备一定数量的食品、水和日用品,以解燃眉之急。

(2)建立临震避难场所。房舍被震坏,需要安身之处;余震不断发生,要有躲藏处。这就需要临时搭建防震、防火、防寒、防雨的防震棚。各种帐篷都可以利用,农村储粮的小粮仓,也是很好的抗震房。

(3)划定疏散场所,转运危险物品。城市人口密集,人员避震和疏散比较困难,为确保震时人员安全,震前要按街、区分布,就近划定群众避震疏散路线和场所。要把易燃、易爆和有毒物质及时转运到城外。

(4)设置伤员急救中心。在城内抗震能力强的场所,或在城外设置急救中心,备好床位、医疗器械、照明设备和药品等。

(5)暂停公共活动。得到正式临震预报通知后,各种公共场所应暂停活动,观众或顾客要有秩序地撤离;中、小学校可临时在室外上课;车站、码头可露天候车。

(6)组织人员撤离并转移重要财产。如果得到正式临震警报或通知,要迅速而有秩序地动员和组织群众撤离房屋。正在治疗的重症病人要转移到安全的地方。对少数思想麻痹者,也要动员到安全区。农村的大牲畜、拖拉机等生产资料,临震前要妥善转移到安全地带,机关、企事业单位的车辆要开出车库,停在空旷地方,以便在抗震救灾中发挥作用。

(7)防止次生灾害的发生。城市发生地震可能出现严重的次生灾害,特别是化工厂、煤气厂等易发生地震次生灾害的单位,要加强监测和管理,设专人昼夜站岗和值班。确保机要部门的安全。城市内各种机要部门和银行较多,地震时要加强安全保卫,防止国有资产损失和机密泄漏。消防队的车辆必须出库,消防人员要整装待发,以便及时扑灭火灾,减少经济损失。

(8)组织抢险队伍,合理安排生产。临震前,各级政府要就地组织好抢险救灾队伍(救人、医疗、灭火、供水、供电、通信等)。必要时,某些工厂应在防震指挥部的统一指令下暂停生产或低负荷运行。

(三)震中应对措施

地震发生时采取正确的避险和自救互救方法,就能减少伤害和财产损失。

1. 家中人员的个人防护

当感到地面或建筑物晃动时,最大的危害是掉下来的碎片,此刻,要采取行动灵活地躲避。

(1)在房屋里,则赶快躲到安全的地方,如书桌、工作台、床底下。单元楼内,可选择开间小的卫生间、墙角,依靠上下水管道和煤气管道的支撑,减少伤亡。对于户外开阔,住平房的职工,震时可头顶被子、枕头或安全帽逃出户外,来不及时,最好在室内避震,要注意远离窗户,趴下时,头靠墙,使鼻子上方双眼之间凹部枕在横着的双臂上面,闭上眼和嘴,用鼻子呼吸,一般来说,不要跑出建筑物,最好就近找个安全处躲避,待地震后,如果需要疏散,再沉着离开。

(2) 地震时,门框会因变形而打不开,所以在防震期间,最好不要关门。夜间地震时,要争分夺秒向安全地方转移,不要因寻找物品和穿衣而耽误时间,如有可能,要立即拉断电源,关闭煤气,熄灭明灯。照明最好用手电筒,不要用火柴、蜡烛等明火。

(3) 地震时,如已被砸伤或埋在塌方物下面,应先观察周围环境,寻找通道,千方百计想办法出去。若无通道,则要保存体力,不要大喊大叫,要静听外面的动静,如听到有人走过的声音,可敲击铁管或墙壁使声音传出去,以便救援。同时要在狭小的空间里,寻找食物维持生命。

2. 室外人员的个人防护

(1) 地震时在户外的人,千万不要在震动期间/过程中进屋救人,需要等地震过后,再对他们施以救援。

(2) 如果刚好行走在高楼旁的人行道上,要迅速躲到高楼的门口处,以防碎片掉下来。

(3) 汽车司机要就地刹车,火车司机要采取紧急制动措施,稳缓地逐渐刹车,保证列车和旅客的人身安全。

(4) 如果在山坡上感到地震发生,千万不要跟着滚石往山下跑,而应躲在山坡上隆起的小山包背后,同时要远离陡崖峭壁,防止崩塌、滑坡和泥石流的威胁。

(5) 在海边,如发现海水突然后退,比退潮更快、更低,就要注意海啸的突然袭击,尽快向高处转移。

3. 在岗工作人员的个人防护

一旦地震发生,在工作、生产岗位上的人员,首先应关闭易燃、易爆、有毒气体的阀门,个人根据所处的环境,当机立断迅速避震。

(1) 地震时,在办公楼里的工作人员,要赶紧躲在办公桌下面,震后迅速从楼梯撤离,千万不要跳楼。

(2) 在厂区上班的工人,地震时,要立即关闭机器、断掉电源,迅速躲在车床、机床及高大的设备下,绝不要慌忙乱跑。

(3) 井下作业工人,地震时,应立即停止生产,不要急于往外跑,地面下一般比地面上安全。避开巷道或竖井等危险地区,选择有支撑的巷道避震。地震过后,有组织、有秩序地向地面转移。

(4) 一些生命线工程中的在岗人员,应根据各自的专业特点、规范,立即采取措施避震,如化工厂在地震时,应紧急防止易燃、易爆、有毒气体和液体外溢,立即关停各种闸门和电源,关闭运转设备,防止次生灾害的发生。

4. 公共场所人员的个人防护

在群众集聚的公共场所遇到地震时,最忌慌乱,否则将会出现秩序混乱,相互压挤而导致人员伤亡,应有组织地从多路口快速疏散。

(1) 如果在影院、剧院、体育馆等处遇到地震,要沉着冷静,特别是当场内断电时,不要乱喊乱叫,更不要乱挤乱拥,应就地蹲下或躲在排椅下,注意避开吊灯、电扇等悬挂物,用皮包等物保护头部,等地震过后,听从工作人员指挥,有组织地撤离。

(2)如果在商场、书店、展览馆等处,应选择结实的柜台、商品(如低矮家具等)或柱子边,以及内墙角处就地蹲下,用手或其他东西护头,避开玻璃门窗和玻璃橱窗,也可在通道中蹲下,等待地震平息,有秩序地撤离出去。

(3)正在上课的学生,要在老师的指挥下迅速抱头、闭眼,躲在各自的课桌下,决不能乱跑或跳楼,地震后,有组织地撤离教室,到就近的开阔地避震。

(4)正在进行比赛的体育场,应立即停止比赛,稳定观众情绪,防止混乱拥挤,有组织有步骤地向体育场外疏散。

(四)震后自救与互救

1. 地震后的个人自救方法

一次大地震发生后,到处是残垣断壁,危楼及倒塌的房屋构成的瓦砾堆。在没有外来人员援救之前,自救是一项与死神争分夺秒的斗争。地震发生后,一天内找到的人,救活率可达80%,第二天降至30%~40%,时间越长,存活率越低。地震对人身的伤害,大部分是倒塌的房屋所造成的,一旦被埋压后,要做到以下几点。

(1)被埋压在废墟下时,至关重要的是精神上不能崩溃,要有勇气和毅力。强烈的求生欲望和充满信心的乐观精神,是自救过程中创造奇迹的强大动力。

(2)被压埋后,注意用湿手巾、衣服或其他布料等捂住口鼻和头部,避免灰尘呛闷发生窒息及意外事故,尽量活动手和脚,消除压在身上的各种物体,用周围可搬动的物品支撑身体上面的重物,避免塌落,扩大安全活动空间,保障有足够的空气。条件允许时,应尽量设法逃避险境,朝更安全宽敞、有光亮的地方移动。

(3)被埋压后,要注意观察周围环境,寻找通道,设法爬出去,无法爬出去时,不要大声呼喊,当听到外面有人时,再呼叫,或敲击出声,向外界传达求救信息。

(4)无力脱险时,尽量减少体力消耗,寻找食物和水,并计划使用,乐观等待时机,想办法与外面援救人员取得联系。

2. 地震后群众互救方法

地震后救人,时间就是生命。因此,救人应当先从最近处救起,不论是家人、邻居、工作岗位上的同事,或是萍水相逢的路人,只要是近处有人被埋压,就要先救他们,这样可以争取时间,减少伤亡。

 小贴士

震后救人的原则

(1)在互救过程中,要有组织,讲究方法,避免盲目图快而增加不应有的伤亡。首先通过侦听、呼叫、询问及根据建筑物结构特点,判断被埋人员的位置,特别是头部方位,在开挖施救中,最好用手一点点拨,不可用利器刨挖。

(2)如伤势严重,不能自行出来的,不得强拉硬拖,应设法暴露全身,查明伤情,施行包扎固定或急救。

(3)在互救中,应利用铲、铁杆等轻便工具和毛巾、被单、衬衣、木板等方便器材施救。

（4）挖掘时要分清哪些是支撑物，哪些是压埋阻挡物，应保护支撑物，清除埋压物，才能保护被压埋者赖以生存的空间不遭覆压。

（5）清除压埋物及钻凿、分割时，有条件的要浇水，以防伤员呛闷而死。

课堂实训

1. 地震时，你在家中怎么办？
2. 地震时，你在室外怎么办？
3. 地震时，你在公共场所怎么办？
4. 地震时，你在工作岗位怎么办？

案例

日本福岛县附近海域发生强烈地震

当地时间2022年3月16日夜间，日本福岛县附近海域发生强烈地震，福岛县、宫城县、岩手县等地震感强烈，引发大范围停电停水，高铁、公路等基础设施不同程度受损。

当地时间16日23时34分（北京时间22时34分）和23时36分（北京时间22时36分），福岛县附近海域相继发生两次地震，震级分别达到6.1级和7.4级，气象厅对福岛县和宫城县沿海地区发出海啸警报。17日凌晨，宫城县、福岛县沿海多处观测到最高30厘米的海啸，海啸警报于17日5时全部解除。

本次地震共造成4人死亡、161人受伤，日本关东地区和东北地区一度出现约220万户的大规模停电。截至当地时间17日晚8时，福岛、宫城两地共有约3.4万户处于断水状态。新干线列车在福岛站至白石藏王站区间发生脱轨，部分车厢倾斜。

日本多个核电站受地震影响，福岛第一核电站5号机组和福岛第二核电站1号、3号机组缺乏燃料，池水泵一度停止工作，但之后全部恢复，没有对核燃料冷却造成影响。福岛第一核电站5号机组和福岛第二核电站2号、3号、4号机组的火灾报警器启动，但经确认均未发生火灾。

资料来源：http://world.people.com.cn/n1/2022/0318/c1002-32377803.html，2022-03-12.

小贴士

家庭防震包中应包含以下物品。

（1）水。每人每天至少需储备3.8升的水，并按此标准一次备够72小时之用。建议购买一些瓶装水。要注意保质期。

（2）食品。准备足够72小时之用的听装食品或脱水食品、奶粉以及听装果汁。干麦片、水果和无盐干果是很好的营养源。

（3）应急灯和备用电池。在床边、工作地点以及车里放一盏应急灯。不要在地震后使用火柴或蜡烛，除非能确定没有瓦斯泄漏。

（4）便携式收音机等。大多数电话将会无法使用或只能供紧急用途，所以半导体收音机将会是最好的信息来源。如有可能,还应当准备电池供电的无线对讲机。

(5) 特殊用品。准备必要的特殊用品,比如药品、备用眼镜、隐形眼镜护理液、助听器电池、婴儿物品(婴儿食品、尿布、奶瓶和奶嘴)、卫生用品(小湿巾和手纸)等家人所需的物品、重要文件和现金。

(6) 工具。除了准备一个管钳和一个可调扳手(用来关闭气阀和水管),还要有一个打火机、一盒装在防水盒子里的火柴和一个用来呼叫援救人员的哨子。

(7) 衣服。如果所处的地区天气寒冷,必须要考虑保暖。地震过后可能无法取暖,要考虑到御寒衣服和睡觉用品。确保每个人有一整套换洗的衣服和鞋子,包括夹克衫或外衣、长裤、长袖衫、结实的鞋、帽子、手套和围巾、睡袋或暖毯(每人一件)。

第二节 雪灾的应对与安全教育

雪灾是由于长时间大规模降雪以至积雪成灾,影响人们正常生活的一种自然灾害现象。

一、雪灾类型

(一) 积雪的划分

根据积雪稳定程度,将我国积雪分为5种类型。

(1) 永久积雪,在雪平衡线以上,降雪积累量大于当年消融量,积雪终年不化。

(2) 稳定积雪,又称连续积雪,空间分布和积雪时间(60天以上)都比较连续的季节性积雪。

(3) 不稳定积雪,又称不连续积雪,虽然每年都有降雪,而且气温较低,但在空间上积雪不连续,多呈斑状分布,在时间上积雪日数为10~60天,且时断时续。

(4) 瞬间积雪,主要发生在华南、西南地区,这些地区平均气温较高,但在季风特别强盛的年份,因寒潮或强冷空气侵袭,发生大范围降雪,但很快消融,使地表出现短时(一般不超过10天)积雪。

(5) 无积雪,除个别海拔高的山岭外,多年无降雪。雪灾主要发生在稳定积雪地区和不稳定积雪山区,偶尔出现在瞬间积雪地区。

(二) 雪灾的划分

雪灾按其发生的气候规律可分为两类:猝发型和持续型。

1. 猝发型雪灾

猝发型雪灾发生在暴风雪天气过程中或以后,在几天内保持较厚的积雪对牲畜构成威胁。本类型多见于深秋和气候多变的春季,如青海省2009年3月下旬至4月上旬和1985年10月中旬出现的罕见大雪灾,便是这类雪灾典型的例子。

2. 持续型雪灾

达到危害牲畜的积雪厚度随降雪天气逐渐加厚,密度逐渐增加,稳定积雪时间长。此类型雪灾可从秋末一直持续到第二年的春季,如青海省1974年10月至1975年3月的特大雪灾,持续积雪长达5个月之久,最低气温降至零下三四十摄氏度。

(三)雪灾的指标

人们通常用草场的积雪深度作为雪灾的首要标志。由于各地的草场差异、牧草生长高度不等,因此形成雪灾的积雪深度是不一样的。内蒙古和新疆根据多年观察、调查和资料分析,对历年降雪量和雪灾形成的关系进行比较,得出雪灾的指标如下。

(1)轻雪灾:冬春降雪量相当于常年同期降雪量的120%以上。

(2)中雪灾:冬春降雪量相当于常年同期降雪量的140%以上。

(3)重雪灾:冬春降雪量相当于常年同期降雪量的160%以上。

雪灾的指标也可以用其他物理量来表示,如积雪深度、密度、温度等,不过上述指标的最大优点是使用简便,且资料易于获得。

(四)暴雪预警及防御指南

暴雪预警信号分四级,分别以蓝色、黄色、橙色、红色表示。

1. 蓝色预警信号

标准:12小时内降雪量将达4毫米以上,或者已达4毫米以上且降雪持续,可能对交通或者农牧业有影响。

防御指南如下。

(1)政府及有关部门按照职责做好防雪灾和防冻害准备工作。

(2)交通、铁路、电力、通信等部门应当进行道路、铁路、线路巡查维护,做好道路清扫和积雪融化工作。

(3)行人注意防寒防滑,驾驶人员小心驾驶,车辆应当采取防滑措施。

(4)农牧区和种养殖业要储备饲料,做好防雪灾和防冻害准备。

(5)加固棚架等易被雪压的临时搭建物。

2. 黄色预警信号

标准:12小时内降雪量将达6毫米以上,或者已达6毫米以上且降雪持续,可能对交通或者农牧业有影响。

防御指南如下。

(1)政府及相关部门按照职责落实防雪灾和防冻害措施。

(2)交通、铁路、电力、通信等部门应当加强道路、铁路、线路巡查维护,做好道路清扫和积雪融化工作。

(3)行人注意防寒防滑,驾驶人员小心驾驶,车辆应当采取防滑措施。

(4)农牧区和种养殖业要备足饲料,做好防雪灾和防冻害准备。

(5)加固棚架等易被雪压的临时搭建物。

3. 橙色预警信号

标准:6小时内降雪量将达10毫米以上,或者已达10毫米以上且降雪持续,可能或者已经对交通或者农牧业有较大影响。

防御指南如下。

(1)政府及相关部门按照职责做好防雪灾和防冻害的应急工作。

（2）交通、铁路、电力、通信等部门应当加强道路、铁路、线路巡查维护，做好道路清扫和积雪融化工作。

（3）减少不必要的户外活动。

（4）加固棚架等易被雪压的临时搭建物，将户外牲畜赶入棚圈喂养。

4. 红色预警信号

标准：6小时内降雪量将达15毫米以上，或者已达15毫米以上且降雪持续，可能或者已经对交通或者农牧业有较大影响。

防御指南如下。

（1）政府及相关部门按照职责做好防雪灾和防冻害的应急和抢险工作。

（2）必要时停课、停业（特殊行业除外）。

（3）必要时飞机暂停起降，火车暂停运行，高速公路暂时封闭。

（4）做好牧区等救灾救济工作。

二、雪灾防护措施

（一）雪天出行注意事项

在雪灾期间，家庭要了解信息防寒保暖，提醒家人注意外出安全。要注意关于暴雪的最新预报、预警信息；要准备好融雪、扫雪工具和设备；要减少车辆外出；要了解机场、高速公路、码头、车站的停航或者关闭信息，及时调整出行计划；要储备食物和水；要远离不结实、不安全的建筑物。

如果遭遇了暴风雪突袭，除了上述注意事项外，还要特别注意远离广告牌、临时建筑物、大树、电线杆和高压线塔架；路过桥下、屋檐等处，要小心观察或者干脆绕道走，因为从上面掉落的冰凌，在重力加速度作用下，很容易造成头部外伤。

小贴士

雪天出行要注意的事项

1. 小心躲避机动车

由于路上积雪，机动车辆在路上行驶时特别容易打滑，车辆制动性能严重降低。所以，在横过马路时，如果看见有机动车行驶过来，千万要小心。此外，外出时最好在人行道上行走，在快车道边缘行走，或者一些儿童把道路当成"溜冰道"，这些都非常危险。

2. 摔跤时用手撑地

雪后第二天，出行更加困难。如遇结冰路面，应慢行，走一步看三步，如果不幸摔倒，应尽量用手部、双肘撑地，以减轻后背、后脑勺撞向地面的冲击力。

3. 出门穿平底鞋

在雪地行走，切忌提重物，双手不要放在衣兜里，因为双手来回摆动能使身体保持平衡。老年人，特别是骨质疏松患者，雪天尽可能不要出门，尽可能不要穿皮鞋，出门时最好换上鞋底粗糙、有花纹的平底鞋。

雪灾一旦发生，应该积极做好道路扫雪和融雪工作，居民和商铺也要积极配合，清扫各家门前的积雪；外出时要采取防寒和保暖措施，在冰冻严重的南方，尽量别穿硬底鞋和光滑底的鞋，给鞋套上旧棉袜，是很多人在冰雪灾害中摸索出来的好办法；驾车出行，慢速、主动避让、保持车距、少踩刹车、服从交警指挥和注意看道路安全提示是关键；给非机动车轮胎稍微放点气，以增加轮胎与路面的摩擦力，也能防滑。

（二）雪天开车注意事项

雪天开车，路滑、低温，极易引发事故，驾驶员更应该把握好手里的方向盘，保障行车安全。

1. 发动预热几分钟

雪天室外温度较低，车子停在室外，早晨启动的时候非常容易熄火。所以应在启动车子的时候，挂到3挡保持2秒再松手，然后让车子原地预热几分钟。

2. 起步要平稳

由于冰雪的路面摩擦系数比正常路面要小得多，如果起步过猛，那么很有可能就会出现打滑的现象。手动挡的汽车，应挂2挡起步，与之配合的是离合器要缓慢松开，油门也要轻踩，待启动后，再换低挡。对自动挡的车来说，也应轻踩油门起步。

3. 开雾灯、戴眼镜

雪天开车，由于路面会有白色的积雪，而白色的反射率最大，长时间直视很容易晃花或者晃伤眼睛，因此，驾驶员最好要佩戴一副驾车墨镜保护眼睛，同时也为了驾车的安全。同理，雪天能见度一般都较低，因此在驾车的时候应开启雾灯，保障视线的清晰。

4. 慢速、少并线、转大弯

雪天开车路滑，因此，低速行驶是保障安全的必要条件，同时，由于路况不佳及道路上有越来越多驾驶经验不足的人，在这个时候就要减少并线，尽量保持一车道行驶。如果遇有情况或转弯时提前减速，在不影响对面来车的情况下，尽量加大转弯半径，以减小转弯时的离心力，切不可快速急转猛回，以防侧滑横甩。

5. 上坡不换挡、下坡忌空挡

雪天如果遇到需要上坡的路段，不要慌张，应平稳低挡行驶，千万不要中途换挡，也不要跟前车太近，以免前车溜车。下坡的时候也千万不要空挡行驶，应保持好车速，均速下行。

6. 点刹雪天最有效

雪天最让人头痛的就是刹车问题，但是采用点刹就能很好地解决这个问题。用脚轻踩刹车，但不踩到底，反复轻踩，重复几次，就能有效地把车停稳。

上车前应把鞋底的泥水蹭干净，以免因为脚底湿滑影响踩踏制动和油门；雪天路上的路况较为复杂，人多车杂，在遇到人车交杂的路口时一定要减速慢行，主路出辅路时也应注意后车距离，同时注意与左右车辆的距离；若使用防滑链要装在驱动轮上。

三、雪灾天气的疾病防治

（一）健康提醒

1. 防止意外摔倒

雨雪天路面湿滑，外出时要小心，特别是老年人要防止意外摔倒造成骨折。

2. 防止冠心病发作

雨雪天气气温较低，有时是气温陡降，冠状动脉在寒冷的刺激下，易痉挛收缩，并发心肌梗死的可能性增大，因此心脑血管疾病患者一定要注意加强防护，不仅要注意保暖，还要避免劳累，及时服药。

3. 防止感染呼吸道疾病

冬春季节是呼吸道疾病的高发期，抵抗力相对较弱的儿童、老人、慢性病患者等应该适当减少在户外活动的时间，注意防寒保暖，在室内要注意空气的流通。

4. 防止胃出血及消化道溃疡

寒冷容易引发胃出血及消化道溃疡，需要注意胃的保暖和饮食调养，日常膳食以温软素淡、易消化为宜，少食多餐，定时定量，忌食生冷，戒烟戒酒，也可以选用一些温胃暖脾的中成药服用。

5. 防止出现煤气中毒

冬季寒冷，使用煤气和用煤炉取暖的家庭，一定要注意保持通风。谨防废气积聚引发中毒。

6. 防止不当的御寒方式

喜欢时尚的年轻人在出入室内外温差较大的环境时，要及时增减衣物。下雪天，不要为了时尚，露腿或穿得太单薄。饮食要清淡，忌过多的食用凉性食物，防止急性胃肠炎发生。

（二）饮食提醒

寒冷对人体的影响是多方面的。首先是影响机体激素调节，促进蛋白质、脂肪、碳水化合物三大营养素的代谢分解加快，尤其是脂肪代谢分解加快；其次是影响机体的消化系统，提高人的食欲并促进消化吸收；最后是影响机体的泌尿系统，排尿相应增多，使钙、钾、钠等矿物质流失增多。因此，这些变化都需要相应的营养素进行合理调节，以防机体在寒冷环境中出现上述一些生理变化，具体应做到以下几点。

1. 增加御寒食物的摄入

在寒冷的冬季，人往往觉得寒冷不适，而且有些人由于体内阳气虚弱而特别怕冷。因此，在冬季要适当用具有御寒功效的食物进行温补和调养，以起到温养全身组织、增强体质、促进新陈代谢、提高防寒能力、维持机体组织功能活动、抗拒外邪、减少疾病的发生。在冬季应吃性温热御寒并补益的食物，如羊肉、狗肉、甲鱼、虾、鸽、鹌鹑、海参、枸杞、韭菜、胡桃、糯米等。

2. 增加产热食物的摄入

由于冬季气候寒冷，机体每天为适应外界寒冷环境，消耗能量相应增多，因而要增加产热营养素的摄入量。产热营养素主要指蛋白质、脂肪、碳水化合物等，因而要多吃富含这三大营养素的食物，尤其是要相对增加脂肪的摄入量，如在吃荤菜时注重肥肉的摄入量，在炒菜时多放些烹调油等。

3. 补充必要的蛋氨酸

蛋氨酸可通过转移作用，提供一系列适应耐寒所必需的甲基。寒冷的气候使人体尿液中肌酸的排出量增多，脂肪代谢加快，而合成肌酸及脂酸、磷脂在线粒体内氧化释放出的热量都需要甲基,因此,在冬季应多摄取含蛋氨酸较多的食物,如芝麻、葵花籽、乳制品、酵母、叶类蔬菜等。

4. **多吃富含维生素类食物**

由于寒冷气候使人体氧化产热加强,机体维生素代谢也发生明显变化,如增加对维生素 A 的摄入量,以增强人体的耐寒能力。增加对维生素 C 的摄入量,以提高人体对寒冷的适应能力,并对血管具有良好的保护作用。维生素 A 主要来自动物肝脏、胡萝卜、深绿色蔬菜等食物,维生素 C 主要来自新鲜水果和蔬菜等食物。

5. **适量补充矿物质**

人怕冷与机体摄入矿物质量也有一定关系,如钙在人体内含量的多少,可直接影响人体的心肌、血管及肌肉的伸缩性和兴奋性,补充钙可提高机体的御寒能力。含钙丰富的食物有牛奶、豆制品、海带等。食盐对人体御寒也很重要,它可使人体产热功能增强,因而在冬季调味以重味辛热为主,但也不能过咸,每日摄盐量最多不超过 6 克。

6. **注重热食**

为使人体适应外界寒冷环境,应以热饭热菜用餐并趁热而食,以摄入更多的能量御寒。在餐桌上不妨多安排些热菜汤,这样既可增进食欲,又可消除寒冷感。

案例

云南多地出现雪灾

2022 年 2 月 19—22 日,受强冷空气和南支槽影响,云南省多地普降大雪,这是近十年第二强的区域性寒潮天气过程,仅次于 2016 年,云南北部、中部及东部有 69 站达到寒潮天气标准。

此次寒潮天气过程降温幅度大,范围广;降雪范围广,雪量大;低温持续时间长;过程降水量大。其中 2022 年 2 月 22 日全省有 65 个站点出现降雪,单日降雪范围为 20 年以来最大,列 1961 年以来第 10 位。

2022 年 2 月 19 日至 23 日 13 时,楚雄州(禄丰县、牟定县、元谋县、大姚县、永仁县、武定县)、昆明市(禄劝县)、玉溪市(峨山县)、大理州(南涧县)、红河州(弥勒市)、曲靖市(会泽县)出现雪灾;红河州(金平县、个旧市)、文山州(广南县、西畴县、富宁县、文山市、砚山县)、玉溪(华宁、澄江、红塔区、江川区)、普洱(景东县)、丽江(华坪县)、昆明市(嵩明县)发生低温冷害。

此次低温雨雪冰冻天气的成因是北方南下强冷空气与西南暖湿气流长时间影响造成的。具体来说,首先,北方南下冷空气势力比较强,大气整层降温明显,零度层高度下降,近地面气温接近 0℃,使得空气中的冰晶、雪粒子来不及融化就降落到地面。其次,南支槽东移,槽前西南急流带来充足的暖湿气流,冷暖气流刚好在云南交汇。最后,冷空气影响时间长,使得暖湿气流持续在滇中及滇东地区辐合抬升,造成长时间的低温雨雪天气。另外,因为滇西北、滇中北部和东部、滇东、滇东北地区大部地区地面温度持续接近或低于 0℃,加之伴有雨雪天气,因此容易出现冰冻现象。

此次低温雨雪冰冻天气导致滇东北、滇东、滇中出现了中到大雪局部暴雪、大暴雪,雨雪、道路结冰造成多条高速公路封闭,对交通运输、城市运行和旅游景点等方面产生了影响。低温对种植业、畜牧业、渔业也有一定影响。云南省大部地区油菜、蚕豆等夏收粮油作物正处于花荚期,对低温极为敏感。

资料来源:http://yn.people.com.cn/n2/2022/0224/c378439-35147255.html,2022-03-20.

小贴士

雪天外出要注意的事项

1. 防滑

雨雪天气宁可踩在厚厚的积雪上也要避开浮冰和积水,尽量抬起脚,实在地踩下去,这样就减少了鞋底和地面的向前摩擦力,会大大降低摔倒的可能性,建议平常骑电动车和自行车的人们,选择步行或者公共交通出行,开车时要注意路面,防止碰撞。

2. 防砸

由于部分地区降雪较大,树木存在被压倒的危险,行人应该尽量远离树木等高处建筑谨防因坍塌被砸伤。由于雪的覆盖,道路上许多"陷阱"会被遮住,因此,应千万小心,注意低洼、井盖、建筑材料上的钉子等。

3. 防偷

由于大雪的出现,公共交通压力骤增,要格外警惕不法分子趁机作案,上车前应将提包拎在手中而不是挂在肩上,男士不要将手机和钱包放在腰间和裤兜,上车后还应时刻注意自己财物的安全。

4. 防雾

必然会受到天气变化影响的还有航班,选择外出飞行时要及时了解机场航班的动态信息,并跟踪飞机可能起飞的时间以免误机或被迫滞留在机场,在等候的同时还应注意及时补充身体的能量。

第三节 雷雨极端天气的应对与安全教育

雷阵雨是一种天气现象,表现为大规模的云层运动,比阵雨要剧烈得多,还伴有放电现象,常见于夏季。雷雨是空气在极端不稳定状况下,所产生的剧烈天气现象,它常挟带强风、暴雨、闪电、雷击,甚至伴随有冰雹或龙卷风出现,因此往往造成灾害。

极端天气气候事件是指在一定时期内某一区域或地点发生的出现频率较低或有相当强度,对人类社会有重要影响的天气气候事件。我国具有典型的季风气候特点,极端天气的发生又和某一个时段的环流异常等有关,所以,雷电、暴雨、冰雹、短时大风都是夏季易发的极端天气现象。

一、雷雨极端天气的分类及成因

(一)雷雨分类

雷雨大体可分为两类,一类为锋面雷雨,另一类为气团雷雨。每年自3月起开始增加,到 7、8 月达最盛时期;其中 3—6 月间的雷雨多属锋面雷雨,7—9 月间的多为气团雷雨。

雨量是指降落在地面上的雨水未经蒸发、渗透和流失作用,而以积聚的深度来确定的。我国规定以毫米为深度的单位。雨量的等级根据 24 小时内降雨量的大小划分为小雨、中雨、大雨、暴雨、大暴雨、特大暴雨几个等级。

小雨,降雨量在 10 毫米以内,雨滴清晰可辨,落到屋瓦和硬地上不四溅,雨声缓和淅沥;通常需两分钟后,能完全润湿石板和屋瓦,水洼形成很慢。

中雨,降雨量在 10~25 毫米,可听见沙沙的雨声,雨落如线,雨滴不易分辨,落到屋瓦和硬地上略有四溅,水洼形成较快。

大雨,降雨量在 25~50 毫米,雨落如倾盆,模糊成片,雨滴落到屋瓦和硬地上四溅可达数寸,雨声如擂鼓,水潭形成极快。

暴雨,降雨量在 50~100 毫米,马路积水。降雨量在 100~200 毫米的叫大暴雨;降雨量在 200 毫米以上的叫特大暴雨,地势低处受淹。

(二)成因

雷阵雨来时,往往会出现狂风大作、雷雨交加的天气现象。大风来时飞沙走石,掀翻屋顶吹倒墙,风雨之中,街上的东西随风起舞,飞得到处都是,甚至还会把大树连根拔起。

夏季,太阳光直射使地面上的水蒸发得比冬、春、秋都快。贴近地面的空气因温度较高,能够接纳更多的水汽,导致空气的密度减小,空气变轻,变轻的空气不停地上升。

随着海拔高度的增加,温度会逐渐下降(每上升 100 米,气温降低 0.6℃),空气也就渐渐凉下来。空气凉了,就无法容纳原先丰沛的水汽,一部分水汽就会凝结成小水滴,天空就会起云。那么,这些小水滴怎么不迅速落下来成为雨呢?这是因为小水滴太小,上升的热气流托住了它们,并把悬浮着的小水滴不停地往更高处推,云越堆越大,越堆越高,这样的云,气象上叫积雨云,其云底离地面约 1 000 米。

当积雨云内的小水滴不断碰撞合并成较大的小水滴时,就开始往下落,而从地面上升的热空气却一个劲往上冲,两者之间摩擦后就带上了电荷。上升的气流带正电荷,下落的水滴带负电荷。随着时间的推移,积雨云的顶部积累了大量的正电荷,底部则积聚了许多负电荷;地面因受积雨云底部负电荷的感应,也带上了正电荷。

云中水滴合并增大,直到上升热气流托不住了,就从云中直掉下来。下层的热气流给雨一淋,骤然变冷,不再上冲,转而向地面扑下来。此时,空中的电荷开始放电,并伴随着轰隆隆的雷声。这就是雷阵雨的形成过程。

二、避险常识

(一)外出时遇见极端天气

(1) 寻找一家大超市或一些比较坚固的大型公共场所避一下,千万不要贸然赶路,也不要选择到一些临时搭建的工棚帐篷之下去避雨,因为这些建筑物是临时搭建的,很不牢固,容易砸伤躲在下面避雨的人。

(2) 避雨时不要站在门口、走廊或者是躲在一些广告牌之类的旁边,因为一旦风力过大,风将许多的杂物刮起来,站在门口走廊或是广告牌之下,很有可能会被这些杂物砸伤。

（二）开车外出时遇见极端天气

（1）碰到雷雨天气，车上人员应该选择停车，坐在车内避雨，不要下车走动。车辆本身是容易吸引雷电的导体，如果雷电击中车辆，在车辆附近走动，可能会触及经过地面传导的电流。同时车内人员在雷电天气下应紧闭车窗，避免将身体伸出车外。

（2）如果在驾车途中突遭雷电的话，应当放慢车速，必要时停车躲避。因为雷电击中会引起车辆失控，车速慢可以减少危险。

（3）雷电天气下，停车时车主也需要格外注意，在城市停车时应注意不要将车辆停靠在大树或建筑物广告牌下方，突如其来的闪电如果碰巧击中这些物体，可能会导致其倾倒砸向汽车。在郊外时，不能将汽车停放在靠近大树等的危险场所，可以选择地势相对较低的地方停车，等待雷雨过去。

（4）遇到雷电天气，尽量不要使用手机，因为打雷时手机的信号磁场会发生变化，强大的雷电的释放过程将在周围产生很强的电磁场。因此，车主在雷电天气时应收起车外天线，暂时关闭汽车音响，以避免汽车被雷电击中后将电流引入车内，造成电器电路故障。

（三）在家时出现极端天气

（1）刮大风下大雨的时候，特别是下冰雹这样的极端天气，会导致电路故障、短路等情况发生，雷电甚至也可能会干扰到一些家用电器，近几年来，因为在雷电交加时使用家用电器造成电器爆炸的事件不在少数，因此，最好检查一下家用电器的使用情况，大功率的电器尽量不要开启，只留下照明用的电器设备。

（2）准备好手电筒或是蜡烛等照明用具，以免突然停电时出现措手不及的情况。如果家中有老人跟小孩，还要稳定好小孩、老人的情绪，陪伴照顾他们，以免因为恐慌等引起不必要的伤害。

三、安全自救知识

了解掌握安全自救知识，可以保障自身的安全。

（一）雷击

雷击是常见的暴雨天气灾害，常发生在户外活动场所，不易受人们重视，但其破坏性是巨大的，在灾害中有人因此遇难。

1. 避免户外雷击

（1）遇到突然的雷雨，可以蹲下，降低自己的高度，同时将双脚并拢，以减少跨步电压带来的危害。

（2）不要在大树底下避雨。

（3）不要在水体边（江、河、湖、海、塘、渠等）、洼地及山顶、楼顶上停留。

（4）不要拿着金属物品，不要接打手机。

（5）不要触摸或者靠近防雷接地线、自来水管、家用电器的接地线。

2. 预防室内雷击

（1）打雷时，首先要做的就是关好门窗，远离进户的金属水管和与屋顶相连的下水管等。

（2）尽量不要拨打、接听电话，或使用电话上网，应拔掉电源和电话线及电视天线等可能将雷击引入的金属导线。稳妥科学的办法是在电源线上安装避雷器并做好接地。

（3）在雷雨天气不要使用太阳能热水器洗澡。

（二）触电

雷雨天气有可能造成一些高压或低压供电线路断线，还有可能导致供电设备短路和放电。如果在这种天气出行或滞留在户外，需要预防触电的情况发生。

（1）不要靠近架空供电线路和变压器，更不要在架空变压器下面避雨。

（2）不要在紧靠供电线路的高大树木或大型广告牌下停留或避雨。

（3）在户外行走时应尽量避开电线杆的斜拉铁线。

（4）暴雨过后，有些地方的路面很可能出现积水。此时最好不要蹚水，如果必须要蹚水通过的话，一定要随时观察所通过的路段附近有没有电线断落在积水中。

（5）如果发现供电线路断落在积水中使水中带电，千万不要自行处理，应当立即在周围做好记号，提醒其他行人不要靠近，并及时打电话通知供电部门紧急处理。

（6）一旦发现有人在水中触电倒地，千万不要急于靠近搀扶，必须要在采取应急措施后才能对触电者进行抢救。

（7）万一供电线路恰巧断落在离自己很近的地面上，首先不要惊慌，更不能撒腿就跑。这时候应该单腿跳跃着离开现场，否则很可能会在跨步电压的作用下使人身触电。

（三）溺水

暴雨天气可能会导致大面积的积水及山洪，那么应该如何应对各种溺水情况？

1. 水中自救

除呼救外，取仰卧位，头部向后，使鼻部可露出水面呼吸。呼气要浅，吸气要深。此时千万不要慌张，不要将手臂上举乱扑动，这样会使身体下沉更快。

2. 在水中被困车内

（1）解开安全带，解除车门安全锁，立即完全打开车窗，安定情绪，进行深呼吸。车辆入水后，水会快速涌进车内，这时水压非常大，车内的人很难打开车门逃生。只有当车内充满了水，车门两侧压力相等时，才有可能打开门。

（2）如果没有及时开窗，可以通过破窗锤来击碎车窗玻璃，让水尽快进入车内，增加逃生机会。此外，猛踢、用手机砸等方式都无法有效打破玻璃。

（3）打开车门后，尽快向旁边游开。

3. 在逃生时抽筋

在水中发生抽筋，千万不要惊慌，一定要保持镇静，停止游动，仰面浮于水面，并根据不同部位采取不同方法进行自救。使身体成仰卧姿势，用手握住抽筋腿的脚趾，用力向上拉，使抽筋腿伸直，并用另一腿踩水，另一手划水，帮助身体上浮。

（四）山洪

暴雨也有可能会导致山洪暴发，在这种情况下应注意以下几点。

（1）保持冷静，尽快向较高地方转移。

（2）不要沿着行洪道方向跑，而要向两侧快速躲避。

(3)千万不要轻易涉水过河。

(4)如被山洪困在山中,应及时与当地有关部门取得联系,或发出求救信号,寻求救援。

(五) 内涝

(1)注意收听收看天气预报。当天气预报连续播报有暴雨或大暴雨时,居住在河谷、低洼地带,沿江沿湖地区的人们,就要提高警惕,随时注意灾情的变化,及时采取适当的措施。在洪水到来之前,按照预先选择好的路线撤离易被洪水淹没的地区。

(2)如果洪水来势凶猛,已来不及撤离时,要就近迅速向山坡、高地、楼房、避洪台等地转移,或者立即爬上屋顶、楼房高层、大树、高墙等高的地方暂避,等候救援。但土墙、泥坯房或干打垒住房,经水一泡随时都有坍塌的危险,只能用作暂时的避难场所。

(3)如果洪水继续上涨,暂避的地方已难自保,则要充分利用准备好的救生器材逃生,或者迅速找一些门板、桌椅、木床、箱子、大块的泡沫塑料等能在水上漂浮的材料扎成筏逃生。如已被卷入洪水中,一定要尽可能抓住固定的或能漂浮的物体,寻找机会逃生。

(4)逃生时不要沿着行洪道的方向跑,而要向两侧快速躲避。千万不可攀爬带电的电线杆、铁塔。发现高压线铁塔倾斜或者电线断头下垂时,一定要迅速远避,防止直接触电或因地面跨步电压触电。

(5)如果已被洪水包围,要设法尽快与当地政府、防汛部门取得联系,报告自己的方位和险情,积极寻求救援。用手电筒、哨子、旗帜、鲜艳的床单、衣服等工具发出求救信号,以引起营救人员的注意,前来救助。

(6)可吃一些高热量的食品,如巧克力、饼干等,喝些热饮料,以增强体力。避难时,应携带好必备的衣物以御寒,特别要带上必需的饮用水,千万不要喝洪水,以免传染上疾病。

(六) 泥石流

(1)面对泥石流不能顺着山沟跑。

(2)山洪泥石流袭来时,千万不能顺着山沟的方向往下游跑,而应马上向与泥石流成垂直方向的两侧山坡高处跑。

(3)山洪来时可以先到屋顶、大树或附近的小山丘暂避,并用绳子或被单等物品将身体与烟囱、树木等安全固定物相连,以免从高处滑下被洪水卷走。

(4)如果被洪水包围,要尽快与当地政府、防汛部门联系,报告自己的方位和险情,积极寻求救援。

(七) 城市内涝

(1)在地下室居住的居民要注意收看天气预报,尤其是洪涝灾害的警报。当天气预报连续播报有暴雨或大暴雨时,要特别提高警惕,随时注意灾情的变化,及时转移。一旦雨水倒灌情况严重无法脱身,应尽可能寻找可用于救生的漂浮物,尽可能地保留身体的能量,沉着冷静,等待救援。

(2)如果列车无法运行,需要在隧道内疏散乘客,此时乘客要在司机的指引下,有序通过车头或车尾疏散门进入隧道,切勿擅自跳下轨道,以防触电;站台突然停电,很可能是该站的照明设备出现了故障,在等待工作人员进行广播和疏散前,应原地等候。列车在运行时遇到停电,乘客千万不可扒门离开车厢进入隧道。

(3) 当地下商场出现倒灌时,被困人员要有秩序地疏散、撤退,向高层转移。商场作为人群密集的地方,在灾害来临时,人员应避开货架和玻璃柜台。

(4) 如遇到暴雨,行人不要着急赶路,应以最快的速度到达地势比较高的房屋内暂时性的避雨。切记不能在桥洞、有电线杆的建筑物、大树以及屋檐下避雨;如暴雨已没过脚踝,可以拿树枝在前面探路,以免掉入缺失井盖的排水渠中。在前进过程中,要注意路旁的电线杆、变压器、灯杆等,如有电线落入水中要绕行;骑自行车、电动车时要注意观察,缓慢骑行,遇见情况早下车,尽量避开有积水的路面,避免水下障碍物或坑陷。

(八) 暴雨天房屋倒塌

(1) 房屋倒塌时要寻找掩体,行走时远离建筑区。

(2) 如果在室内,应蹲下,利用写字台、桌子或者紧贴内部承重墙作为掩护,然后双手抓牢固定物体。

(3) 如果在室外,应远离建筑区、大树、街灯和电线电缆。

(4) 如果在开动的汽车上,应尽快靠边停车,留在车内。不要把车停在建筑物下、大树旁、立交桥或者电线电缆下。

四、极端气候下的安全常识

(一) 注意温差变化

暴雨天气与以往的湿热天气相比,会有一个较大的温差,此时一定要注意添加衣服,防止因相对低温而影响身体的抗病能力。注意保温有助于提高身体免疫力和抵抗病毒的能力。

(二) 注意饮食卫生

大雨冲击,使地上的各种污泥杂物都汇集在一起,水的质量会受到很大影响。因此被雨水浸泡过的熟食、食品等不能再食用,蔬菜、水果类也要经过充分的清洗处理或削皮处理等再食用。尤其注意不要喝生水,特别是有露天粪坑的农村边缘地区。进食前必须洗净双手。

(三) 注意行走安全

暴雨可能会使一些建筑设施遭到破坏,也有可能刮倒一些供电设施。因此,无特殊需要,不要在暴雨时到处行走。若无法避免,则在行走时,要注意周围是否有损坏的电线杆等,防止因为线路损坏和大雨浸泡造成漏电触电。在山区和农田行走,最好穿长筒雨鞋。

五、学生应掌握的自救方法

(一) 洪水到来前的准备

根据当地电视、广播等媒体提供的洪水信息,结合自己所处的位置和条件,冷静地选择最佳路线撤离,避免出现"人未走水先到"的被动局面。要认清路标,明确撤离的路线和目的地,避免因为惊慌而走错路,同时还应充分做好自保措施。

(1) 备足速食食品或蒸煮够食用几天的食品,准备足够的饮用水和日用品。

(2) 扎制木排、竹排,搜集木盆、木材、大件泡沫塑料等适合漂浮的材料,加工成救生装置以备急需。

(3) 将不便携带的贵重物品做防水捆扎后埋入地下或放到高处,票款、首饰等小件贵重物品可缝在衣服内随身携带。

(4) 保存好尚能使用的通信设备。

(二)洪水到来时的自救

(1) 洪水到来时,来不及转移的人员,要就近迅速向山坡、高地、楼房、避洪台等地转移,或者立即爬上屋顶、楼房高层、大树、高墙等高的地方暂避。

(2) 如洪水继续上涨,暂避的地方已难自保,则要充分利用准备好的救生器材逃生,或者迅速找一些门板、桌椅、木床、大块的泡沫塑料等能漂浮的材料扎成筏逃生。

(3) 如果已被洪水包围,要设法尽快与当地政府、防汛部门取得联系,报告自己的方位和险情,积极寻求救援。

(4) 如已被卷入洪水中,一定要尽可能抓住固定的或能漂浮的物体,寻找机会逃生。

(5) 发现高压线铁塔倾斜或者电线断头下垂时,一定要迅速远避,防止直接触电或因地面"跨步电压"触电。

六、学校灾后消毒方法

1. 地面、墙壁、门窗、桌面等物体表面

受污水污染的环境及物品可用有效氯为 500~700 毫克每升的含氯消毒剂溶液或 0.2%~0.5% 过氧乙酸溶液喷洒消毒,作用 30 分钟,喷洒剂量 100~300 毫升每平方米,以喷湿为度。不耐腐蚀的表面消毒后用清水擦拭。

2. 衣物

用有效氯为 250~500 毫克每升的含氯消毒剂浸泡 30 分钟,含氯消毒剂对衣物有漂白的作用,消毒后用清水清洗。

3. 餐(饮)具

首选煮沸消毒 10~15 分钟,或流通蒸汽消毒 10 分钟。也可用有效氯为 250~500 毫克每升的含氯消毒剂溶液浸泡 5 分钟或 0.2%~0.5% 过氧乙酸溶液浸泡 30 分钟后,再用清水洗净。

4. 排泄物、呕吐物

每 2 升可加漂白粉 50 克或有效氯为 20 克每升的含氯消毒剂溶液 2 升,搅匀放置 2 小时。

5. 污水

可能受到粪便污染的小型污水,可用有效氯 80 毫克每升的含氯消毒剂,作用 2 小时,余氯 4~6 毫克每升。

6. 手的消毒

接触污染物后,应使用免洗手消毒剂涂擦双手,消毒作用时间应不低于 1 分钟。

案例

郑州"7·20"特大暴雨灾害调查报告公布

经国务院调查组调查认定，河南郑州"7·20"特大暴雨灾害是一场因极端暴雨导致严重城市内涝、河流洪水、山洪滑坡等多灾并发，造成重大人员伤亡和财产损失的特别重大自然灾害；郑州市委市政府及有关区县(市)、部门和单位风险意识不强，对这场特大灾害认识准备不足、防范组织不力、应急处置不当，存在失职渎职行为，特别是发生了地铁、隧道等本不应该发生的伤亡事件。郑州市及有关区县(市)党委、政府主要负责人对此负有领导责任，其他有关负责人和相关部门、单位有关负责人负有领导责任或直接责任。

2021年7月17—23日，河南省遭遇历史罕见特大暴雨，发生严重洪涝灾害，特别是7月20日郑州市遭受重大人员伤亡和财产损失。灾害共造成河南省150个县(市、区)1 478.6万人受灾，因灾死亡失踪398人，其中郑州市380人、占全省95.5%；直接经济损失1 200.6亿元，其中郑州市409亿元、占全省34.1%。

灾害发生后，党中央、国务院高度重视，要求始终把保障人民群众生命财产安全放在第一位，抓细抓实各项防汛救灾措施，并派出解放军和武警部队迅速投入抢险救灾，为做好防汛救灾工作注入了强大动力、提供了坚强保障。党中央国务院多次做出重要批示，主持专题会议部署，深入河南灾区考察，要求抓实防汛救灾措施，加快恢复重建，严肃认真开展灾害调查工作。国家防总、国家减灾委立即启动应急响应，派出工作组指导开展防汛救灾工作。河南省委省政府、国家有关部委、解放军和武警部队、消防救援队伍等各有关方面和广大干部群众全力以赴投入抗洪抢险救灾。目前，灾后重建工作正在全面有效开展。

这次灾害虽为极端天气引发，但集中暴露出许多问题和不足。为查明问题、总结经验、汲取教训，经党中央批准，国务院成立河南郑州"7·20"特大暴雨灾害调查组，分设综合协调、监测预报、应急处置、交通运输、城市内涝、山洪地质灾害等6个专项工作组，分别由有关部委牵头，并邀请气象、水利、市政、交通、地质、应急、法律等领域的院士和权威专家，组成专家组全程参加。中央纪委国家监委相关部门指导开展相关工作。

调查组本着对党和人民负责、对社会和历史负责的态度，充分考虑这场特大暴雨强度和范围突破当地历史记录、远超出城乡防洪排涝能力的实际，坚持依法依规、实事求是、科学严谨、全面客观的原则，依照有关法律法规，通过现场勘查、调阅资料、走访座谈、受理信访举报、问询谈话、调查取证、分析计算、专家论证等方式，复盘灾害发生和应对过程。经过全面深入调查，查明了郑州市和有关区县(市)党委政府、部门单位履职情况及存在的问题，查明了社会广泛关注的重点事件和因灾死亡失踪人数迟报瞒报问题，并总结分析经验教训，提出了改进工作的措施建议。

调查组查明，郑州市委、市政府贯彻落实党中央、国务院关于防汛救灾决策部署和河南省委、省政府部署要求不力，没有履行好党委政府防汛救灾主体责任，对极端气象灾害风险认识严重不足，没有压紧压实各级领导干部责任，灾难面前没有充分发挥统一领导作用，存在形式主义、官僚主义问题；党政主要负责人见事迟、行动慢，未有效组织开展灾前综合研判和社会动员，关键时刻统一指挥缺失，失去有力有序有效应对灾害的主动权；灾情信息报送存在迟报瞒报问题，对下级党委政府和有关部门迟报瞒报问题失察失责。

调查组还对造成重大伤亡和社会关注的事件进行了深入调查，查明了主要原因和问题，认定郑州地铁5号线、京广快速路北隧道亡人事件是责任事件，郭家咀水库漫坝事件是违法事件；荥阳市崔庙镇王宗店村山洪灾害存在应急预案措施不当、疏散转移不及时等问题，登封电厂集团铝合金有限公司爆炸事故存在未如实报告人员死亡真实原因并违规使用灾后重建补助资金用于死亡人员家属补偿等问题。同时，调查组还查明郑州二七区、金水区、巩义市、荥阳市、新密市、郑东新区等6个区市、10个乡镇街道，郑州市及相关区县（市）应急管理、水利、城市管理等8个系统的18个单位，以及郑州地铁集团、河南五建集团、郑州城市隧道管养中心等9个企事业单位的责任。

调查组按规定将调查报告和有关公职人员履职方面的问题线索，及时移交中央纪委国家监委追责问责审查调查组。

针对灾害应对处置中暴露的问题，调查组总结了六个方面的主要教训：郑州市一些领导干部特别是主要负责人缺乏风险意识和底线思维；市委市政府及有关区县（市）党委政府未能有效发挥统一领导作用；贯彻中央关于应急管理体制改革部署不坚决不到位；发展理念存在偏差，城市建设"重面子、轻里子"；应急管理体系和能力薄弱，预警与响应联动机制不健全等问题突出；干部群众应急能力和防灾避险自救知识严重不足。

调查组还提出六项改进措施建议，强调要大力提高领导干部风险意识和应急处突能力，建立健全党政同责的地方防汛工作责任制，深入开展应急管理体制改革及运行情况评估，全面开展应急预案评估修订工作，强化预警和响应一体化管理，整体提升城市防灾减灾水平，广泛增强全社会风险意识和自救互救能力。

资料来源：https://www.163.com/dy/article/H3HVUT460552Z8VA.html, 2022-03-13。

小贴士

1. 车损险

车主在遭遇暴雨天气时，不要贸然涉水行驶，尤其是不熟悉的路段；在暴雨过后，也不要贸然进入积水路段行车，因为在非暴雨时涉水行车造成车辆损失，保险公司不予赔偿。

对于在地库里被淹，如果车主投保了车损险，原则上是属于保险公司的赔偿范围。车主在发现车辆被淹后，应第一时间报案。保险公司在接到报案后，车主按照保险公司的指导处理被淹车辆。

2. 家财险

由于暴雨、洪水、泥石流、崖崩、突发性滑坡、地面突然下陷等原因而导致房屋及其室内附属设备、室内财产损失的，如室内装潢、家用电器和文体娱乐用品、衣物和床上用品、家具及其他生活用具都在保险责任范围内，保险公司负责赔偿。

同时，由于暴雨导致的飞行物体及其他空中运行物体坠落而导致其房屋及其室内附属设施、室内财产损失的，保险公司也负责赔偿。需要注意的是，一些贵重或价值难以鉴定的物品如金银珠宝、有价证券、邮票等，均不在保险保障范围。

3. 航班延误险

由于航空交通的特殊性，暴雨等天气通常意味着航班无限期推迟甚至取消。建议

> 购买航程延误保险的乘客,应注意在航程结束后,及时通知保险公司,需要向航空公司索要航程延误证明,并提供登机牌或机票等乘机证明。

第四节 台风天气的应对与安全教育

台风是热带气旋的一个类别。在气象学上,按世界气象组织定义:热带气旋中心持续风速在12级至13级(即每秒32.7米至41.4米)称为台风或飓风,飓风的名称使用在北大西洋及东太平洋;而北太平洋西部(赤道以北,国际日期线以西,东经100度以东)使用的近义词是台风。

一、台风的气象原理及生命周期

(一)气象原理

在海洋面温度超过26℃以上的热带或副热带海洋上,由于近洋面气温高,大量空气膨胀上升,使近洋面气压降低,外围空气源源不断地补充流入上升。受地转偏向力的影响,流入的空气旋转起来。而上升空气膨胀变冷,其中的水汽冷却凝结形成水滴时,要放出热量,又促使低层空气不断上升。这样近洋面气压下降得更低,空气旋转得更加猛烈,最后形成了台风。

(二)生命周期

1. 孕育阶段

经过太阳一天的照射,海面上形成了很强盛的积雨云,这些积雨云里的热空气上升,周围较冷空气源源不绝地补充进来,再次遇热上升,如此循环,使得上方的空气热,下方空气冷,上方的热空气里的水汽蒸发扩大了云带范围,云带的扩大使得这种运动更加剧烈。

经过不断扩大的云团受到地转偏向力影响,逆时针旋转起来(在南半球是顺时针),形成热带气旋,热带气旋里旋转的空气产生的离心力把空气都往外甩,中心的空气越来越稀薄,空气压力不断变小,形成了台风初始阶段。

2. 发展阶段

因为热带低压中心气压比外界低,所以周围空气涌向热带低压,遇热上升,供给了热带低压较多的能量,超过输出能量,此时,热带低压里空气旋转更厉害,中心最大风力升高,中心气压进一步降低。

等到中心最大风力达到一定标准时,就会提升到更高的一个级别,热带低压提升到热带风暴,再提升到强热带风暴、台风,有时能提升到强台风甚至超强台风,这要由能量输入与输出比决定,输入能量大于输出能量,台风就会增强,反之就会减弱。

3. 成熟阶段

台风经过漫长的发展之路,变得强大,具有了造成灾害的能力,如果这时登陆,就会造成重大损失。

4. 消亡阶段

台风消亡路径有两个,第一个是台风登陆后,受到地面摩擦和能量供应不足的共同影响,台风会迅速减弱消亡,消亡之后的残留云系可以给某地带来长时间强降雨。第二个是台风在东海北部转向,登陆韩国或穿过朝鲜海峡之后,在日本海变性为温带气旋,变性为温带气旋后,消亡较慢。

二、台风的等级划分及特点

(一) 台风的等级划分

根据国际惯例,依据其中心附近最大风力分为以下等级。

热带低压,最大风速 6~7 级(10.8~17.1 米/秒)。

热带风暴,最大风速 8~9 级(17.2~24.4 米/秒)。

强热带风暴,最大风速 10~11 级(24.5~32.6 米/秒)。

台风,最大风速 12~13 级(32.7~41.4 米/秒)。

强台风,最大风速 14~15 级(41.5~50.9 米/秒)。

超强台风,最大风速在 16 级及以上(≥51.0 米/秒)。

(二) 特点

近年来台风的有关资料表明,台风发生的规律及其特点主要有以下几点。

(1) 有季节性。台风(包括热带风暴)一般发生在夏秋之间,最早发生在 5 月初,最迟发生在 11 月。

(2) 台风中心登陆地点很难准确预报。台风的风向时有变化,常出人预料,台风中心登陆地点往往与预报相左。

(3) 台风具有旋转性。其登陆时的风向一般先北后南。

(4) 损毁性严重。对不坚固的建筑物、架空的各种线路、树木、海上船只、海上养鱼网箱、海边农作物等破坏性很大。

(5) 强台风发生常伴有大暴雨、大海潮、大海啸。

(6) 强台风发生时,人力不可抗拒,易造成人员伤亡。

三、台风的利弊分析

(一) 台风的好处

在我国沿海地区,几乎每年夏秋两季都会或多或少地遭受台风的侵袭,因此遭受的生命财产损失也不小。然而凡事都有两面性,科学研究发现,台风对人类至少有如下几大好处。

(1) 台风这一热带风暴为人们带来了丰沛的淡水。台风给中国沿海、日本海沿岸、印度、东南亚和美国东南部带来大量的雨水,约占这些地区总降水量的 1/4 以上,对改善这些地区的淡水供应和生态环境都有十分重要的作用。

(2) 靠近赤道的热带、亚热带地区受日照时间最长,干热难忍,如果没有台风来驱散这些地区的热量,那里将会更热,地表沙荒将更加严重。同时寒带将会更冷,温带将会消失。

我国将没有昆明这样的春城,也没有四季常青的广州,"北大仓"、内蒙古草原亦将不复存在。

(3)台风最高时速可达200千米以上,所到之处,摧枯拉朽。这巨大的能量可以直接给人类造成灾难,但也全凭着这巨大的能量流动使地球保持着热平衡,使人类安居乐业,生生不息。

(4)台风还能增加捕鱼产量。每当台风吹袭时翻江倒海,将江海底部的营养物质卷上来,鱼饵增多,吸引鱼群在水面附近聚集,渔获量自然提高。

(二)台风的灾害

台风是一种破坏力很强的灾害性天气系统,但有时也能起到消除干旱的有益作用。其危害性主要有三个方面。

(1)大风。热带气旋达台风级别的中心附近最大风力为12级以上。

(2)暴雨。台风是带来暴雨的天气系统之一,在台风经过的地区,可能产生150~300毫米降雨,少数台风能直接或间接产生1 000毫米以上的特大暴雨,如1975年第3号热带气旋登陆后倒槽在河南南部产生的特大暴雨,打破了部分地区的降雨记录(河南"75·8"事件)。

(3)风暴潮。一般台风能使沿岸海水产生增水,江苏省沿海最大增水可达3米。9608号和9711号台风增水,使江苏省沿江沿海出现超历史的高潮位。

台风过境时常常带来狂风暴雨天气,引起海面巨浪,严重威胁航海安全。台风登陆后带来的风暴增水可能摧毁庄稼、各种建筑设施等,造成人民生命、财产的巨大损失。

四、台风的防抗

加强台风的监测和预报,是减轻台风灾害的重要措施。对台风的探测主要是利用气象卫星。在卫星云图上,能清晰地看见台风的存在和大小。利用气象卫星资料,可以确定台风中心的位置,估计台风强度,监测台风移动方向和速度,以及狂风暴雨出现的区域等,对防止和减轻台风灾害起着关键作用。

根据所得到的各种资料,分析台风的动向,登陆的地点和时间,及时发布台风预报、台风紧报或紧急警报,通过电视、广播等媒介为公众服务,让沿海渔船及时避风回港,同时为各级政府提供决策依据,发布台风预报或警报是减轻台风灾害的重要措施。

人们需保持消息畅通,留意报纸、广播、电视及网络上的天气预报资讯,提前、及时做好这些防御措施,以不变应万变。

(一)居民防台注意事项

(1)及时收听、收看或上网查阅台风预警信息,了解政府的防台行动对策。

(2)关紧门窗,紧固易被风吹动的搭建物。

(3)从危旧房屋中转移至安全处。

(4)处于可能受淹的低洼地区的人要及时转移。

(5)检查电路、炉火、煤气等设施是否安全。

(6)幼儿园、学校应采取暂避措施,必要时停课。

（7）露天集体活动或室内大型集会应及时取消，并做好人员疏散工作。

（二）居民防台措施

台风来临之际，由于强风的横扫，高空坠物容易伤人。强风到来前应检查一下门窗是否牢固，并及时关好窗户，取下悬挂物，及时将花盆搬离阳台，及时清理日常放在防盗网上的杂物。

一些地势低洼的居民区，在台风来临之前，可以事先砌好围墙，或者备好挡水板，配备小型抽水泵及时挡水或者排水。最好将自家的排水管道检查一遍，有条件的话，最好能疏通一下。尤其是住在一楼或者底层的住户，包括一些临街的商铺，尽量把一些碰不得水的电器、货物以及衣鞋，尽可能转移到高处，离开前，要先切断电源，以免进水受损。

政府有关部门要提早对室外霓虹灯、广告牌、店招牌、室外空调机等高空物体检查和加固。对受风易倒的树木要提前做好保护措施，及时绑扎、加固，防止树倒伤人，或者影响交通。

若需要骑自行车或者摩托车出行，则切勿一手把方向，一手拿雨伞。穿雨衣骑车出行则尽量将雨衣固定，以免被强风吹起遮挡视线，引发危险。若开车出行，要注意强降水引发的路面积水是否会导致车辆熄火。遇到积水路段时，应该放慢车速观察前方路况。通过积水时，要低档平稳前行，尽量不要让水花溅起来；如果积水高度超过轮胎的一半，切忌贸然涉水，建议绕道通行。

如果在高速公路行驶的过程中遭遇台风，应打开危险报警闪光灯，保持车距减速慢行。如能见度小于50米时，应进入服务区休息或从最近出口驶离高速公路，听从高速公路管理部门的指挥。

若在沿海地区，渔船应回港避风，远离台风眼。海上船只应提早回港避风，撤离船上人员并做好船只加固和防风防浪工作。台风来临前不能返港的船及时与岸上取得联系，避开台风中心，争取救援。如在海上遇到台风，应根据台风的情况和天气预报以及现场观测的风力、风向和气压的变化情况判明本身所在位置，以便采取适当的航行方法，尽快远离台风中心。

对沿海海堤的在建企业工程、各类广告牌、沿海旅游景点设施应设置警示提醒，及时加固维护维修。如果所处位置是台风引发巨浪、高潮有危险的地带，附近人员要及时组织转移。千万不要无惧台风的到来，无惧海边现场警示标志，在海边观潮戏水，以免被困影响个人生命安全。

（1）台风来临前，船舶应听从指挥，立即到避风场所避风。

（2）万一躲避不及或遇上台风，应及时与岸上有关部门联系，争取救援。

（3）等待救援时，应主动采取应急措施，迅速果断地采取离开台风的措施，如停（滞航）、绕（绕航）、穿（迅速穿过）。

（4）强台风过后不久的风浪平静，可能是台风眼经过时的平静，此时泊港船主千万不能为了保护自己的财产，回去加固船只。

（5）有条件时在船舶上配备信标机、无线电通信机、卫星电话等现代设备。

（6）在没有无线电通信设备的时候，当发现过往船舶或飞机，或与陆地较近时，可以利用物件及时发出易被察觉的求救信号，如堆SOS字样，放烟火，发出光信号、声信号、摇动色彩鲜艳的物品等。

五、台风警报及防御指南

（一）台风警报

台风警报根据编号热带气旋的强度、影响时间和程度可分为：消息、警报和紧急警报三级。

（1）消息。台风远离或沿海尚未开始出现8级风或暴雨时，预报责任区根据需要可发布消息，报道台风的情况；警报解除时也可以消息方式发布。

（2）警报。预计未来48小时内影响沿海地区或者台风登陆时，发布警报。

（3）紧急警报。预计未来24小时内影响沿海地区或者台风登陆时，发布紧急警报。

（二）四级警报

《突发气象灾害预警信号发布试行办法》把台风预警信号分为蓝色、黄色、橙色和红色。

1. 蓝色

24小时内可能或者已经受热带气旋影响，沿海或者陆地平均风力达6级以上，或者阵风8级以上并可能持续。具体防御指南如下。

（1）政府及相关部门按照职责做好防台风准备工作。

（2）停止露天集体活动和高空等户外危险作业。

（3）相关水域水上作业和过往船舶采取积极的应对措施，如回港避风或者绕道航行等。

（4）加固门窗、围板、棚架、广告牌等易被风吹动的搭建物，切断危险的室外电源。

2. 黄色

24小时内可能或者已经受热带气旋影响，沿海或者陆地平均风力达8级以上，或者阵风10级以上并可能持续。具体防御指南如下。

（1）政府及相关部门按照职责做好防台风应急准备工作。

（2）停止室内外大型集会和高空等户外危险作业。

（3）相关水域水上作业和过往船舶采取积极的应对措施，加固港口设施，防止船舶走锚、搁浅和碰撞。

（4）加固或者拆除易被风吹动的搭建物，人员切勿随意外出，确保老人小孩留在家中最安全的地方，危房人员及时转移。

3. 橙色

12小时内可能或者已经受热带气旋影响，沿海或者陆地平均风力达10级以上，或者阵风12级以上并可能持续。具体防御指南如下。

（1）政府及相关部门按照职责做好防台风抢险应急工作。

（2）停止室内外大型集会、停课、停业（特殊行业除外）。

（3）相关应急处置部门和抢险单位加强值班，密切监视灾情，落实应对措施。

（4）相关水域水上作业和过往船舶应当回港避风，加固港口设施，防止船舶走锚、搁浅和碰撞。

（5）加固或者拆除易被风吹动的搭建物，人员应当尽可能待在防风安全的地方，当台风中心经过时风力会减小或者静止一段时间,切记强风将会突然吹袭,应当继续留在安全处避风,危房人员及时转移。

(6) 相关地区应当注意防范强降水可能引发的山洪、地质灾害。

4. 红色

6小时内可能或者已经受热带气旋影响,沿海或者陆地平均风力达12级以上,或者阵风达14级以上并可能持续。具体防御指南如下。

(1) 政府及相关部门按照职责做好防台风应急和抢险工作。

(2) 停止集会、停课、停业(特殊行业除外)。

(3) 回港避风的船舶要视情况采取积极措施,妥善安排人员留守或者转移到安全地带。

(4) 加固或者拆除易被风吹动的搭建物,人员应当待在防风安全的地方。

(5) 相关地区应当注意防范强降水可能引发的山洪、地质灾害。

(6) 台风期间尽量不要外出,7314号强台风,每秒风速73米,堪称恐怖。

(7) 台风期间不能待在4层以下高度的房子里。若真的被迫在城市办公楼等高层建筑中避难,远离窗户,躲在中上部楼层中的小隔间里,并准备好充足的水、食物。离开家时要关闭水、电、煤气。

六、学校防范强台风措施

1. 高度重视应对和防范强台风工作

各级教育行政部门和各级各类学校要迅速将灾害预警信息和上级要求传达到所属学校(单位),通知到每位教职工、学生及家长,主要领导要亲自部署,各学校(单位)要完善应急预案,全面落实应对和防范强台风的工作措施。

2. 对校园安全隐患进行全面检查

各级各类学校要组织人员重点检查校舍安全情况、在建工程项目工地安全管理情况以及校园排水畅通性、其他公共部位附着物(如广告牌、灯箱等)固定情况,电、气、水等管理情况,发现隐患,要立即采取有效措施进行整改,确保不发生任何安全事故。

3. 加强宣传教育

各级各类学校要提醒家长注意照看好自己的孩子,进一步落实监护人责任,加强自身防护,尽量少外出,防止发生意外事故。

4. 加强值班和信息报送

各级教育行政部门和学校要落实24小时值班和领导带班制度。要密切关注天气变化,遇有紧急情况时,可采取调课等办法,确保学校宣传教育和防范应对等工作落实到位,责任到人。

案例

历史上十大超强台风

1. 台风威马逊

2014年第9号超强台风威马逊三次强势登陆我国,成为新中国成立以来登陆中国最强台风。造成海南、广东、广西的59个县市区、742.3万人、468 500公顷农作物受灾,直接经济损失约为235.5亿元,并导致南宁发生海变,城市内部被淹,损毁严重。

2. 台风洛克

2011年9月21日,第15号台风洛克在日本上空登陆。根据萨菲尔-辛普森飓风等级,其规模相当于四级。截至2011年9月22日,已造成11人死亡。

3. 台风南希

1961年9月12日,台风南希形成于西北太平洋地区。据测量,其风速达每小时343千米,威力相当于5级超强台风。由于距离久远,如今都认为那次测量过高。而已被证实的几场台风,风速达每小时306千米,可算作史上第二强。南希破坏范围广,波及日本及美国关岛,死亡人数达191。

4. 台风梅姬

台风梅姬于2010年10月18日在菲律宾登陆,是有记录以来登陆菲律宾风速最高的台风。梅姬,在韩语中为"鲶鱼"的意思,最强时风速每小时达241千米,据JTWC指标,这一速度在西北太平洋地区,相当于超强台风。热带气旋速度必须达到每小时118千米,才能被称为台风,而超强台风梅姬造成菲律宾和台湾地区69人死亡。

5. 台风维拉

维拉是史上最致命的台风之一,于1959年9月底席卷日本,造成5 098人死亡,4万多人受伤。维拉破坏性之大,主要因台风造成名古屋附近伊势湾洪水严重泛滥,与其每小时305千米的强劲风速联系不大。巨浪摧毁了防波堤,庄稼、马路、铁道全都付之一炬,150万居民无家可归,痢疾大范围爆发,坏疽和破伤风也随之而来。此外,维拉带来的这场灾难,促使了日本富士山雷达系统的建立,用以预测未来的重大风暴。

6. 台风萨拉

超强台风萨拉,最大风速可达每小时310千米。1959年9月17日,萨拉在韩国南部登陆,狂风暴雨造成6人死亡,并摧毁6 000间房屋,农作物损失达数百万美元。整个韩国,泛滥的洪水与巨浪造成669人死亡,782 123人无家可归;此外,洪灾还造成日本死亡24人,数千座房屋无一完好。

7. 台风佛利斯特

1983年9月,超强台风佛利斯特在西太平洋形成发展,这是有记录以来发展最为迅速的热带气旋,气压以24小时为周期每次下降100毫巴。

这一热带风暴在当年9月28日袭击日本,最大风速达每小时137千米,整个日本降雨量高达48.3厘米,毁坏46 000间房屋。这场风暴总共造成21人伤亡,损坏程度为中等。

8. 台风约翰

台风约翰是持续最久、波及范围最广的热带气旋,形成于厄尔尼诺现象猛烈的1991—1994年间,威力最强时相当于5级飓风。约翰活动期间,从东太平洋到西太平席卷了13 280千米,然后返回中部太平洋地区,共持续31天。因为同时活跃于东西太平洋两个地区,因此约翰既是飓风,也被称为台风。由于大部分时间它都停留于洋面,因此对夏威夷岛造成的损害不大。

9. 台风诺拉

诺拉的风眼可达30℃,胜于任何热带气旋。当风速达每小时298千米,它就形成超强台风。1973年10月10日,诺拉在抵达中国东南地区时减弱,但也造成18人死亡,损失超过200万美元。

10. 台风泰培

1979年10月12日,泰培形成于西北太平洋,是有记录以来最猛烈的热带气旋,风暴直径为2 220千米,几乎等于美国大陆的一半长度。据测量,风暴中部气压为870毫巴,表层风速为每小时306千米,共造成日本与美国关岛86人死亡。泰培也属严密监控的热带气旋,美国空军曾进去执行过60次任务。

资料来源:https://m.thepaper.cn/newsDetail_forward_4137443,2022-03-13。

 小贴士

台风来临预兆

在台风将到的前两三天,可以由若干现象来研判台风正逐渐接近。

(1) 高云出现。在台风最外缘的是卷云,白色羽毛状或马尾状甚高的云,当此种云在某方向出现,并渐渐增厚而成为较密的卷层云,此时即显示可能有台风正渐渐接近。

(2) 雷雨停止。台湾夏季,山地及盆地区域每日下午常有雷雨发生,如雷雨突然停止,即表示可能有台风接近。

(3) 能见度良好。台风来临前两三天,能见度转好,远处山树皆能清晰可见。

(4) 海、陆风不明显。平时日间风自海上吹向陆地,夜间自陆地吹向海上,称为海风与陆风,但在台风将来临前数日,此现象便不明显。

(5) 长浪。台湾近海,因夏季风力温和,海浪亦较平稳,但远处有台风时,波浪将趋汹涌,渐次传至台湾沿海,而有长浪现象。东部沿海一带居民,都有此种经验。

(6) 海鸣。台风渐接近,长浪亦渐大渐高且撞击海岸山崖发出吼声,东部沿岸亦常可闻,之后约3小时后台风就会来临。

(7) 骤雨忽停忽落。当高云出现后,云层渐密渐低,常有骤雨忽落忽停,这也是台风接近的预兆。

(8) 风向转变。台湾夏季常吹西南风,也较和缓,但如转变为东北风时,即表示台风已渐接近,并已开始受到台风边缘的影响,此后风速将逐渐增强。

(9) 特殊晚霞。台风来袭前一两日,当日落时,常在西方地平线下发出数条放射状红蓝相间的美丽光芒,发射至天顶再收敛于东方与太阳对称之处,此种现象称为反暮光。

(10) 气压降低。根据以上诸现象,如果再发现气压逐渐降低,显示将进入台风边缘。

 小贴士

台风中易受的伤害

外伤、骨折、触电等急救事故最多。

外伤主要是头部外伤,被刮倒的树木、电线杆或高空坠落物如花盆、瓦片等击伤。

> 电击伤主要是被刮倒的电线击中,或踩到掩在树木下的电线。不要打赤脚,穿雨靴最好,防雨的同时起到绝缘作用,预防触电。走路时观察仔细再走,以免踩到电线。
>
> 通过小巷时,也要留心,因为围墙、电线杆倒塌的事故很容易发生。高大建筑物下注意躲避高空坠物。
>
> 发生急救事故,先打120,不要擅自搬动伤员或自己找车急救。搬动不当,对骨折患者会造成神经损伤,严重时会发生瘫痪。

第五节 高温天气的应对与安全教育

中国气象学上,气温在35℃以上时可称为"高温天气",如果连续几天最高气温都超过35℃时,即可称作"高温热浪"天气。

一般来说,高温通常有两种情况,一种是气温高而湿度小的干热性高温;另一种是气温高、湿度大的闷热性高温,称为"桑拿天"。

一、中央气象台高温预警发布标准

(一)高温黄色预警

标准:连续3天日最高气温将在35℃以上。

(二)高温橙色预警

标准:24小时内最高气温将升至37℃以上。

(三)高温红色预警

标准:24小时内最高气温将升至40℃以上。

二、高温天气频发原因

近年来,中国频发极端天气。各地不断发布高温预警,可以说极端气候的出现越来越频繁。那么究竟是什么原因导致极端高温天气的频发呢?

(1)副热带高压持续稳定,强大的副高稳定在中国大陆上空,导致我国的冷空气的路径偏北,强度偏弱的冷空气更难以驱动副高减弱和东移。

(2)赤道辐合带不活跃,台风活动少,台风对副高的影响也小,台风登陆的时间也偏晚。

(3)副高本身的振荡周期的变化,准双周期振荡中的减弱相位不明显。

三、高温天气对人体的损害及导致的疾病

(一)高温天气对人体的损害

1. 人体水盐代谢失衡

在炎热的季节,正常人每天出汗量为1升,而在高温下,排汗量会大大增加,达到3~

8升。由于汗的主要成分为水,并含有一定量的无机盐,所以大量出汗对人体的水盐代谢产生显著的影响。

2. 消化系统紊乱

高温下,体内血液重新分配,皮肤血管扩张,腹腔内脏血管收缩,引起消化道贫血,消化液分泌减少,使游离盐酸、蛋白酶、淀粉酶、胆汁酸的分泌量减少,胃肠消化机能相应的减退。

3. 破坏人体循环系统

高温条件下,由于大量出汗,血液浓缩,同时高温使血管扩张,末梢血液循环的增加,肌肉的血流量也增加,这些因素都可使心跳过速,而每搏输出量减少,加重心脏负担,血压也有所改变。

4. 影响人体神经系统

在高温和热辐射作用下,大脑皮层调节中枢的兴奋性增加,由于负诱导,使中枢神经系统运动功能受抑制,肌肉工作能力、动作的准确性、协调性、反应速度及注意力均降低,易发生工伤事故。

(二)高温天气导致的疾病及防治方法

高温伤害在不同人群身上有不同表现,如热抽筋和热昏厥,发展下去可能出现热衰竭、热射病,甚至导致死亡。

1. 中暑

中暑是人体在高温和热辐射的长时间作用下,机体体温调节出现障碍,水、电解质代谢紊乱及神经系统功能损害症状的总称,是热平衡机能紊乱而引发的一种急症。

(1)夏日出门记得要备好防晒用具,最好不要在10时至16时外出,因为这个时间段的阳光照射最强烈,发生中暑的可能性是平时的10倍。如果此时必须外出,一定要做好防护工作,如打遮阳伞、戴遮阳帽、戴太阳镜,有条件的最好涂抹防晒霜。

(2)在炎热的夏季,防暑降温药品,如十滴水、仁丹、风油精等一定要备在身边,以防应急之用。

(3)外出时的衣服尽量选用棉、麻、丝类的织物,应少穿化纤品类服装,以免大量出汗时不能及时散热,引起中暑。

(4)在高温季节要尽可能地减少外出活动。

(5)不要等口渴了才喝水,因为口渴表示身体已经缺水了。最理想的是根据气温的高低,每天喝1.5~2升水。出汗较多时可适当补充一些盐水,弥补人体因出汗而失去的盐分。夏季人体容易缺钾,使人感到倦怠疲乏,含钾茶水是极好的消暑饮品。另外,乳制品既能补水,又能满足身体的营养之需。

(6)夏天的时令蔬菜,如生菜、黄瓜、西红柿等的含水量较高;新鲜水果,如桃子、杏、西瓜、甜瓜等水分含量为80%~90%,都可以用来补充水分。

(7)夏天日长夜短,气温高,人体新陈代谢旺盛,消耗也大,容易感到疲劳。充足的睡眠,可使大脑和身体各系统都得到放松,既利于工作和学习,也是预防中暑的措施。睡眠时注意不要躺在空调的出风口和电风扇下,以免患上空调病和热伤风。

2. 晒伤

炎热的夏天,毒辣的太阳,常常导致皮肤受到各种伤害,晒伤后处理不当,会对皮肤造成严重的伤害,紫外线对肌肤的伤害绝不仅仅是晒黑和留下晒斑那么简单,它还会使肌肤变得敏感、出现幼纹、过早衰老等问题。所以说皮肤晒伤后的修复也是非常重要的,太阳晒伤后皮肤的修复方法有以下几种。

(1) 敷晒后修复面膜。皮肤晒伤后,可以敷一些晒后的修复面膜,这样可以缓解皮肤的疼痛和伤害,起到修复皮肤的作用。

(2) 西瓜皮敷面修复。如果是轻微的皮肤晒伤,可以选择用西瓜皮白的那一层来敷面。西瓜皮中含有丰富的维生素 A、维生素 B 和维生素 C,这些全部是保持肌肤健康和润泽所必需的养分。西瓜皮本身水分充足,跟黄瓜一样,符合水果面膜的基本要求,因此西瓜皮美容面膜敷脸可以让皮肤变得更加动人。

(3) 冰敷法修复。皮肤晒伤后赶紧回到室内,使用冰水敷在晒伤部位 15 分钟左右,最好是不断交替敷面,直至皮肤感到冰凉恢复原来的颜色和温度为止,这样可以起到快速修复的作用。

(4) 黄瓜面膜修复。将新鲜黄瓜切成薄片,浸入牛奶,放入冰箱冻一会儿,再贴于脸上,可以起到消炎、镇定、减轻晒伤的作用。

(5) 牛奶敷面法修复。用冰牛奶敷在晒伤的部位,可以迅速缓解晒后的灼热和疼痛,过一段时间用凉水冲掉,再涂抹晒后修复凝露。

(6) 薰衣草精油敷面修复。先把薰衣草香薰油及底油混合在一起,早晚各一次将之涂在受伤的皮肤上。可以舒缓晒伤的疼痛,加速皮肤的康复,还可以滋润皮肤。

小贴士

预防皮肤晒伤注意事项

皮肤晒伤后不仅要及时修复受损的皮肤,同时也需要注意一下生活习惯,首先要调节饮食习惯,尽量少吃油腻和辛辣的食物,清淡饮食,还要注意每天多喝水,最好是保证每天 8 杯水,补充体内的水分,促进皮肤的新陈代谢。

3. 热抽筋

气温太高时,室外运动激烈,肌肉抽筋的例子并不少见。这跟出汗太多导致低钠血症有关。特别是小腿肌肉神经比身体其他部位的肌肉敏感,更容易抽筋。

遇到这种情况应马上补水,有条件的喝运动饮料,或是喝点盐水,及早纠正身体因流汗过多、电解质紊乱造成的问题。另外,抽筋的部位适当按摩,稍作休息,基本都可缓解。如有头晕、恶心、全身不适等中暑症状,且持续加重,应及早到医院看病。

4. 热昏厥

一旦发生热昏厥,应马上将患者移到阴凉处平躺。若患者意识清醒,可喂服温盐水。绝大多数患者在阴凉处休息、补水后可恢复,但若头昏、乏力症状持续不缓解甚至加剧,应送医院进一步救治。

5. 热衰竭、热射病

热衰竭、热射病多发于在烈日暴晒下工作的人、老年人、儿童和慢性疾病患者,会有抽筋、昏厥的表现,还会出现严重口渴、恶心、呕吐、头晕眼花、全身无力,体温急剧升高到 40℃ 以上,甚至血压下降、休克或昏迷等症状。如果抢救不及时，短时间内可出现生命危险。

老人和小孩在不通风的闷热环境中，身体的耐受度低，若通风降温不及时，更易受热伤害，出现抽筋、昏厥等症状，有心脑血管病的老年人还可能出现热中风、脑梗等并发症，应引起警惕。

四、防暑降温方法

在炎热的夏天，中暑警报响彻各地。从暑热中觅得一丝清凉，不能仅仅依靠躲进空调房里，还需要身体从内而外地排出暑热，寻找多种绿色降暑防暑的方法。

（一）物理祛暑

（1）温水冲澡。睡前可用稍低于体温的温水冲澡或沐浴。

（2）使用冰袋。可重复使用的冰袋是很好的降低皮肤温度的工具，里面预充的液体可降温。

（3）选好枕具。新型液体汽化冷却降温枕头，可以提供一个清凉的夜晚。

（4）按摩天柱穴。将大拇指贴住天柱穴（在颈肌外侧缘入发际处），把小指和食指贴在眼尾附近，然后头部慢慢歪斜，利用头部的重量，压迫拇指，按摩天柱穴。这样不但能预防中暑，还能改善头晕、耳鸣等中暑症状。

（5）凉水冲手腕。每隔几小时用自来水冲手腕 5 秒，因为手腕是动脉流经的地方，这样可降低血液温度。

（二）饮品降温

（1）山楂汤。山楂片 100 克、酸梅 50 克加 3.5 千克水煮烂，放入白菊花 100 克烧开后捞出，然后放入适量白糖，晾凉饮用。

（2）冰镇西瓜露。西瓜去皮、去子，瓜瓤切丁，连汁倒入盆内冰镇。然后用适量冰糖、白糖加水煮开，撇去浮沫，置于冰箱冷藏。食用时将西瓜丁倒入冰镇糖水中即可。

（3）绿豆酸梅汤。绿豆 150 克、酸梅 100 克加水煮烂，加适量白糖，晾凉饮用。

（4）金银花（或菊花）汤。金银花（或菊花）30 克，加适量白糖，开水冲泡，凉后即饮。

（5）西瓜翠衣汤。西瓜洗净后切下薄绿皮，加水煎煮 30 分钟，去渣加糖，凉后饮用。

（6）椰汁银耳羹。银耳 30 克洗净发开，与椰汁 125 克、冰糖及适量水，煮沸即成。

（三）药品治暑

（1）仁丹，能清暑祛湿。主治中暑受热引起的头昏脑涨、胸中郁闷、腹痛腹泻。

（2）十滴水，能清暑散寒。适于中暑所致的头昏、恶心呕吐、胸闷腹泻等症。

（3）藿香正气水，能清暑解表。适于暑天因受寒所致的头昏、腹痛、呕吐、腹泻等症状。

（4）清凉油，能清暑解毒。可治疗暑热引起的头昏头痛，或因贪凉引起的腹泻。

（5）无极丹，能清热祛暑、镇静止吐。

（6）避瘟散，为防暑解热良药，能祛暑化浊、芳香开窍、止痛。

（四）生活防暑

1. 多喝粥助消暑

夏天脾胃虚弱，饮食量应该比冬天少一些，食量大的人可采取少食多餐的方式，减轻肠胃负担。清淡、水分高又富含维生素的菜粥是很好的选择。

2. 吃饭前来点汤

汤类含有大量的水分和钠、钾、镁等有机盐。在进餐前先喝点热汤,能够解除因饮水中枢兴奋而引起的摄食中枢的抑制,有助于促进食欲,如冬瓜汤、萝卜汤、西红柿汤。

五、高温天气的避暑常识

(一)避免伤身的行为

夏季天气炎热,是生活中的特殊时期,人往往不能很快适应,要想使身体不受到伤害,需要注意以下六种忌讳。

1. 忌贪凉而卧

夏季,一些人喜好晚间席地而睡,也有的人在室内睡觉时,两边门窗全部打开,吹"穿堂风"。凉风吹拂身体,当时觉得舒服痛快,也容易睡着,但醒后却常常感到不适,全身肌肉发紧,关节酸痛,精神倦怠,甚至会出现腹痛、腹泻等症状。

2. 忌坐着午睡

人们熟睡后,心率会变慢,血管也会扩张,流经各种脏器的血液速度相对减慢。若坐着睡觉,流入大脑的血液就会减少。特别是在午饭后,较多的血液进入胃肠系统以促进消化,加之坐睡时弯着腰,两腿蜷缩着,呼吸沉闷,这便加重了脑组织的血液不足。长期坐着午睡,会对身心健康造成不可估量的危害。

3. 忌坐在木头上

俗话说:冬不坐石,夏不坐木。夏天的气温高、湿度大,木头,尤其是久置露天的木椅凳等,风吹雨淋后含水分较多,表面看上去是干的,可太阳一晒,它便向外散发热烘烘的潮气,如在其上坐久,对身体有害,会诱发痔疮、皮肤疾病、风湿和关节炎等。

4. 忌凉水冲脚

脚部是血管分支的末梢部位,脂肪层较薄,保温性差,脚底皮肤温度是全身中最低的,极易受凉。如果夏天经常用凉水冲脚,使脚进一步受凉遇寒,就会通过血管传导而引起周身发生一系列的复杂病理反应,最终引发各种疾病。

5. 忌贪食冷饮

有些人在夏天喜欢大量吃冷食冷饮,甚至是冰过的食物、饮料。这些东西吃起来虽然凉爽可口,但其不仅会影响食欲,不利于消化,还会因过度刺激胃肠道黏膜而引起局部血管收缩,导致消化道缺血、缺氧,发生胃肠功能紊乱。

6. 忌贪吹风扇

炎热的夏日,可以适当吹电风扇纳凉,但吹得时间过长,会把皮肤吹得冰凉,导致体内水分大量耗损,次日醒来,头昏脑涨,精神萎靡,食欲不振。有时还可因鼻腔过于干燥而发生鼻出血或者引发感冒,甚至引起支气管炎、肺炎、肠胃炎等症。

面对高温天气,如何做到养生不伤身,就是下文要探讨的问题。

(二)高温天气保健方法

1. 多喝水

每天要喝七八杯白开水,可以在水中加入适量蜂蜜。夏天人的体能消耗特别快,蜂蜜可以快速补充人体所需的能量。水是人体不可缺少的重要组成部分,器官、肌肉、血液、头发、骨骼、牙齿都含有水分,夏季失水会比较多,若不及时补水就会严重影响健康,使皮肤干燥,皱纹增多,加速人体衰老,如蜂蜜水、矿泉水、冷茶、牛奶、苹果汁都是理想的解渴饮料。

2. 补钾

暑天出汗多,随汗液流失的钾离子也比较多,由此造成的低血钾现象,会引起人体倦怠无力、头昏头痛、食欲不振等症候。热天防止缺钾最有效的方法是多吃含钾食物,新鲜蔬菜和水果中含有较多的钾,可多吃些草莓、杏子、荔枝、桃子、李子等;蔬菜中的大葱、芹菜、毛豆等也富含钾。

茶叶中也含有较多的钾,热天多饮茶,既可消暑,又能补钾,可谓一举两得。

3. 补充盐分和维生素

人体夏季大量排汗,氯化钠损失比较多,故应在补充水分的同时,注意补充盐分。每天可饮用一些盐开水,以保持体内酸碱平衡和渗透压相对稳定。

营养学家还建议,高温季节最好每人每天能补充维生素 B1、维生素 B2 各 2 毫克,钙 1 克,这样可减少体内糖类和组织蛋白的消耗,有益于人体健康。故在夏日应多吃一些富含上述营养成分的食物,如西瓜、黄瓜、番茄、豆类及其制品、动物肝脏、虾皮等,亦可饮用一些水果汁。

4. 穿浅色衣服

深色衣服会吸收阳光,使人体温升高燥热;同时蚊子有趋暗的习性,深色容易吸引蚊子,特别是黑色。

5. 注意皮肤瘙痒

夏季出游,因日晒而导致皮肤瘙痒、干疼时,可涂少量氟轻松等软膏,不要用热水烫洗,也不宜用碱性大的肥皂清洗,以免刺激皮肤,加重症状。

六、高温天气易发的学校安全事故

溺亡和食物中毒是高温天气易发的学校安全事故。

(一) 游泳的注意事项

(1) 游泳前应做全身运动,充分活动关节,放松肌肉,以免下水后发生抽筋、扭伤等事故。如果发生抽筋,要镇静,不要慌乱,边呼喊边自救。常见的是小腿抽筋,这时应做仰泳姿势,用手扳住脚趾,小腿用力前蹬,奋力向浅水区或岸边靠近。

(2) 游泳时间不宜过长,20 分钟到 30 分钟应上岸休息一会,每次游泳时间不应超过 2 小时。不宜在太凉的水中游泳,如感觉水温与体温相差较大,应慢慢入水,渐渐适应,并尽量减少次数,减低冷水对身体的刺激。

(3) 游泳应在有安全保障的游泳区内进行,严禁在非游泳区内游泳。在露天游泳时遇到暴雨是很危险的,因此应立刻上岸,到安全的地方躲避风雨。

(4) 参加游泳的人必须身体健康,患有下列疾病的人不可游泳:心脏病、高血压、肺结核、肝炎、疟疾、严重关节炎等。月经期间不能游泳,患红眼病和中耳炎的人也不能游泳。

(二) 自救、互救与救护方法

1. 自救法

(1) 不会游泳者,落水后首先不要心慌意乱,一定要保持头脑清醒。可边呼救边采取仰卧位,头部向后,使鼻部可露出水面呼吸。呼气要浅,吸气要深。切记不要将手臂上举乱扑动,因为这样反而会使身体下沉更快。

(2) 会游泳者,一般是因小腿腓肠肌痉挛而致溺水。如果发生小腿抽筋,应平心静气,自己将身体抱成一团,浮上水面。同时深吸一口气,用手将抽筋的腿的脚趾向背侧弯曲,并持续用力,直到剧痛消失,抽筋自然也就停止。一次发作之后,同一部位可以再次抽筋,所以对疼痛处要充分按摩,慢慢向岸上游去,上岸后最好再按摩和热敷患处。如果手腕肌肉抽筋,自己可将手指上下屈伸,并采取仰面位,以两脚游泳。

2. 互救法

看到同伴溺水,救护者应镇静,尽可能脱去衣裤,尤其要脱去鞋靴,迅速游到溺水者附近,观察清楚位置,从其后方出手救援。对筋疲力尽的溺水者,救护者可从头部接近。对神志清醒的溺水者,救护者应从背后接近,用一只手从背后抱住溺水者的头颈,另一只手抓住溺水者的手臂游向岸边。

3. 救护法

救护法主要是指救出水面后如何进行控水处理和尽快恢复溺者的呼吸。

(1) 将溺者抬出水面后,应立即清除其口、鼻腔内的水、泥及污物,用纱布(手帕)裹着手指将溺者舌头拉出口外,解开衣扣、领口,以保持呼吸道通畅,然后抱起溺者的腰腹部,使其背朝上、头下垂进行倒水。或者抱起溺者双腿,将其腹部放在急救者肩上,快步奔跑使积水倒出。或急救者取半跪位,将溺者的腹部放在急救者腿上,使其头部下垂,并用手平压背部进行倒水。

(2) 如果溺水者呼吸心跳未停止,则应立即进行口对口人工呼吸,同时进行胸外心脏按压。一般以口对口吹气为最佳。急救者位于伤员一侧,托起伤员下颌,捏住伤员鼻孔,深吸一口气后,往伤员嘴里缓缓吹气,待其胸廓稍有抬起时,放松其鼻孔,并用一手压其胸部以助呼气。反复并有节律地(每分钟吹 16~20 次)进行,直至恢复呼吸为止。

(3) 如溺者心跳已停止,则应先进行胸外心脏按压。让伤员仰卧,背部垫一块硬板,头低稍后仰,急救者位于伤员一侧,面对伤员,右手掌平放在其胸骨下段,左手放在右手背上,借急救者身体重量缓缓用力,不能用力太猛,以防骨折,将胸骨压下 4 厘米左右,然后松手腕(手不离开胸骨)使胸骨复原,反复有节律地(每分钟压 60~80 次)进行,直到心跳恢复为止。

作为救护者一定要记住,对所有溺水休克者,不管情况如何,都必须从发现开始持续进行心肺复苏抢救。

(三)预防食物中毒

(1) 在购买和挑选食品时,选择新鲜、无变质的食品,严把食品的采购关。禁止采购腐败变质、油脂酸败、霉变、生虫、污秽不洁、混有异物或者其他感官性状异常的食品,以及未经动物卫生检验或者检验不合格的肉类及其制品(包括病死牲畜肉)。

(2) 食物在食用前应充分清洗和浸泡。

(3) 挑选海鲜及水产品,最好选食鲜活产品。

(4) 做凉拌菜一定要洗净消毒,最好不要吃隔顿凉拌菜。加工食品的工具、容器等要做到生熟分开。

(5) 冰箱里存放的食物应尽快吃完,冷冻食品进食前要加热。

(6) 有些细菌产生的毒素不怕高温，剩饭、剩菜经加热后仍有引起食物中毒的危险，常温下保存时间最好不超过2小时。

(7) 坚持锻炼，提高机体抵抗疾病的能力。从业人员必须进行健康检查。

(8) 消灭苍蝇、蟑螂、老鼠、蚂蚁等细菌的传播媒介。注意食品的贮藏卫生，防止尘土、昆虫、鼠类等动物及其他不洁物污染食品。

七、学校预防措施

（一）加强防中暑常识教育

通过主题班会、校园网、校园广播等形式让学生了解中暑常识，教育学生多喝水、多吃蔬菜、水果。一旦出现头昏、胸闷、四肢无力、恶心等中暑症状，立即采取相应措施。备好必要药品，如仁丹、藿香正气水等防中暑药品，以便及时缓解轻度中暑引起的各种症状。

（二）减少室外活动量

调整上课时间，避免高温时段开展集体户外活动，避免学生在日光照射强烈的时段进行户外活动。如果遇到高温天气，学校可适时调整上课时间或短时停课。

（三）落实降温防暑日常措施

(1) 开放所有学生活动场所（教室、实验室、自习室、资料室、图书馆等）的空调等制冷设备，并延长关闭时间。

(2) 后勤集团各食堂要配置高温期间合适可口的饭菜，严格保证食品安全和卫生。高温期间，各食堂要免费提供酸梅汤、绿豆汤等防暑降温的消暑饮料。

(3) 后勤集团要做好学生宿舍风扇等降温设施的检查维修、更换工作，确保所有设备能正常使用。

(4) 校医院要做好防暑保健工作。切实做好因高温气候可能引发的各种疾病的预防，配备足够的防暑降温药品，防止师生因高温中暑而发生意外。

（四）做好心理疏导

持续的酷热天气会影响人的神经中枢，出现心烦意乱、头脑迷糊、情绪低落等症状。学校在高温期间除采取防暑降温措施外，还要重点加强学生作息时间管理，班级纪律管理，让学生保持平和的心态安全度暑。

（五）严防事故发生

学校要切实做好各项安全隐患的排查和防范工作，保卫处、后勤集团、学生处要做好学生宿舍的防火防盗等安全防范工作。严防学生溺水事故。免费发放防溺水安全教育挂图和卡片，完善校内游泳池防护栏杆、警示标识等设施，通过告家长书、校讯通、QQ群、与家长签订责任书等渠道进一步强化学生安全教育工作。

案例

南北两极地区出现极端高温天气

2022年3月20日多名气象学家观测到南北两极地区均出现极端高温天气，部分地区气温超出往年同期平均水平三四十摄氏度。

正常情况下,南极洲现阶段气温会随着南半球由夏季转入秋季而逐渐下降。但南极洲多个考察站记录到创纪录高温。法国气象局气象学家艾蒂安·卡皮基安在社交媒体说,法国、意大利合建的康科迪亚南极考察站18日测得气温为零下11.5℃,创历史最高纪录。这一数字较往年同期平均水平高约40℃。

法国格勒诺布尔阿尔卑斯大学极地气象学家若纳唐·维勒在社交媒体说,康科迪亚考察站测得的温度比以往最高气温纪录高1.5℃,这是本不应该出现的高温。

美国威斯康星大学气象学家马修·拉扎拉观测到东南极洲冰穹C-ii地区的18日气温达零下10℃,而往年同期平均气温为零下43℃。拉扎拉说:"这个温度应该出现在1月,而非3月。那里1月是夏季。太夸张了。"

美国国家冰雪数据研究中心科学家沃尔特·迈耶说,北极部分地区3月中旬气温较往年同期平均水平高约30℃,有的地区气温甚至逼近或达到冰点,这极为罕见。

迈耶说,南北两极眼下季节相反,但同时出现极端高温天气,"绝对不寻常""相当惊人"。

拉扎拉和迈耶均认为,南极洲目前出现的高温天气也可能只是偶然。不过,一旦类似情况再次或反复发生,就可能令人担忧。

美国缅因大学研究人员说,基于美国国家海洋和大气管理局建立的天气模型,与1979—2000年同期平均水平相比,南极大陆3月18日气温整体高出约4.8℃,北极地区整体高出3.3℃,而全球整体高出0.6℃。

全球范围内,1979—2000年平均气温比20世纪平均水平高约0.3℃。

美国国家冰雪数据研究中心数据显示,南极洲海冰面积2月下旬减少至约190万平方千米,是1979年有相关记录以来首次跌破200万平方千米关口。另外,北极地区气候变暖速度是地球其他地区的二倍至三倍,大西洋上空的温暖空气正从格陵兰岛沿岸向北移动。

资料来源:http://gz.people.com.cn/n2/2021/0811/c401347-34862416.html,2022-03-19.

小贴士

对于高温天气,除气温外,人体对冷热的感觉还与空气湿度、风速、太阳热辐射等有关。在不同气象条件下,高温天气通常有干热型和闷热型两种类型。

气温很高、太阳辐射强而且空气湿度小的高温天气,被称为干热型高温,我国新疆、甘肃、宁夏、内蒙古、北京、天津、石家庄等地经常出现。应重点注意补充水分。

夏季水汽丰富,空气湿度大,在相对气温并不十分高时,人们仍感觉闷热,此类天气被称为闷热型高温。沿海及长江中下游、华南等地经常出现。应重点注意保持空气流通。

习题

1. 简述地震发生时的应对措施。
2. 简述雪灾发生时的应对措施。

3. 简述极端气候下的安全常识。
4. 简述学校防范强台风的措施。
5. 简述溺水后如何自救。

讨论题

一、讨论题 1

2019 年 7 月,欧洲各地出现了酷热的热浪和破纪录的高温,比利时的温度计达到了 41.8℃,英国达到了 38.7℃,卢森堡达到了 40.8℃。这迫使重新绘制的天气图首次将 40℃ 以上的温度包括在内。

2019 年春季以来澳大利亚雨水偏少,进入夏季以来更是极端高温天气连日出现,甚至连续超过 41℃ 的高温,这使从 9 月初就开始出现火灾不断蔓延,而且经过将近 4 个多月,不但没有扑灭,反而蔓延成全国性的大火。据《时代》周刊报道,新南威尔士州 30% 的森林已被烧毁。截至 2020 年 1 月 5 日,已有 23 人在山火中丧生。森林燃烧产生的有毒烟雾一度让悉尼和堪培拉成了世界上空气污染最严重的城市;雾霾甚至飘到了数千公里外的新西兰。

结合上述情况,谈谈极端高温天气,如何进行户外防护?

二、讨论题 2

9 岁的林浩,是汶川县映秀镇中心小学二年级的学生。地震发生的那一刻,班上正在上数学课。林浩刚跑到教学楼的走廊上,就被楼上跌下来的两名同学砸倒在地。"那个同学压在我背上,我怎么都动不了。

当时,垮下来的楼板下,有一个女同学在哭,我就告诉她,不要哭,我们一起唱歌吧,大家就开始唱歌,是老师教的《大中国》。唱完后,女同学就不哭了。后来,我使劲爬,使劲爬,终于爬出来了。"

逃出来的林浩并没有跑开,而是去救还压在里面的同学,"爬出来后,我看到一个男同学压在下面,我就爬过去,使劲扯,把他扯了出来,然后交给校长,校长又把他交给他妈妈背走了。后来,我又爬回去,把一个昏倒在走廊上的女同学背出来,交给了校长,她也被父母背走了。"

连续救了两名同学的林浩,再次跑进教学楼救人时,遇到垮塌的楼板,又被埋在了下面,"我使劲挣扎,后来,是老师把我拉出来的。"林浩所在的班级,共有 32 名学生,在地震中有 10 多人逃生。

结合林浩的亲身经历,讨论地震发生时要采取哪些正确的自救措施?

三、讨论题 3

1964 年 2 月,当时年仅 11 岁的龙梅和 9 岁的玉荣为保护集体羊群,在 -37℃ 的气温下与严寒和暴风雪斗争了整整一昼夜。暴风雪来的时候她们离家只有一两公里,完全可以安全回家。但羊群顺着风拼命逃窜,姐妹俩拦堵不住,只好跟着羊群奔跑,越跑越远。因极度疲乏,姐妹俩在冰天雪地里睡着了。

深夜,龙梅冻醒一看,羊群、妹妹都不见了。她爬起来,一路走一路喊,走了一两千米,才找到玉荣和羊群。姐妹俩跟着羊群继续前进。同风雪搏斗了一天一夜,走了 30 多千米,直到第二天才获救。

草原小姐妹的故事广为流传,请结合具体的时代环境,谈谈你的看法?

四、讨论题4

2012年7月21日凌晨1点左右,廊坊广阳区爱民道铁路桥下的公路立交通道中积水达到一米多深,一辆女士驾驶捷达轿车无视道口高处闪烁的警灯和马路当中民警禁行的手势直接向桥下闯去,顷刻之间,雨水淹过了车窗,汽车立即熄火。

就在司机惊慌失措之际,执勤交警飞奔而至,帮忙奋力打开车门,这才使女司机转危为安。请评价这位女士的做法。

五、讨论题5

在我国东南沿海地区,如果在野外旅游时听到气象台发出台风预报,该采取哪些措施躲避台风?

 微课:扩展阅读

北京:自然灾害综合风险普查将入户登记

北京市第一次全国自然灾害综合风险普查领导小组办公室发出提示,部分调查工作将采取普查员入户登记的方式,由普查员佩戴各区人民政府普查机构统一制发的证件入户开展工作。

为全面掌握我国自然灾害综合风险隐患情况,提升全社会抵御自然灾害的综合防范能力,国务院决定于2020—2022年开展第一次全国自然灾害综合风险普查。通过开展普查,客观认识自然灾害综合风险水平,为有效开展自然灾害防治工作,保障经济社会可持续发展提供权威的灾害风险信息和科学决策依据。普查涵盖与自然灾害相关的自然和人文地理要素。市民生活环境中可能存在的地震灾害、地质灾害、水旱灾害、气象灾害、森林火灾等自然灾害致灾因子,房屋、基础设施、公共服务系统等单体信息和区域性特征,重点企业抵御灾害能力,各级各类组织机构和家庭的综合减灾能力,均为普查对象。

工作人员将严格遵守《中华人民共和国统计法》的规定,对市民提供的信息予以保密。

资料来源:http://bj.people.com.cn/n2/2021/0927/c82840-34932979.html,2022-03-20.

第四章

大学生安全教育

CHAPTER 4

事故灾难类突发事件的应对

 **本章内容提要**

(1) 空难事故的应对知识。
(2) 铁路交通事故的应对知识。
(3) 大型活动安全事故的应对知识。
(4) 电梯事故的应对知识。

引导案例

有关东航坠机事故的回应

1. 正研究制定核心区域开挖方案

在2022年3月25日的"3·21"东航MU5735航空器飞行事故国家应急处置指挥部第五场新闻发布会上,民航局航空安全办公室主任表示,根据初步勘探结果,应急处置指挥部组织有关各方专业人员研究制定核心区域开挖方案,为下一步搜救工作提供指引,也为网格式摸排搜寻第二个"黑匣子"提供技术支撑。

2. 已组织375名旅客家属到事故现场吊唁

根据初步勘探结果,应急处置指挥部组织有关各方表示,本着尊重生命、尊重家属诉求的原则,截至2022年3月25日10时,应急处置指挥部已有序组织安排375名失联旅客家属到事故现场吊唁,并妥善做好遗体遗骸遗物的接收、转运、存放与保管等工作;有序开展失联旅客直系血亲DNA采样和心理辅导,已累计为家属开展心理辅导500余人次;对有身体不适症状的家属及时安排就医检查,并落实医护人员24小时待命。

3. 失事航班搜索范围扩大到近20万平方米

广西梧州市副市长、公安局局长在"3·21"东航MU5735航空器飞行事故国家应急处置指挥部第五场新闻发布会上表示,2022年3月25日,当地共组织调集救援力量2 248人,各类车辆装备180余台(套)投入搜救。进一步扩大搜索范围,争分夺秒开展搜救。除了继续在原有核心区域开展搜救外,目前已将搜索范围扩大到近20万平方米。

4. 工作组全面开展遇难者身份鉴定和DNA检测比对工作

在公安部专家团队现场统一指挥下,公安部、自治区、市、县四级公安机关共236名专家和刑事技术人员组成34个工作组,全面开展生物特征、痕迹物证勘查勘验,遇难者身份鉴定和DNA检测比对工作。经过对中心现场的勘查,以及三轮面上搜寻,截至2022年

3月25日15时,发现部分遗体残骸,发现、提取现场指纹检材18份、遗物101件。

5. 2 000余名工作人员开展救援和善后工作

事故发生后,当地第一时间启动应急响应机制,全力保障各项工作有序进行,紧急抽调2 000余名工作人员,协助开展搜寻救援、后勤保障和事故善后工作。

6. 机组没有挂出任何紧急代码

在2022年3月25日的"3·21"东航MU5735航空器飞行事故国家应急处置指挥部第五场新闻发布会上,东航集团宣传部部长表示,航班失联前,通信一直是正常的。也就是说,机组没有挂出任何紧急代码。

7. 黑匣子数据下载和分析工作目前还不能确定时间

在2022年3月25日的"3·21"东航MU5735航空器飞行事故国家应急处置指挥部第五场新闻发布会上,民航局事故调查中心主任表示,飞行数据记录器(俗称黑匣子)数据存储芯片受损,通常按照记录器生产厂家的建议需将存储芯片返回记录器生产厂家进行芯片修复处理。民航局的专业实验室自接到记录器至此,一直都在紧张地开展修复和数据下载工作,何时能够完成下载并开展对数据的分析工作,目前还不能有一个确定的时间。

8. 当地群众在农田中发现疑似飞机残骸碎片

从事发第一天开始,在来自多地的消防、武警、公安、民兵等力量迅速集结到事发地点的同时,附近的村民也自发行动起来,通过多种方式协助救援。为保障前线救援人员的物资供应,坠机地点藤县埌南镇莫埌村的村民自发组织摩托车运输队,协助将物资从临时救援指挥部运至核心现场外围。藤州镇四旺村鸦塘组群众在农田中发现一块长度约1.3米、宽约10厘米的疑似飞机残骸碎片,及时主动上报。

9. 核心区发现飞机发动机齿轮箱和主起落架

2022年3月25日,在现场核心区发现了失事飞机的发动机齿轮箱和飞机主起落架残件,正在确认该主起落架是左侧的还是右侧的。

10. 30天内将向国际民航组织递交中英文初步调查报告

根据《国际民用航空公约》,也就是《芝加哥公约》附件13《航空器事故和事故征候调查》的有关标准,初步报告应当在事发之日起30日内发送给有关国家和国际民航组织,应以国际民航组织工作语言发送,中文、英文都是ICAO的工作语言。中国民用航空规章《民用航空器事件调查规定》规定,民航局应当在事故发生后30日内向国际民航组织递交初步调查报告。调查组将遵照上述国内规章和国际公约的要求开展事故调查工作。

11. 旅客名单属于受法律保护的隐私信息

所有航班的旅客名单都属于受法律保护的隐私信息,不属于主动公开的范畴。目前,东航已经向调查组提供了完整的旅客名单,并在事发后24小时内与所有旅客的家属取得联系。

资料来源:http://society.people.com.cn/n1/2022/0325/c1008-32384611.html,2022-03-22.

事故灾难类突发事件主要包括:工矿商贸等企业的各类安全事故、交通运输事故、公共设施和设备事故、环境污染和生态破坏事件等。近年来,我国安全生产形势严峻,煤矿、交通等特大事故频繁发生,给人民群众生命财产造成严重损失。

第一节　空难事故的应对与安全教育

航空运输是指使用飞机、直升机及其他航空器运送人员、货物、邮件的一种运输方式。具有快速、机动的特点,是现代旅客运输,尤其是远程旅客运输的重要方式。

航空交通事故是指发生在航空运输期间或在旅客上、下民用航空器过程中,造成旅客人身伤亡、行李和托运货物损失的事故;或因飞行中的民用航空器及其落下的人或物造成地面(含水面)上的人身伤亡或财产损失的事件。

一、机场紧急事件的分类及应急救援

民用运输机场突发事件(以下简称突发事件)是指在机场及其邻近区域内,航空器或者机场设施发生或者可能发生的严重损坏以及其他导致或者可能导致人员伤亡和财产严重损失的情况。机场紧急事件包括航空器紧急事件和非航空器紧急事件。

1. 航空器紧急事件
(1) 航空器失事。
(2) 航空器空中故障。
(3) 航空器受到非法干扰,包括劫持、爆炸物威胁。
(4) 航空器与航空器相撞。
(5) 航空器与障碍物相撞。
(6) 涉及航空器的其他紧急事件。

2. 航空器紧急事件的应急救援等级
(1) 紧急出动。已发生航空器坠毁、爆炸、起火、严重损坏等紧急事件,各救援单位应当按指令立即出动,以最快速度赶赴事故现场。
(2) 集结待命。航空器在空中发生故障,随时有可能发生航空器坠毁、爆炸、起火、严重损坏,或者航空器受到非法干扰等紧急事件,各救援单位应当按指令在指定地点集结。
(3) 原地待命。航空器空中发生故障等紧急事件,其故障对航空器安全着陆可能造成困难,各救援单位应当做好紧急出动的准备。

3. 非航空器紧急事件
(1) 对机场设施的爆炸物威胁。
(2) 建筑物失火。
(3) 危险物品污染。
(4) 自然灾害。
(5) 医学紧急情况。
(6) 不涉及航空器的其他紧急事件。

非航空器的紧急事件应急救援不分等级。

二、民用航空器飞行事故应急响应

(一) 民用航空器飞行事故适用范围

(1) 民用航空器特别重大飞行事故。

(2) 民用航空器执行专机任务发生飞行事故。

(3) 民用航空器飞行事故死亡人员中有国际、国内重要旅客。

(4) 军用航空器与民用航空器发生空中相撞。

(5) 外国民用航空器在中华人民共和国境内发生飞行事故,并造成人员死亡。

(6) 由中国运营使用的民用航空器在中华人民共和国境外发生飞行事故,并造成人员死亡。

(7) 民用航空器发生爆炸、空中解体、坠机等,造成重要地面设施巨大损失,并对设施使用、环境保护、公众安全、社会稳定等造成巨大影响。

(二) 民用航空器飞行事故应急响应

按民用航空器飞行事故的可控性、严重程度和影响范围,应急响应分为四个等级。

1. Ⅰ级应急响应

发生适用范围内的民用航空器飞行事故为Ⅰ级应急响应。

发生Ⅰ级应急响应事件时,启动《国家处置民用航空器飞行事故应急预案》和国务院相关部门、省级人民政府应急预案。

2. Ⅱ级应急响应

凡属下列情况之一者为Ⅱ级应急响应:民用航空器发生重大飞行事故;民用航空器在运行过程中发生严重的不正常紧急事件,可能导致重大以上飞行事故发生,或可能对重要地面设施、环境保护、公众安全、社会稳定等造成重大影响或损失。

发生Ⅱ级应急响应事件时,启动国务院民用航空主管部门应急预案和相关省级人民政府应急预案。

3. Ⅲ级应急响应

凡属下列情况之一者为Ⅲ级应急响应:民用航空器发生较大飞行事故;民用航空器在运行过程中发生严重的不正常紧急事件,可能导致较大以上飞行事故发生,或可能对地面设施、环境保护、公众安全、社会稳定等造成较大影响或损失。

发生Ⅲ级应急响应事件时,启动民用航空地区管理机构应急预案和相关市(地)级人民政府应急预案。

4. Ⅳ级应急响应

凡属下列情况之一者为Ⅳ级应急响应:民用航空器发生一般飞行事故;民用航空器在运行过程中发生严重的不正常紧急事件,可能导致一般以上飞行事故发生,或可能对地面设施、环境保护、公众安全、社会稳定等造成一定影响或损失。

发生Ⅳ级应急响应事件时,启动民用运输机场应急预案、民用航空相关企事业单位应急预案、民用航空地方安全监察办公室应急预案和相关市(地)级人民政府应急预案。

启动本级应急预案时,本级应急指挥机构应向上一级应急指挥机构报告,必要时申请启动上一级应急预案。

(三) 应急响应程序

启动《国家处置民用航空器飞行事故应急预案》后,国家处置飞行事故指挥部办公室按下列程序和内容响应。

(1) 开通与国务院相关部门、事故发生地省级应急指挥机构、事故现场应急指挥部、事故发生地所属民用航空地区管理机构应急指挥机构、民用航空器搜救中心等的通信联系,收集相关信息,随时掌握事故进展情况。

(2) 及时报告民用航空器飞行事故基本情况和应急救援的进展情况。

(3) 视情况通知有关成员组成国家处置飞行事故指挥部。

(4) 通知相关应急机构随时待命,为地方应急指挥机构提供技术建议,协调事故现场应急指挥部提出的支援请求。

(5) 组织有关人员、专家赶赴现场参加、指导现场应急救援。

(6) 召集专家咨询组成员,提出应急救援方案建议。

(7) 协调落实其他有关事项。

相关部门应急指挥机构接到飞行事故信息后,按下列程序和内容响应。

(1) 启动并实施本部门应急预案,并向国家处置飞行事故指挥部报告。

(2) 协调组织应急救援力量开展应急救援工作。

(3) 需要其他部门应急力量支援时,向国家处置飞行事故指挥部提出请求。

省级人民政府应急指挥机构接到飞行事故信息后,按下列程序和内容响应。

(1) 启动并实施省级及相关市(地)应急预案,及时向国家处置飞行事故指挥部报告。

(2) 组织应急救援力量开展先期现场应急救援工作。

(3) 需要其他应急力量支援时,向国家处置飞行事故指挥部提出请求。

三、自救方法

乘坐飞机对现代人来说已是越来越平常的事情,但由于飞行在天空这块人无法掌控的区域,人们潜意识中不免认为飞机是一种很危险的交通工具。

事实如何呢?据国际民航的统计,飞机失事概率远小于其他交通工具,坐飞机比坐火车、汽车等更安全。但飞机失事常在瞬间,如果在高空,除非能顺利迫降,否则一旦坠毁往往同时引发爆炸,旅客生还的概率极小。从这个层面上来说,空难的后果又是最严重的。但不少对逃生常识一知半解的旅客怀有侥幸心理,对起飞前空姐的演示和机上的逃生手册视而不见,一些惯坐飞机的旅客对逃生设备的使用方法也不熟。

(一) 乘机前的准备工作

能否在飞机失事的瞬间逃生,不仅仅取决于临场反应够不够快。几个未雨绸缪的措施能提高乘客的生还概率。

(1) 不要与同伴分开。一家三口乘机旅行时,如果分开坐,一旦发生空难,彼此的第一反应可能是寻找同伴,这无疑减少了有限的逃生时间。如果不得已分开坐了,记得告诫孩子不要在原地等着父母来救,要积极逃生。

(2) 认真听乘务员讲解,熟读安全手册。旅客往往认为每架飞机上的讲解都一样,没必要细听,但事实上不同机型的逃生口都不一样。

(3) 数一数距离逃生口有多少排座位。旅客很难做到每次买机票时都特意买哪个具体的座位,因此要数数自己的座位和最近的两个逃生口之间隔着多少排,以便能在一片黑暗和烟雾中迅速摸着椅背到达出口。

还有一些准备工作是在上飞机前就能做的,例如,尽量选择信用记录良好的大型客机,小飞机的安全系数一般比不上大飞机;选择直飞航班以减少起飞和降落的次数,因为从概率上来说,飞机失事基本是发生在这两个阶段;能穿长袖就别穿T恤,一旦起火,长衣可以提供更多的保护,选择鞋子和裤子也应如此。

(二)正确使用安全带

民航客机旅客座椅上,摆放着两条交叉的宽带子,这就是安全带。首次乘坐飞机的旅客,需要尽快掌握其使用方法。

进入客舱坐在旅客座椅上以后,用两手从两边拿起安全带,将没有金属扣件的一端,顺沟槽和孔穿过金属扣件,就像平时系皮带一样。一只手按住金属扣件,一只手拉住织带,直到拉紧为止,不要留下间隙,可以动动上身和臀部,使其紧靠椅背,拉好安全带,使其系紧。

从感觉上来说,系上时既不可勒得太紧,也不宜太松。旅客还应立刻学会麻利地解开安全带。解开时,让腹部有些收缩,用一只手拿牢释放装置,另一只手推动释放扣,安全带就立刻松开了。

(三)事故瞬间反应要快

乘客首先要做到第一时间跳出大脑空白状态,冷静地做出选择。

如果飞机正在紧急迫降,要按乘务员的指示采取防冲击姿势:小腿向后收,头部前倾尽量贴近膝盖。这个姿势可以降低旅客被撞昏或者脊椎受伤的风险。有婴儿的父母不要把婴儿抱在怀中,因为婴儿可能在冲击下被抛离;且坠机时父母往往身体前倾,压住孩子。

飞机成功迫降后,旅客要立刻解开安全带,尽快离开飞机。如果有空乘人员组织疏散,一定要听从安排,一股脑儿地涌向出口极有可能堵死求生通道。

在利用紧急滑梯撤离的情况下,最好的准备就是熟悉安全出口的位置,按照机组人员的指令,穿上有利于滑行的衣服,准备撤离。高跟鞋可能会使旅客在滑行过程中受伤,因此在离开座位前,要把它们脱下来。如果需要使用氧气罩,要确保氧气罩已戴好。

成功离开飞机后,不要留在飞机附近。飞机即使不爆炸,也会因为燃烧产生有毒气体,旅客应迅速移动到飞机残骸的上风口。

(四)飞机坠落后火场逃生方法

飞机坠落后经常会起火。现代客机的机翼内,都装载着大量燃油,如果飞机坠毁时机翼断裂,那么大量的燃油就会流出。许多东西在碰撞时都有可能成为火种,点燃这些燃油,因此飞机坠落后起火是常事。紧急迫降如果比较成功,就会避免发生起火。

(1)对乘客来说,最重要的是要知道最近的紧急出口的位置,乘客在登机以后应该数一数自己的座位与出口之间隔着几排。这样,如果机舱内充满了烟雾,乘客仍然可以摸着椅背找到出口。

(2)在着陆时做好适当的准备。这时候,不应该坐靠在位置上,而是应该双手交叉放在前排座位上,然后把头部放在手上,并在飞机着陆之前一直保持这个姿势。

(3)飞机停下之后,尽快走向出口,同时尽量保证安全。因为大火和有毒气体可能很快充满整个机舱。

(4)乘飞机旅行时着装应该得体。尽量避免穿T恤和短裤,应该穿长袖衬衫和长裤,因为一旦起火长衣长裤可以提供更好的保护。最好不要穿凉鞋,以免脚部受到玻璃、金属等的伤害。

四、国内航空运输承运人的职责

航空器营运人及其代理人在应急救援工作中的主要职责包括以下几项。

（1）提供有关资料，包括航班号、机型、航空器国籍登记号、机组组成人员情况、旅客人员名单及身份证号码、联系电话、机上座位号、国籍、性别、行李数量、航空器燃油量、航空器所载危险品及其他货物等情况。

（2）在航空器起飞、降落机场设立接待机构，负责接待、查询。

（3）负责通知伤亡人员的亲属。

（4）在指挥中心或事故调查组负责人允许下，负责货物、邮件和行李的清点和处理。

（5）航空器出入境过程中发生紧急事件时，负责将事故的基本情况告知海关、边防和检疫部门。

（6）负责残损航空器的搬移工作。

（7）负责死亡人员遗物的交接工作及伤亡人员的善后处理。

国内航空运输承运人应当在下列规定的赔偿责任限额内按照实际损害承担赔偿责任，但是《中华人民共和国民用航空法》另有规定的除外。

（1）对每名旅客的赔偿责任限额为人民币40万元。

（2）对每名旅客随身携带物品的赔偿责任限额为人民币3 000元。

（3）对旅客托运的行李和对运输的货物的赔偿责任限额，为每公斤人民币100元。旅客自行向保险公司投保航空旅客人身意外保险的，此项保险金额的给付，不免除或者减少承运人应当承担的赔偿责任。

案例

特内里费空难

1977年3月27日，下午1点15分，拉斯帕尔马斯国际机场。随着一声巨响，机场大厅的一家花店发生了爆炸。

这毫无疑问是一场恐怖袭击，因为此前警方收到过威胁警告。也正是因为做了提前疏散，所以只有8人在这场爆炸中受伤。但令人恐惧的事并没有结束，当地的一个独立运动组织宣称对这场爆炸案负责，并且表示"机场里还有另外一枚炸弹"。

这个消息迫使警方立刻做出了关闭机场的决定。

拉斯帕尔马斯国际机场位于大加那利岛，是加那利群岛上最大的一个机场。加那利群岛位于非洲西北海域，是西班牙的一个海外自治区。由于气候温暖，一直是欧洲人的度假胜地，同时也是美洲人进入欧洲地中海区域的一个门户。所以拉斯帕尔马斯国际机场的关闭，让当地繁忙的航空业务一下子遇到了障碍，无奈之下，航管局只能宣布将原本在这个机场的国际航班全部转移。

转移的机场位于大加那利岛旁边的特内里费岛，这个岛上的洛斯罗德奥斯机场虽然是个地区性的小机场，只有一条跑道，但好歹也算是一个应急之地。

从下午1点30分左右开始，特内里费岛的洛斯罗德奥斯机场开始陆续转入来自世

第四章 事故灾难类突发事件的应对

各国的航班。一时之间，停机坪和滑行道上都是等候拉斯帕尔马斯国际机场重新开放的飞机——这个小机场从来没有应付过那么多的飞机。

如果说冥冥之中有一双看不见的手的话，那么这场因一枚炸弹而引起的航班转场，是这双手给一场大悲剧安置的第一环。

下午1点38分，荷兰皇家航空的KL4805号班机降落在了洛斯罗德奥斯机场。

这架航班是一架波音747-206B型广体客机，机长是雅可布·维格胡岑·范·赞顿（Jacob Veldhuyzen van Zanten），他是荷兰皇家航空的"明星机长"，不仅拥有12 000小时的飞行经验，也是航空公司的飞行安全总监，并且一直担任飞行员的教官。

KL4805号航班在上午9点31分由荷兰阿姆斯特丹起飞，机上载有235名旅客，目的地是加那利群岛的拉斯帕尔马斯国际机场——和很多其他航班一样，他们被通知先转移到了特内里费岛的洛斯罗德奥斯机场，等候原先目的地机场的重新开放。

此时的范·赞顿颇有些心急，因为荷兰皇家航空公司对机组人员的飞行时长有严格规定：一旦超时就必须停止飞行（由另一个机组从阿姆斯特丹飞来顶替），违反者要吊销飞行执照。

身为公司的飞行安全总监，范·赞顿当然知道这条规定，而且他更知道这次的飞行由于拉斯帕尔马斯国际机场出了意外，所以加上耽搁的时间，已经接近了公司规定的时间上限。

而此时，整个洛斯罗德奥斯机场几乎停满了转降过来的飞机，而拉斯帕尔马斯国际机场何时能重新开放，仍没有音讯。

在等待的时间里，范·赞顿做了一个决定：给飞机加满航空燃油。

事实上，从特内里费岛飞往大加那利岛大约只需要25分钟，KL4805航班的油完全够。但可能因为范·赞顿不想在抵达后花额外的时间加油，所以想在等待的时候就把油料加满，从而节约一段时间——大约40分钟左右。

此时，那双看不见的命运之手又为这场悲剧陆续添加了第二环和第三环。

一位焦急的机长，一架因为加满油而使得机身无比沉重的巨大飞机。

下午1点45分，美国泛美航空公司的PA1736号航班降落在了洛斯罗德奥斯机场。

这是一架波音747-121型客机，机长是维克多·格鲁布（Victor Grubbs），他拥有21 000小时的飞行经验，同样是一位经验非常丰富的机长。

PA1736号航班由洛杉矶国际机场起飞，中途在约翰·肯尼迪机场又增加了14名旅客，飞机上一共载有364名旅客，其中大多是要去乘坐豪华邮轮度假的退休老人。

此时的维克多机长也有点烦躁，因为此前他曾向地面航管请求飞机在上空盘旋，等待拉斯帕尔马斯国际机场重新开放后直接降落，但最终航管还是要求他降落到了洛斯罗德奥斯机场，和地面那些塞得满满的飞机一样，等待重新起飞。

为了能够尽快起飞，维克多机长并没有让旅客下飞机，而是让他们在机上等候，以便能在第一时间重新起飞。

下午4点左右，好消息传来：拉斯帕尔马斯国际机场重新开放了。

一直没有下客的PA1736航班理应获得优先起飞权，事实上他们也开始准备离开飞机等候区了，但是维克多机长发现了一个问题：一架巨大的波音747飞机挡在了他们的前面——它正在加油。

没错,就是那架荷兰皇家航空的KL4805航班。

此时的维克多机长内心显然是无法愉快的,但洛斯罗德奥斯机场实在是太狭小,根本不可能拥有可以让两架波音客机"擦肩而过"的宽度,所以尽管有报怨,但依旧只能选择等待。

此时,机场上空的风向忽然起了变化:原本飞机从等待区滑行出来后,只需要沿着12号跑道起飞即可,但风向改变后,12号跑道的起飞方向是顺风,飞机必须沿着12号跑道滑行到终点,进行一个180°的掉头,然后沿着30号跑道逆风起飞。

下午4点56分,已经加满油的荷兰皇家航空KL4805号航班向地面塔台请求开始滑行,塔台答应了他们的请求,并要求泛美航空的PA1736航班跟随在KL4805号航班后面,沿着12号跑道滑行至终点,调头,准备在30号跑道上起飞。

而此时,机场上空忽然起了浓雾。由于洛斯罗德奥斯机场海拔较高,所以浓雾很快笼罩在了跑道上。

显然,那双看不见的大手又一口气安排下了三个环节。

卡住位置的飞机,临时风向的改变导致跑道的改变,以及突然降临的浓雾。

至此,已经有六个环节被埋下了,那么,是否足以引发一场悲剧?

那双看不见的大手摇了摇:还不够。

下午4点58分,KL4805号航班机长范·赞顿向地面塔台发出了请求。

"我们请求沿12号跑道调头,在30号跑道起飞。"

塔台同意了他们的要求,同时,开始对跟在他们后面的PA1736航班进行指挥,要求他们在沿着30号跑道滑行到C3出口的时候进入,以便清空主跑道,让已经等候在30号跑道尽头起飞点的KL4805号班机先起飞。

但是,C3号出口是一个135度的大拐角,对PA1736这样的大型波音飞机而言,要拐进这样的拐角几乎是不可能完成的任务。

PA1736号机长维克多感到非常奇怪,要求和塔台方面再确认一下:

"是否是C3出口?"

塔台方面给了他们肯定的回答。

但是,PA1736却滑行过了C3出口,准备在C4出口拐进——那是一个45°角的拐角,相对C3而言简单多了。

但PA1736航班却没有向地面塔台报告。

此时的机场上一片浓雾,地面塔台完全无法看清跑道上两架飞机的位置。

而时间已经到了下午5点5分,荷兰皇家航空的KL4805航班已经停在了30号跑道的出发点上,焦急的机长范·赞顿已经松开了刹车,准备启动推进油门了。

副机长阻止了他:"等一下,我们还没有起飞许可。"

范·赞顿回答:"是的,我知道没有,你去问一下。"

副机长随即向地面塔台呼叫:"KL4805已经准备好起飞,正在等待我们的起飞许可。"

地面塔台给出了回应:"KLM4805,可以飞往P信标台,上升并保持飞行高度9 000英尺,起飞后右转往040方向飞,直到与拉斯帕尔马斯VOR的325径向交叉。"

但是,这是一个"起飞后的航线航行许可",并不是一个"起飞许可"。

然而范·赞顿认为自己已经取得了"起飞许可"。

事情进行到这一步,还有一丝挽救的可能——副机长重复了地面塔台的命令:"明白,可以飞往P信标台,飞行高度9 000英尺,切入325径向线,我们正在起飞。"

如果地面塔台听清楚KL4805号航班的那句"我们正在起飞",那么是有机会阻止返场惨剧的。但是,很可能是因为那位副机长的荷兰口音英文,让地面塔台听成了"我们在起飞点"。

于是,地面塔台的回应是:"好的,待命起飞,我们会通知你。"

此时,已经到了千钧一发的时刻,最后一个挽救的机会出现了。

在同一个频率收听对话的PA1736号航班听到了KL4805航班和塔台的对话,立刻发出了制止:"不,我们还在跑道上!"

这句话是终结这场悲剧的最后一脚刹车——如果地面塔台能够听到这句话,那么一切都将不会发生。

但是,那双看不见的大手在这最后的时刻,按下了最后一个环节的按钮。

由于地面塔台和PA1736的两句话是同时发出的,所以听筒里产生了一段大概是4秒左右的啸叫——这段致命的啸叫恰好覆盖掉了双方各一句最关键的话——"待命起飞,我们会通知你。"和"不,我们还在跑道上!"

所以,KL4805航班上的机组人员,他们只听到了地面塔台的第一句,就是一个单词:"好的……"

于是,KL4805航班开始启动推进油门,飞机开始瞬间加速到时速300千米以上的滑行状态。

这一刻,死神在浓雾里露出了恐怖的笑容。

下午5点06分40秒,PA1736航班正前方700米的浓雾中,KL4805航班破雾而出,高速冲来。

PA1736的机长维克多一开始不敢相信自己的眼睛,直到看到浓雾中的降落灯在上下抖动,并且离自己越来越近,才发现那是一架朝自己飞机冲来的巨大波音747客机。

"它在那……快看!见鬼!它向这边冲过来了!"

"离开!离开!赶快离开!"

维克多机长开始拼命把飞机拐向左方的C4出口。

而在7秒钟后,KL4805航班上的范·赞顿机长也看到了浓雾中正试图躲避的PA1736航班——此时,两架飞机相距只有300米了,而KL4805航班的时速已经达到了320千米。

"天啊……"

这是KL4805号航班驾驶舱里留下的最后一句录音。

但即便就在电光石火的瞬间,范·赞顿还是在拼命努力拉起机头,由于瞬间拉起机头,飞机的尾翼在地面上划出了一条深深的沟壑。

但KL4805号班机加满燃油的沉重机身,让机长的强行起飞成为一种奢望。

4秒之后,一声冲天巨响,碰撞发生了。

范·赞顿机长拉起的机头,使KL4805航班的头部刚刚越过了PA1736航班;而维克多机长做出的躲避动作,使 PA1736 航班的飞机中部遭受了 KL4805 航班的沉重撞击。

　　碰撞后的 KL4805 航班在失控飞行 400 米后,完全坠毁,爆炸后燃起熊熊大火。而 PA1736 航班也随即起火爆炸,飞机的右翼被完全摧毁,但左翼却奇迹般保存完整。

　　因为最后的规避动作,PA1736 航班在驾驶舱的机组人员全部存活,但当时跳下飞机的维克多机长看到的是一幅地狱般的景象:

　　"到处都是大火,就像有人拿着一把大刀,把飞机的顶部一下子全都削掉了。"

　　这场被称为"特内里费空难"的最后伤亡统计,是这样的:荷兰皇家航空的 KL4805 航班,事故发生时机上共有 234 名乘客和 14 名机组乘员,无一幸免,全部遇难。

　　泛美航空 PA1736 航班,事故发生时飞机上共有 396 人,其中 321 名乘客与 14 名机组人员遇难,大部分死于飞机爆炸后的大火。但由于飞机在最后做了规避动作,所以有 54 名乘客和 7 名机组乘员逃过一劫,共幸存 61 人。

　　即便如此,在这场灾难中还是一共有 583 人遇难。

　　这是世界民航史上最惨重的一场空难,这个纪录,至今未曾打破。

　　也没有人希望会被打破。

　　资料来源:https://www.huxiu.com/article/516500.html,2022-03-23.

 小贴士

乘坐飞机注意事项

　　(1) 旅客购买好或拿到预定的机票,请注意核对航次、班机号、日期,如有问题应立即去售票处据情解决。

　　(2) 乘飞机时尽量轻装,手提物品尽量要少,能托运的物品,随机或分离托运。一般航空公司规定手提物品不得超过 5 千克,还可携带雨伞、大衣、手杖、相机、半导体、途中看的书报等。随机托运行李一般头等舱 30 千克、二等舱 20 千克以内免费,超过部分付超重费。乘客凭登记卡上下机,凭行李卡到目的地机场领取行李。

　　(3) 随身物品可放在头顶上方的行李架上。有的物品也可以放在座位下面,但注意不要把物品堆放在安全门前或出入通道上。

　　(4) 座位顶上和上方有聚光灯和招呼招待员的按钮,有事可按此钮呼叫招待员。

　　(5) 飞机起飞和降落时不准吸烟,不得去厕所,要系好安全带,座椅要放直。

　　(6) 飞机上备有各种文字的报纸、杂志,供旅客阅读,但不能带走。飞机上的一切用品均不能拿走,如厕所内的卫生用品,座椅背篼内的东西,以及小毛毯、小垫子、塑料杯、刀叉等。

　　(7) 乘飞机时万一丢失行李,不要慌张。可找机场行李管理人员或所乘航班的航空公司协助寻找。一时找不到,可填写申报单交航空公司。果真丢失,航空公司照章赔偿。

　　(8) 乘飞机同乘火车、轮船、汽车时一样,飞机上的设备,旅客不要随意触动,如各式各样的灭火装置,安全设施,紧急制动阀、钮等。有的国家规定无故按动紧急制动装置,要判处徒刑。

(9) 飞机的安全性与机身大小无关,与具体型号及其设计有关。通常情况下,大型的客机比小客机乘坐起来更舒适,这是因为遇到气流颠簸时,大客机会飞得相对平稳,但这并不意味着小客机更容易失事。

(10) 严重哮喘、肺炎、支气管扩张、急性肺水肿、脑梗死、脑动脉硬化等的患者不适合乘坐飞机出行。此外,对于接近预产期的孕妇,在旅行时可能导致早产,而且在飞行中分娩是较危险的,因此怀孕超过8个月者,也不应乘坐飞机。关于这方面更详细的情况,可以咨询民航的有关规定。

(11) 按照规定,飞行全程必须系好安全带,特别是在飞机起飞时直至飞机在空中平稳飞行,以及飞机开始下降直至结束在跑道上滑行的这十几分钟里;另外,飞机上严禁吸烟,吸烟不但会污染空气,更为重要的是容易引发火灾,酿成重大事故。

(12) 若飞机在高空中遇到事故,应先系好安全带,此外在颠簸过程中还要采取有效的防冲击姿势:手扶前座椅,弯腰,身体呈弓形趴着,以减轻冲撞。紧急撤离时要根据空乘人员的指示,采取正确的跳滑梯姿势:双手双脚向前伸直,足尖翘起。撤离飞机的过程中动作要快,尽量避免携带任何行李。

 小贴士

飞机逃生时易犯的错误

(1) 忘记下拉氧气面罩。旅客一般都知道在遇到紧急状况时要戴上氧气罩,但面罩并不是戴上了就自动供氧。很多人恐怕都会忘记下拉面罩这个细节,事后还投诉面罩坏了。

(2) 砸窗户逃生。一些旅客试图像坐汽车一样,用手机等坚硬物体砸破窗户逃生。但飞机的窗户经特殊加工,即使用枪也难击碎,砸窗只是浪费时间。

(3) 直接从机舱断裂处跳下。飞机坠毁后机身变形,可能产生破口,一些旅客情急下企图直接跳下飞机求生。但机身离地好几米,直接跳下易致残,最好借助救生滑梯。

第二节 铁路交通事故的应对与安全教育

铁路机车车辆在运行过程中发生冲突、脱轨、火灾、爆炸等影响铁路正常行车的事故,包括影响铁路正常行车的相关作业过程中发生的事故;或者铁路机车车辆在运行过程中与行人、机动车、非机动车、牲畜及其他障碍物相撞的事故,称为铁路交通事故。

一、铁路交通事故等级分类

铁路交通事故作为一个法律概念,首先见诸《中华人民共和国铁路法》,但对于何为铁路交通事故,该法并未做具体的界定。

(一) 包含内容

按我国铁路交通事故统计惯例,铁路交通事故应包括路外伤亡事故、铁路旅客伤亡事故和铁路职工责任伤亡事故三大部分。其中,路外伤亡事故是指铁路列车运行和调车作业中,发生火车撞轧行人、与其他车辆碰撞等情况,招致人员伤亡或其他车辆破损。

铁路旅客伤亡事故是指铁路运营过程中,在铁路责任期间发生的,致使持有有效乘车凭证者及其他法律、法规规定人员的人身伤亡和财产损失的交通事故。

铁路职工责任伤亡事故是指由于铁路职工的责任所引发的人身伤亡,设施、设备毁损的事故。

(二)事故等级

根据事故造成的人员伤亡、直接经济损失、列车脱轨辆数、中断铁路行车时间等情形,事故等级分为特别重大事故、重大事故、较大事故和一般事故四个等级。

有下列情形之一的,为特别重大事故。

(1) 造成 30 人以上死亡,或者 100 人以上重伤(包括急性工业中毒,下同),或者 1 亿元以上直接经济损失的事故。

(2) 繁忙干线客运列车脱轨 18 辆以上并中断铁路行车 48 小时以上的事故。

(3) 繁忙干线货运列车脱轨 60 辆以上并中断铁路行车 48 小时以上的事故。

有下列情形之一的,为重大事故。

(1) 造成 10 人以上 30 人以下死亡,或者 50 人以上 100 人以下重伤,或者 5 000 万元以上 1 亿元以下直接经济损失的事故。

(2) 客运列车脱轨 18 辆以上的事故。

(3) 货运列车脱轨 60 辆以上的事故。

(4) 客运列车脱轨 2 辆以上 18 辆以下,并中断繁忙干线铁路行车 24 小时以上或者中断其他线路铁路行车 48 小时以上的事故。

(5) 货运列车脱轨 6 辆以上 60 辆以下,并中断繁忙干线铁路行车 24 小时以上或者中断其他线路铁路行车 48 小时以上的事故。

有下列情形之一的,为较大事故。

(1) 造成 3 人以上 10 人以下死亡,或者 10 人以上 50 人以下重伤,或者 1 000 万元以上 5 000 万元以下直接经济损失的事故。

(2) 客运列车脱轨 2 辆以上 18 辆以下的事故。

(3) 货运列车脱轨 6 辆以上 60 辆以下的事故。

(4) 中断繁忙干线铁路行车 6 小时以上的事故。

(5) 中断其他线路铁路行车 10 小时以上的事故。

造成 3 人以下死亡,或者 10 人以下重伤,或者 1 000 万元以下直接经济损失的,为一般事故。

二、乘坐火车需要注意的安全问题

(一)乘坐火车应注意的问题

1. 购票

车票分三种:客票、加快票、卧铺票。旅客买加快票或卧铺票必须有软座客票或硬座客票。如果没有买到车票又急于上车时,可采取先上车后补票的方法加以补救。补票时,要核收补票费。

2. 车票有效期

车票的有效期是按乘车里程计算的。300千米以内为两日,301千米以上,每增加500千米加一日,不足500千米的也按一日计算。改签后的客票、加快票提前乘车时,有效期从实际乘车日起计算;改换乘车时按原票指定乘车日起计算。

旅客因病,在客票、加快票有效期内出示医疗证明或经车站证实时,可按实际医疗日数延长,但最多不能超过10天。恢复旅行时,仍按原票剩余有效时间计算。卧铺票不能延长,但可办退票手续。

3. 车票签证

旅客如不能按票面指定的日期和车次乘车时,在不延长客票、加快票有效期并在列车有能力的条件下,可办理一次提前或改晚乘车的手续,但最迟不超过开车前2小时。卧铺票不办理改签。旅客在中转站换车和中途下车恢复旅行时,不论乘坐何种列车都应办理签证手续。

4. 行李

旅客携带品免费重量为大人20千克、小孩10千克。携带品的长度和体积要适于放在行李架上或座位下边。易燃易爆危险品、妨碍公共卫生及污染车辆的物品都不能带入车内。

5. 投诉方法

投诉有关车站,要问清该站属于哪个铁路分局,铁路分局内有路风办公室、客运分处,可以向他们写信、打电话投诉,也可向该站所属市、县的消协、工商局物价部门投诉。在无法得知该站车属于哪种铁路分局、路局时,也可向铁道部进行投诉,它会将投诉内容转发给有关部门的。

6. 火车票遗失处理方法

在乘车前丢失火车票,应该积极寻找,如果记得所购车票的票号,最好到车站退票窗口挂失,万一有人拾到后来此退票,工作人员可以将车票扣下,交公安部门审理后发还给失主。如果丢失车票者已无力再购买车票,可到当地民政部门说明情况,请求帮助。

在列车上发现丢失车票,要从丢失站起另备前程车票;如果不能判明丢失站,从最近后方营业站起补票;如果不能判明是丢失车票时,按无票旅客处理,从列车始发站补起。

(二)乘坐火车应注意的消防安全问题

(1)禁止携带易燃易爆品上车。指甲油、气体打火机、油漆、安全火柴等日常生活中并不危险的东西,在列车车厢拥挤的条件下,将可能变成危险品。

(2)要提高消防意识。如果发现自己所在车厢存在安全隐患,要积极向列车工作人员举报、说明。

(3)要有意识地学习和了解消防器材,特别是灭火器的使用方法,了解发生火灾后的自救和逃生方法,做到心中有数。

(4)万一所乘坐的车厢发生火灾,千万不要惊慌,要积极配合列车工作人员做好让开车厢通道、传递灭火器等火灾处置工作。

(5)上车后要全面熟悉列车消防设施和通道,清楚自己所处位置、知晓与列车乘警的联系方式,做到意外发生时求救有门。

(6)要尽可能地选择硬件设施较好、不超员的列车乘坐,并且要按照规定使用列车上的各种设备。

(三)乘坐火车的防盗方法

(1)在车上,不论是白天还是晚上,尤其是在夜间,切记不可与不相识的人轮流睡觉、看包,不然,犯罪分子会顺手牵羊,盗走放在行李架上的行李。

(2)在列车靠站时,往往出现三多,即上下乘客多,找座位的人多,找行李架空地的人多。此时要特别注意防范犯罪分子浑水摸鱼,留神看好自己的行李物品。不要佩戴金银首饰,这样很容易成为抢夺的对象。

(3)在车上掏钱购物、买饭时,尤其是处在人挤人的情况下,不宜将自己的大把钞票露出来,如果钞票露出来被一些人看见,很容易被抢或被盗。

(4)离开座位上厕所、就餐、去会朋友,或去排队打开水,或是在停车时下车买东西吃,千万不可产生麻痹大意的思想,要密切防止行李被盗。切不可随便接过他人递送的饮料,尤其是已经打开封口的饮料,以防利用麻醉药品犯罪的行动。

(5)上车用包占座位时,或下车在窗口请人递包交接时,人多物多又忙乱,要特别留心行李包被人提走或调包。

(6)在车上要对那些坐立不安的人、爱东张西望、瞄来瞄去的人,及装疯卖傻碰擦他人的人严加防范,才可防盗。

三、乘坐高铁、动车必须掌握的逃生知识和技巧

(一)乘坐高铁、动车需要注意的安全问题

1. 车门口的安全问题

旅客在站台上车时应排队,有序上车,防止不法人员趁机实施盗窃。此外,特别提醒带小孩的旅客,上车时要拉紧孩子的手,防止小孩踩空,身体卡在与站台的缝隙中。

2. 大件行李的安全问题

高铁列车上有专门存放大件行李的存放处,有的长途旅客把行李放下后就不管了,无论列车停靠几站,都不去看一下。现在旅客携带的行李箱经常会出现同一品牌的行李箱,有时颜色、大小都一样很难分辨,特别容易发生错拿行李现象。再有就是个别旅客临时见财起意,拎走别人的行李物品。每到一站前,活动一下身体,勤查看自己的行李,以免发生丢失或拿错。

高铁列车的行李架比较深,旅客放一般的行李物品不明显,特别是放小件行李或长筒状物品时,容易滑进行李架的里面,下车时容易被忽视。此外,有的旅客携带行李物品的颜色、大小相同或相似,容易拿错。旅客应记清自己携带行李物品的件数,以免发生遗落,还可以给自己的行李上加挂一些小饰品、小贴纸加以区别。

旅客在高铁上,不是看手机就是玩计算机或iPad,往往看累了就随便把手机、计算机或iPad等物品随意放在座位前的网兜内。在杂志或报纸的遮盖下,下车时容易遗忘。因此,

旅客的贵重物品一定要收好,防止丢失或被盗。

3. 车厢座位下的安全问题

为方便旅客给手机、计算机等充电,每个座位下都安装有充电设备。有的旅客离开座位时就忘记了还在充电的手机或计算机等物品。因此离开座位时,不要将正在充电的手机、计算机放在座位上,可以先随身带走,等返回座位时再继续充电;同时,下车时不要忘记把充电的手机、计算机带走。

4. 卫生间、洗脸间的安全问题

有的旅客上厕所时把包挂在卫生间内,上完卫生间后就忘记拿包了。还有的旅客在洗脸、洗手时,把表、戒指或手链摘下放在一边,洗完忘记拿走。

5. 在卫生间吸烟引发的安全问题

列车是全封闭车厢,运行速度快。在运行中,一旦有旅客在车厢内的任何部位吸烟都会触发烟雾报警器,从而导致列车自动降速甚至紧急停车,严重影响列车安全。一趟车的延误就会造成全部后续列车的大面积晚点。

6. 不拉紧急制动阀

高速列车内有标明"危险勿动(紧急用)"的红色手把(按钮),这就是紧急制动阀(按钮)。紧急制动阀(按钮)的作用是遇有行车和人身安全的紧急情况时,迫使行驶中的列车采取紧急制动。列车行驶过程中,在一般情况下只有列车长、乘警、检车乘务员等才可以使用紧急制动阀(按钮),旅客是不能动用的。

7. 不乱动应急锤、灭火器

应急锤是在发生紧急情况时,列车紧急制动停车后,用于敲碎车窗玻璃自救逃生的工具;灭火器用于扑灭火灾。灭火器、应急锤关乎旅客生命。一是不能拿走或挪动位置,影响发生紧急情况时旅客自救和逃生;二是在正常情况下不许使用这些设备,以免造成严重后果。

(二)乘坐高铁、动车突发紧急情况时如何施救

在高速列车车厢的四个角和中部设有紧急逃生窗,在紧急逃生窗玻璃上方标记着一个明显的红色荧光圆点,即使在没有照明的情况下也可以看得十分清楚,这是锤击破窗的位置。当高速列车组发生紧急情况并在紧急制动停车后,车门严重变形不能打开,无法出入车厢时,可以使用挂在紧急逃生窗旁边的应急锤,对准列车前进方向左侧窗户的红色荧光圆点打碎窗户玻璃,放下应急梯破窗而出,尽快离开危险区。

车厢内还安装有红色的紧急制动按钮和车门紧急开启装置,如遇紧急情况必须立即停车时,乘务员可按下红色的紧急制动按钮,实施紧急制动停车。列车停稳后乘务人员启动车门紧急开启装置,实现手动开门。

在需要旅客下车疏散时,利用放置在车内的应急梯,让旅客安全下到地面。

如果需要将旅客从故障列车转移至相邻线路的列车上时,则必须使用列车上存放的安全渡板组织旅客有序转移。

高速列车在桥上发生故障和火灾等事故时,如无法驶离桥梁,则启动桥梁救援应急处置预案,由列车长、乘务员、乘警等人员组织旅客走向桥梁端部或经由救援通道,向桥下疏散。

火车发生事故通常有两类：与其他火车相撞或者火车出轨。当火车事故发生时，乘客在这种事故中几乎不可能完全不受伤，但是可以做一些防护措施以尽量减少事故造成的伤害。出轨的征兆是紧急的刹车，剧烈的晃动，且车厢向一边倾倒。

（三）乘坐高铁、动车时必须掌握的逃生知识和技巧

2011年"7·23"温州动车追尾坠桥特大事故的发生令人痛心，由于乘客慌忙紧张，许多人因为砸不开车窗玻璃而无法及时逃生。因此，乘坐高铁、动车时必须掌握相应的逃生知识和技巧，或许能够挽救更多生命。

判断高铁、动车失事的瞬间，应采取如下措施。

（1）脸朝行车方向坐的人要马上抱头屈肘伏到前面的坐垫上，护住脸部，或者马上抱住头部朝侧面躺下。

（2）背朝行车方向坐的人，应该马上用双手护住后脑部，同时屈身抬膝护住胸、腹部。

（3）发生事故，如果座位不靠近门窗，应留在原位，抓住牢固的物体或者靠坐在座椅上。低下头，下巴紧贴胸前，以防头部受伤。若座位接近门窗，就应迅速抓着车内的牢固物体尽快离开。

（4）在通道上坐着或站着的人，应该面朝着行车方向，两手护住后脑部，屈身蹲下，以防冲撞和落物击伤头部。如果车内不拥挤，应该双脚朝着行车方向，两手护住后脑部，屈身躺在地板上，用膝盖护住腹部，用脚蹬住椅子或车壁，同时提防被人踩到。

（5）在厕所里，应背靠行车方向的车壁，坐到地板上，双手抱头，屈肘抬膝护住腹部。

（6）事故发生后，如果无法打开车门，那就把窗户推上去或砸碎窗户的玻璃，然后脚朝外爬出来。但是要时刻注意避免被碎玻璃划伤，同时也要预防被电击的危险，因为铁轨可能会有电。如果车厢看起来不会再倾斜或者翻滚，待在车厢里等待救援是最安全的。

（7）确定火车停下需要跳车避险时，应注意对面来车并采取正确的跳车方法。跳下后，要迅速撤离，不可在火车周围徘徊，避免发生其他危险。

（8）离开火车后，应设法通知救援人员，如附近有一组信号灯，灯下通常有电话，可用来通知信号控制室，或者就近寻找电话报警。

（9）在都市乘坐地铁或是城市轻轨时，不要倚靠在车门上，应尽量往车厢中部走。一旦发生撞车事故，车厢两头和车门附近是很危险的。发生事故后，一切行动听指挥，因为路轨通有电流，必须在乘务人员宣布已经切断电源后方可撤离。

（四）自救技巧

乘客们要掌握不同交通工具的救生常识，在危险时刻才有可能安全逃生。

（1）高铁、动车发生突发事故时，首先要远离门窗，趴下，低头，下巴紧贴胸前，以防颈部受伤，同时抓住或紧靠牢固物体。

若座位远离门窗，就留在原位，保持不动；若接近门窗，应尽快离开。车停稳后，要先观察周围环境，然后自救。

（2）破窗逃生。在动车上发生危险时，要用锤尖敲击车窗四个角的任意一角近窗框位置；敲击钢化玻璃砸中间是没有用的。如果是带胶层的玻璃，一般情况下不会一次性砸破，在砸碎第一层玻璃后，再向下拉一下，将夹胶膜拉破才行；紧急时可用女孩高跟鞋的跟尖或钥匙尖砸；每节车厢中有四个紧急逃生窗（有红点的玻璃窗），旁边配备了安全锤。

当出现意外的时候,乘客可以使用紧急破窗锤把手,敲击紧急逃生窗红色圆圈提示位置,出口的玻璃有特殊涂料,可以避免敲碎的时候四处溅射以尖角伤人,并且只会向车厢外侧方向倾倒碎裂。

(3)火灾报警。如果火车车厢内发生火灾,则要冷静,不要惊慌失措,切勿盲目跳车,否则无异于自杀。

首先,应迅速通知列车员停车灭火避难,动车组内每节车厢两个感应式内端上方各设有一个火灾报警按钮,一个紧急制动按钮。按下按钮,司机室和乘务员室的显示屏会立马显示报警信息,且蜂鸣器报警。在不涉及安全的情况下,旅客不要随意按动。

列车一旦发生火灾,旅客可手动操作门板侧面拉手把隔断门拉出,将相邻的两节车厢隔断。避免浓烟呛到其他车厢的旅客,也能集中区域扑灭火苗。当旅客在卫生间(包括残疾人专用卫生间)内发生突发情况时,可以按下SOS按钮求救。很多人错把SOS按钮当冲水按钮,千万要看清标识。

其次,拿起车厢内的灭火器努力将车厢内的明火扑灭,如果发现火势太大,用水或饮料将随身携带的手帕、餐巾纸、衣物等浸湿堵住口鼻、遮住裸露皮肤。

最后,必须顺列车运行方向撤离,因为在通常情况下,列车在行驶中,火势是向后部车厢蔓延的;还可用坚硬的物品将窗户的玻璃砸破,通过窗户逃离火灾现场。

案例

中国历史上首次重大铁路事故

一场被国际铁路界一直当作中国历史上首次重大铁路事故的惨剧,却似乎被中国正史完全忽略了。无论是《光绪朝上谕档》《光绪朝东华录》《清史纪事本末》《光绪实录》《李鸿章全集》,还是后人编撰的各类编年史、铁路专题史中,都找不到有关这一事件的记载。

与同一时期发生在清朝的很多大事件相比,这一惨案实在太渺小了,以至于史官们不屑于记载。而对清朝正在艰难起步的铁路跃进来说,这一惨案的影响实在太负面了,没有人希望它被广而告之。

现在只能从当时的中外报纸的报道中,去还原这一"小"事件,并将它放置到时代的背景下,重现风雷激荡中那一道倏忽而逝的小小闪电。

英国首都伦敦。1889年3月27日,星期三,深夜。

《标准报》的编辑部收到了一则来自上海的电讯:中国天津至大沽的铁路(津沽铁路)发生了一起"灾难性的"火车相撞事故,伤亡惨重。该报立即刊发了这条消息,并指出,如果这一噩耗属实,那将是对中国铁路发展计划的一次沉重打击。

噩耗总是比喜讯真实。两天前(3月25日,光绪十五年二月二十四)的夜晚,的确有两列火车在津沽铁路军粮城站迎面对撞,并引发大火,造成数十人伤亡,死者多数被活活烧死,十分惨烈。

悲剧发生在军粮城,今天津市东丽区。

这是一座位于华北平原中心地带的千年古镇,从唐代开始,为了防备北方的奚部落,在此屯驻大兵,转运军粮,因此得名。津沽铁路从军粮城穿越而过,这令它再度成为京畿交通的要道。

这一天傍晚,按照行车时刻表,将有两列火车在军粮城交会。

一列是从天津开往塘沽方向的,英文报道多称为"下行列车",《申报》则称为"天津火车"。这是一列客车,共有4节车厢,司机是英国人贾维斯。《申报》的记者当时没搞清司机的名字,就用绰号"大鼻子"代之。据《申报》说,这列客车编号为11。车上的司炉工是华人阿尚。

另一列则是从唐山方向开来,经塘沽往天津的"上行列车",《申报》称为"塘沽火车"。这是一列货车,装着20多节车皮的煤、砂石等,只在最后加挂了一节客车。根据多家英文报纸记载,撞车时,这列货车上的司机也是英国人,名叫道森。但根据《申报》报道,这列货车在塘沽站时换了司机,之前的司机姓名不详。另有一名华人司炉工,名叫马六,3天前刚刚新婚,度完婚假回来上班。

下文将这两列火车分别称为"天津客车"与"塘沽货车"。

按规定,"天津客车"从天津的发车时间为下午4时35分,"塘沽货车"从塘沽的发车时间为下午4时40分,两车相向开行,于下午5时28分时在军粮城交会错车。

"天津客车"准时发车,下午5时5分时就到达了军粮城,停车等待。但是,等了近3小时,还看不到"塘沽货车"的踪迹。《申报》记载,当"塘沽货车"在塘沽站装卸货物时,原来的司机居然擅离职守,端着猎枪去打鸟,鬼使神差地伤了自己的手指,赶到医院去救治,耽误了发车。车站无奈,只好临时另外找了司机。司机失职是导致大悲剧的第一个因素。

津沽铁路沿线,通信并不落后。在大清国的改革开放中,电报几乎是唯一未受到激烈抵制的新生事物。早在1877年,李鸿章就修建了从天津机器局到城内总督衙门的电报线(津衙线),成为中国自主建设的第一条电报线。这一天也没有狂风暴雨等恶劣天气,完全可以排除通信技术的问题。在塘沽车站延误发车的数小时间,塘沽车站和军粮城车站之间,居然没有进行联络沟通,这疏于联络是导致悲剧的第二个因素。

对面不来车,"天津客车"就只好等在军粮城,"大鼻子"司机贾维斯实在等得不耐烦了,他不顾条令的规定,在晚上8时30分左右启动了火车,开往塘沽方向。根据记载,此时军粮城站的华人站长试图阻止贾维斯违章开行,但没有成功。违章开行成为导致悲剧的第三个因素。

更为恶劣的是,《申报》报道说,当"天津客车"在军粮城停车等候时,贾维斯百无聊赖,居然喝得酩酊大醉。酒后驾车这第四个因素,进一步拉近了这列客车与死神的距离。

于是,浑身酒气的贾维斯驾驶着"天津客车"驶向塘沽。此时,4节车上共有28名乘客,他们并不知道,一连串的违章操作,正在将他们带向不归之路。

行不多久,"天津客车"进入了新河地界,司炉工阿尚突然发现"塘沽货车"正从对面疾驰而来。

根据铁路规章,白天举旗、夜晚张灯为号,白旗、白灯表示尽可畅行,了无阻滞;红旗、红灯则表示危险,必须紧急刹车。此时,两车已在目视范围之内,根本不需要任何信号,必须立即刹车。

阿尚赶紧告诉贾维斯停车,但迷迷糊糊的贾维斯根本不理会。《申报》说,阿尚向"塘沽货车"晃动着红灯,并试图关闭锅炉,却被贾维斯制止。眼看两车要相撞了,只好赶紧跳车。

"塘沽货车"上的司机道森,看到了对面来车,迅速制动。根据《纽约时报》和《洛杉矶时报》援引上海英文报纸《字林西报》的报道,道森成功地将"塘沽货车"停下。但是,喝醉了的"天津客车",却浑然不顾,丝毫也不减速,径直撞将过来。道森和机车内的其他工人赶紧跳车逃命。而根据《字林西报》记载,道森被摔出去20英尺(6米多),果真如此,则他似乎并未来得及在撞击前跳车。《申报》报道说,司炉工马六此时还在忙着干活,没有反应过来。

轰然一声巨响,并未减速的"天津客车"撞上了已经紧急刹车的"塘沽货车",两车的锅炉随后发生了剧烈的爆炸。

"天津客车"上,醉驾司机贾维斯受了重伤,而爆炸掀起的一根玻璃管,则斜插进了已经跳车的司炉工阿尚的腰部,令他奄奄一息。而"塘沽货车"上,毫无准备的司炉工马六,被一块飞进的钢片削去了半个脑袋,当场毙命。

当时的火车,时速一般在30~50千米,以今日的标准来看,绝对称不上是高速。因此,两列火车相撞后,除了车头发生锅炉爆炸外,也只是靠前的几节车厢出轨而已,并没有相互堆叠在一起。伤亡应该不严重。"塘沽货车"所加挂的客车车厢,在列车尾部,前面是20多节货车车皮,而且该车已经紧急刹车,是被动承受撞击的,因此,车上的乘客只是受了惊吓而已。但"天津客车"是主动撞击,导致4节车厢全部出轨倾覆,即使如此,在当时的速度之下,也不应造成巨大伤亡。

祸不单行的是,"天津客车"的出轨,虽然不应造成乘客死亡,却将车内供照明用的灯打翻了。按照津沽铁路规定,为了防止火灾,车内照明用的都是鱼油,但当天发车前,鱼油已经用完,只好改用煤油。翻车之后,煤油四溢而出,瞬间引起大火,4节车厢被全部吞噬。灯油的违规剥夺了车内乘客们逃生的最后一线希望。

列车倾覆之后,车门根本无法打开。附近的村民赶来救援,但也无法破门而入,只能打碎几扇车窗,拉出几名乘客。木制的车厢成为很好的燃料,车厢顶棚很快被烧塌,没能逃出的乘客全部被压在底下,悲剧自此已经无可挽回。

"大鼻子"司机贾维斯和司炉工阿尚等,都被紧急送进了塘沽的医院,但因伤势过重而死。有关这次车祸的遇难者人数,说法不一。《申报》笼统地说有几十位;上海的英文报纸《中国时报》说,除了司机、司炉工之外,还有7名乘客当场死亡,更多的乘客因烧伤和摔伤,在随后几天死于医院,但该报道没有提及具体人数;《字林西报》则说,有12名当地乘客及2名司炉工当场遇难。

尽管各种记载的细节有所出入,但可以肯定的是,这的确是一场死伤惨烈的重大车祸,而且,是不折不扣的人祸——司机失职、疏于联络、违章开行、酒后驾车、灯油违规,一连出现的5个问题都是人为造成的,只要有一个环节能够把住关,就不会酿成这场悲剧。

惨案发生之后,与官方的静默相比,媒体还是相对热闹的。尤其是当时最大的中文报纸《申报》,发表了多篇报道及评论。

吊诡的是,《申报》总在字里行间进行中外之间的对比,如谈及"天津客车"违章开行时,《申报》说:"火车开行,本有限定时刻,又岂能迟迟吾行,不按定限……西人做事,绝无此等处。"显然,《申报》在指责不懂规矩的中国人。其实,当时的津沽铁路上,管理人员和火车司机主要还是英国人,只有极少数的华人。

当然,这种基于种族自大的论调毫无意义。自从有了铁路之后,西方根本就没少发生车祸。就在津沽铁路车祸后不久,英国铁路也发生了更大的惨案。一列火车在北爱尔兰的阿马地区出轨后,又遭后续火车的追尾,死亡人数高达88人,震惊了整个英伦。正是阿马惨案,促使英国议会在当年通过了《铁路法》,强制推行更为可靠的火车刹车系统和铁路信号系统。这种信号系统,名为闭塞系统,其原理至今仍被广泛运用。在温州的"7·23"动车事故后,这个名称也被不少中国媒体频繁提及。

火车相撞事件,并非津沽铁路遇到的第一次挑战。

之前,反对修建铁路的唐山本地人,与以广东人为主的修路者们,多次发生了激烈的暴力冲突,铁路和矿山都遭受了相当的损失。而火车相撞事件后仅1个月(1889年4月),衔接天津城区与租界、横跨北河(今海河)的一座铁路桥刚刚完工,就遭到了船工们的激烈反抗。船工们担心的,是铁路会抢走他们的饭碗,但他们提出的,却是这座桥阻碍他们的航行,尽管事实已经证明了桥的净高足够民船通行。这一抗议活动日渐激烈,李鸿章为顾全大局,必须维持天津这一根据地的安定团结,最后只好下令用炸药炸毁该桥。根据《中国时报》的报道,中国铁路总公司为此承受了8 000英镑(相当于8万~9万两白银)的不小损失。

资料来源:http://gz.people.com.cn/n2/2021/0811/c401347-34862416.html,2022-03-25.

小贴士

> 2007年7月11日实施的《铁路交通事故应急救援和调查处理条例》规定了铁路交通事故的赔偿标准。
>
> (1)事故造成人身伤亡的,铁路运输企业应当承担赔偿责任;但是人身伤亡是不可抗力或者受害人自身原因造成的,铁路运输企业不承担赔偿责任。
>
> 违章通过平交道口或者人行过道,或者在铁路线路上行走、坐卧造成的人身伤亡,属于受害人自身的原因造成的人身伤亡。
>
> (2)事故造成铁路旅客人身伤亡和自带行李损失的,铁路运输企业对每名铁路旅客人身伤亡的赔偿责任限额为人民币15万元,对每名铁路旅客自带行李损失的赔偿责任限额为人民币2 000元。铁路运输企业与铁路旅客可以书面约定高于前款规定的赔偿责任限额。
>
> (3)事故造成铁路运输企业承运的货物、包裹、行李损失的,铁路运输企业应当依照《中华人民共和国铁路法》的规定承担赔偿责任。
>
> (4)除本条例第三十三条、第三十四条的规定外,事故造成其他人身伤亡或者财产损失的,依照国家有关法律、行政法规的规定赔偿。

小贴士

> 紧急破窗方法。用锤尖敲击车窗4个角的任意一角近窗框位置(钢化玻璃砸中间是没有用的),如果是带胶层的玻璃,一般情况下不会一次性砸破,在砸碎第一层玻璃后,再向下拉一下,将夹胶膜拉破才行;情况紧急时可用高跟鞋的跟尖或钥匙尖破窗。

第三节 大型活动安全事故的应对与安全教育

近年来,经济的持续快速发展为大型文娱活动的举办提供了现实的条件。大型活动的数量在全国范围内迅速增加,其中以展览会、展销会、博览会等商贸活动的增长最为显著。

根据 2007 年 8 月 29 日国务院第 190 次常务会议通过的《大型群众性安全管理条例》,大型群众性活动是指法人或其他组织面向社会公众举办的每场次预计参加人数达到 1 000 人以上的活动,包括体育比赛、演唱会、音乐会、展览、游园、灯会、庙会、花会、焰火晚会以及人才招聘会、现场开奖的彩票销售等活动。

随着这些大型活动数量的增加,安全问题也日益凸显出来。在空间有限而人群相对集中的场所,如体育场馆、影院、酒吧、狭窄的街道、楼梯等,在突发情况下,容易发生踩踏事件,对此国内外有过不少惨痛的教训。校园也是容易发生踩踏事故的场所,因此很有必要学会避免踩踏事故的相关知识,来保护自己和他人。

踩踏事故是指在聚众集会中,特别是在整个队伍产生拥挤移动时,有人意外跌倒后,后面不明真相的人群依然在前行、将跌倒的人踩踏,从而产生惊慌、加剧的拥挤和新的跌倒人数,并恶性循环的群体伤害的意外事件。

一、大型活动安全事故的特点及原因

(一)踩踏事故特点

当人群密度越来越高,大型活动日渐增多,人群拥挤踩踏事故风险也随之增加,但由于安全意识、硬件设施和安全管理水平的提高,事故造成的平均严重程度有所降低。

从事故案例看,拥挤踩踏事故不仅发生在室内,在室外开放环境中也时有发生。但具体分析各事故案例中最初发生拥挤踩踏的具体部位,发现无论在室内还是室外,拥挤踩踏事故发生的初始具体部位总集中在楼梯、坡道、出入口(包括固定建筑物和车船等移动交通工具)、桥梁隧道等人群流动的瓶颈部位。

此外,活动开始前、结束后的入场和散场阶段是拥挤踩踏事故的高发时段。从事故的统计情况看,在入场时(包括入场前)发生的拥挤踩踏事故占 26.09%,在散场时发生的拥挤踩踏事故占 24.15%。

(二)导致踩踏事故的原因

(1)人群较为集中且超过一定数量时,前面有人摔倒,后面人未留意,没有止步。

(2)人群受到惊吓,产生恐慌,如听到爆炸声、枪声,出现惊慌失措的失控局面,在无组织无目的的逃生中,相互拥挤踩踏。

(3)人群因过于激动(兴奋、愤怒等)而出现骚乱,易发生踩踏。

(4)因好奇心驱使,专门找人多拥挤处去探索究竟,造成不必要的人员集中而踩踏。

二、避险常识

在一些现实的案例中,许多伤亡者都是在刚刚意识到危险就被拥挤的人群踩在脚下,因此如何判别危险,怎样离开危险境地,如何在险境中进行自我保护,就显得非常重要。

(一)遭遇拥挤人群的做法

(1)发觉拥挤的人群向着自己行走的方向拥来时,应该马上避到一旁,但是不要奔跑,以免摔倒。

(2)如果路边有商店、咖啡馆等可以暂时躲避的地方,可以暂时一避。切记不要逆着人流前进,那样非常容易被推倒在地。

(3)若身不由己陷入人群之中,一定要先稳住双脚。切记远离店铺的玻璃窗,以免因玻璃破碎而被扎伤。

(4)遭遇拥挤的人流时,一定不要采用体位前倾或者低重心的姿势,即便鞋子被踩掉,也不要贸然弯腰提鞋或系鞋带。

(5)如有可能,抓住一样坚固牢靠的东西,如路灯柱之类,待人群过去后,迅速而镇静地离开现场。

(二)出现混乱局面的做法

(1)在拥挤的人群中,要时刻保持警惕,当发现有人情绪不对,或人群开始骚动时,就要做好准备保护自己和他人。

(2)此时脚下要灵活些,千万不能被绊倒,避免自己成为拥挤踩踏事件的诱发因素。

(3)当发现自己前面有人突然摔倒了,马上要停下脚步,同时大声呼救,告知后面的人不要向前靠近。

(4)当带着孩子遭遇拥挤的人群时,最好把孩子抱起来,避免其在混乱中被踩伤。

(5)若被推倒,要设法靠近墙壁。面向墙壁,身体蜷成球状,双手在颈后紧扣,以保护身体最脆弱的部位。

(三)事故已经发生后的做法

(1)拥挤踩踏事故发生后,一方面,赶快报警,等待救援;另一方面,在医务人员到达现场前,要抓紧时间用科学的方法开展自救和互救。

(2)在救治中,要遵循先救重伤者、老人、儿童及妇女的原则。判断伤势的依据有:神志不清、呼之不应者伤势较重;脉搏急促而乏力者伤势较重;血压下降、瞳孔放大者伤势较重;有明显外伤,血流不止者伤势较重。

(3)当发现伤者呼吸、心跳停止时,要赶快做人工呼吸,辅之以胸外按压。

(四)开车时遇到拥挤人群的做法

(1)切忌驾车穿越人群,尤其是群众情绪愤怒、激动或满怀敌意时。因为如果人群发动袭击,打破窗门,翻转汽车,自己可能受重伤。

(2)倘若自己的汽车正与人群同一方向前进,不要停车观看,应马上转入小路、倒车或掉头,迅速驶离现场。

(3)倘若根本无法冲出重围,应将车停好,锁好车门,然后离开,躲入小巷、商店或民居楼。如果来不及找停车处,也要立刻停车,锁好车门,静静地留在车内,直至人群通过。

三、预防大型活动踩踏事故的发生

（一）普及安全常识

（1）进入公共场所要留意地形与通道，以便人群骚动时及时撤离。但是记住，一定不要走楼梯，慌乱的人群挤上楼梯绝对是惨剧。

（2）如果被迫进入楼梯间，顺着楼梯往上跑而不要往楼下跑。如果骚乱已经发生，就不要再去逃生通道了，那里会是慌乱人群最快涌入的地方，也是最容易出事的地点。

（3）尽量避免到拥挤的人群中，不得已时，尽量走在人流的边缘。

（4）应顺着人流走，切不可逆着人流前进，否则，很容易被人流推倒。

（5）发觉拥挤的人群向自己行走的方向来时，应立即避到一旁，不要慌乱，不要奔跑，避免摔倒。

（6）陷入拥挤的人流时，一定要先站稳，身体不要倾斜失去重心，即使鞋子被踩掉，也不要贸然弯腰提鞋或系鞋带。对于穿高跟鞋的女生（女生逛商场的时候尽量不要穿有跟的鞋子以及拖鞋，一般商场试衣间都会预备搭配衣服的高跟鞋），只要脱鞋的动作本身不致失去平衡，就应当毫不犹豫地脱掉高跟鞋。有可能的话，应先尽快抓住坚固可靠的东西慢慢走动或停住，待人群过去后，迅速离开现场。

（7）若被人群挤倒后，要设法靠近墙角，身体蜷成球状，双手在颈后紧扣以保护身体最脆弱的部位。

（8）在人群中走动，遇到台阶或楼梯时，尽量抓住扶手，防止摔倒。

（二）制定并执行应急措施

通过对人群拥挤踩踏事故的特点和成因分析，从人群安全应急管理角度而言，拥挤踩踏事故的预防主要包括以下几个方面。

（1）事先应进行风险评估，制定具体可行的应急预案。应急管理者或活动组织方事先进行的风险评估内容应包括活动可能涉及的人群规模、活动场所的安全容量、活动组织模式的有效性和安全性、整个活动期间场所内的人流流动模式、场所内的关键部位、可能出现的诱发事件、所需配备的应急力量及装备等。

在活动开始前，利用一切可能的形式（广播、安全告知单等），对参与活动的群众进行安全教育，提高其安全意识、识别和应对特定风险的能力、自我保护意识，避免出现大规模恐慌情绪。还要在活动场所内有计划地布置安保或工作人员，以便能够及时发现和制止诱发事件，稳定、控制人群情绪。

此外，组织方还要采取有效措施，确保入场和散场有序，尽可能地将进入场所的人群总量控制在场所的安全容量以内。

（2）发生事故后，应迅速阻止事态发展，防止次生衍生事件。在活动中，一旦出现突发情况，相关人员在履行自身职责开展先期处置的同时，应尽快报告指挥人员。指挥人员收到报告信息后，应尽快组织人员对事态进行评估，充分考虑事态发展走向及可能的连锁反应及后果，迅速确定有效的处置方案；确保所有安保人员和工作人员之间通信联系畅通。根据具体情况，将相关信息及时告知参加活动的人群，避免其因情况不明产生或听信谣言，造成人群恐慌。

（3）事故后，要迅速查明公布事故真相，采取补偿和补救措施。在事故查处过程中，调查组要及时公布查处进展，稳定社会情绪；对受害者及其家属尽快进行赔偿；惩处、教育事故责任人；研究事故深层次的技术原因，制定或更新技术标准规范；加强日常安全管理，提高应急准备和响应能力。

四、校园踩踏事件的预防措施

（一）强化学校领导的安全意识和责任心

学校领导应该从讲政治，保稳定的高度，从立党为公，执政为民的角度出发，按照构建和谐社会，打造平安校园的要求，本着对学生生命高度负责的精神，进一步提高认识，强化责任心，培养学生的生存能力，加强学校的管理，切实预防拥挤踩踏等事故的发生，为教育创造良好的发展环境。

（二）完善学校的安全设施

学校的安全设施是师生安全的重要保证。寄宿制学校的教学楼、公寓楼都应该在主要交通部位安装应急灯和警示标志，以保证在停电时让师生安全撤离，保证楼道楼梯照明、设施安全检查制度等，切实保障师生的生命安全。

（三）加强对学生安全知识的教育和技能训练

从某种意义上说，学生的行为意识决定着学生的生命安全。学生安全意识的提高，安全知识的丰富，行为习惯的养成，安全技能的培养是学生安全的保证。所以，学校应该经常对学生进行安全知识教育。

（四）严格按照国家的规定办学

人员的容量是有其科学依据的，如果超过某种因素的承载力，就有可能出现安全隐患。学校公共的疏散通道，特别是楼梯容量较小，不能满足学生遇突发事件疏散需要的，要增加辅助设施，确保疏散通道畅通。

（五）加强学校的安全管理

遇到突发事件和恶劣天气，带班教师首先要带领学生安全撤离、科学疏散。放学和下晚自习时，每个楼梯口都要有执勤教师负责疏散，指挥学生按照规定路线行走。一层、二层、三层的放学时间应该错开，不能一窝蜂行动。安全管理工作者，要坚持严肃认真的原则，对学校的各项安全设施要定期检查，对学校的安全隐患要及时汇报和处理，定期组织安全学习和安全演练，发现问题及时整改。

案例

1987年陆家嘴事故

1987年12月10日清晨，黄浦江上骤起大雾，整个江面上仿佛笼罩了一层纱帐，远近灯光难辨，能见度在30米以内。按照上海市安全航行有关条例，视程在100米以内，黄浦江上所有航行的船只必须停航。这时正是上班高峰时间，大量市民在轮渡站的浮桥和候船室内焦急地等待轮渡开航。

黑压压的人群挤满了整条陆家嘴路,很多人推着自行车,估计有近万辆,还有几百辆运送蔬菜的人力车,从渡口经花园石桥路、北护塘路,一直延伸到浦东南路,人们焦急地等待着。

上午9时,浓雾渐渐散去,轮渡有望开航,按平时的流量,这时在陆家嘴轮渡站已聚集了4万以上渡江心切、赶着上班的乘客。

登上第一只渡船,基本是已经在候船室的乘客,大家平安无事。但是在9时10分,当第二班轮渡船开航时,在码头铁栅栏外等着上班的乘客拥挤着往船上赶,大量的自行车与行人混杂在一起,秩序极为混乱。突然,一个中年人连同他的自行车一起被汹涌的人流挤倒,然后就有2个、3个、4个人被挤倒,后来者踩着这些倒地的人冲向前方,一起惨祸在5分钟内酿成了。

一位死里逃生的乘客事后回忆,前面一辆自行车倒下,他被绊倒了,跟着一下子倒下十几个人,但后面的人并不知道前面发生了什么,还是往前挤,他被人绊倒后,人们已无法控制自己的脚步,有的倒在他身边,有的压在他身上,有的从他身上踩了过去,后来他什么也不知道了,醒来已经躺在医院里了。

这时推自行车的人最不易控制平衡,在人流的冲击下,纷纷倒地,又引起连锁反应,引起更多的人倒地、更多的自行车倒地。

此时,在轮渡站值班的工作人员意识到事态严重,请求公安部门紧急救助,抢救伤员。并立即从马路上拦车,将伤员分送到附近的上海市第一人民医院、上海市第三人民医院和黄浦区中心医院。

在这次事故中,共死亡66人、重伤2人、20多人受轻伤。是有史以来上海发生的最严重的踩踏事故。

事后西方媒体迅速报道这一事件,有评论说,上海工人阶级具有军队的纪律,为了准时上班,甚至不顾生命安危。

检讨事故发生的原因,不外乎没有紧急事故的处置预案,所以没有及时疏散人群;电视、广播没有及时发布大雾的气象及轮渡停航的信息。还有奖金制度也是造成事故的主因,因为职工迟到一次,不但要扣除当月的奖金,还要扣除季度奖、年度奖,在收入很低的1987年,这是一笔不少的数字,也是人们无论如何不愿迟到的根本原因。

此后市政府发布文件,凡是因大雾轮渡停航,职工一律不算作迟到;一旦起雾,电台、电视做滚动报道,从此,再也没有出现类似的事故。

资料来源:http://gz.people.com.cn/n2/2021/0811/c401347-34862416.html,2022-03-25.

 小贴士

避免大型活动踩踏安全须知

(1)大型活动的主办方除了按照政府出台的各项规定,在活动举办前对活动方案进行评估,对活动群体、设施等进行风险排查外,在活动中进行有效管控也非常重要。

(2) 对人群的整体密度进行实时管控——在密度达到临界值之前停止入场，还要特别注意对桥梁、隧道、出入口等瓶颈地区的密度进行有效控制。

(3) 通过发放工作宣传手册、张贴宣传画、组织演习等对参与群众进行风险告知和安全培训也是预防事故发生的有效手段。

(4) 鉴于近年来发生的多起踩踏事故皆因真实信息传播不畅造成，活动主办方在应急预案中应该尤其重视应急广播的播报工作和应急疏散人员的管理培训。

(5) 如有偶发事件发生，要沉着冷静，立即停止脚步，千万不能惊慌失措、高喊大叫、乱挤乱窜，不能往人多的地方去，要服从指挥。

(6) 老年人、妇女、儿童是安全事故中伤亡的主要人群，他们在心理和身体两方面的控制力都较弱，应该主动避免参加人群密度过高的活动。

(7) 一旦遇到踩踏事件，人们应该尽可能保持镇静，护住头部，握紧身边的扶手等设施，避免滑倒。

(8) 任何时候都不能爬在栏杆上往下滑行。

> 小贴士

学生楼内行走安全须知

(1) 明确要求学生在上下楼梯时要遵守上下楼秩序。

(2) 不拥挤、不打闹、不凑热闹，特别是上下楼梯靠右行。

(3) 学生在上下楼梯鞋带松散时不系鞋带、不捡掉在地上的物品、不攀肩而行、不高声喧哗、不搞恶作剧如尖叫、乱喊、开玩笑等，不快跑、乱窜、不参与拥挤。

(4) 发现拥挤苗头及时撤离，提高防范踩踏事故的能力。

(5) 不论刮风下雨，暴雪浓雾，都要坚持按照学校的规划路线上下课。

第四节　电梯事故的应对与安全教育

一、发生电梯"吞人"事件的原因

(1) 电梯吞人，一种可能的情况是，维保单位正在对电梯进行维护，在此过程中，层门开着，电梯轿厢在其他楼层位置。这时门口如果没有隔挡，乘客不知情进入电梯，就可能出现危险。这种情况就是管理疏忽导致的。

(2) 有的层门，锁钩装置松脱，这时如果遇到有人暴力扒门，就可能会出现层门打开，但轿厢还没到的情况。当门打开，旁边有不知情的乘客进入，就容易酿成事故。这同样是人为原因导致的。

(3) 有的维修人员，发现电梯的保护开关需要更换，但临时找不到零件，又不想耽误乘客上下大楼，就可能进行短接。这能让电梯维持运行，但也容易发生"轿厢没到门先开"的危险状况。

(4)超市商场常见的自动扶梯和自动人行道在进行维修时,有时会对踏板进行拆除。等维修完毕后,拆除的东西没有及时安装或者安装不到位,就可能出现"吞人"的情况。

二、电梯故障的征兆预警及应对办法

(一)电梯出现故障的征兆预警

除了正常的维护检修,一般电梯在出现事故前都会有相应的现象出现作为征兆预警,以下是电梯征兆预警的一些表现。

(1)出现抖动现象(电梯左右晃动、上下垂直方向跳动、带有声音的共振等)。

(2)电梯滑层现象(从指定楼层降到指定楼层以下)。

(3)电梯冲顶现象(从指定楼层升到指定楼层以上,到楼顶)。

(4)轿厢下沉现象(轿厢底部与所在楼层不在一个平面上,比楼层高度要低)。

(5)按钮失效现象(开关门按钮及楼层按钮失效)。

(二)垂直电梯故障的应对办法

电梯故障较为常见,有必要掌握基本的自救知识。

(1)保持镇定,电梯槽有防坠安全装置,会牢牢夹住电梯两旁的钢轨,安全装置也不会失灵。

(2)利用警钟或对讲机求援,如无警钟或对讲机可拍门叫喊,也可脱下鞋子敲打,并请求立刻找人来营救。

(3)如不能立刻找到电梯技工,可请外面的人打电话叫消防员。

(4)如果外面没有受过训练的救援人员在场,不要自行爬出电梯。

(5)千万不要尝试强行推开电梯内门,即使能打开,也未必够得着外门,想要打开外门安全脱身更不可行。

(6)电梯天花板若有紧急出口,也不要爬出去。出口板一打开,安全开关就使电梯刹住不动。但如果出口板意外关上,电梯就可能突然开动令人失去平衡,在漆黑的电梯槽里,可能被电梯的缆索绊倒,或因踩到油垢而滑倒,从电梯顶上掉下去。

(三)扶梯事故的应对办法

(1)紧急时刻第一时间按急停按钮。在每台扶梯的上部、下部都各有一个急停按钮。一旦扶梯发生意外,靠近按钮的乘客应第一时间按下按钮,扶梯就会在2秒内缓冲30~40厘米自动停下。

(2)如果无法第一时间按下急停按钮,乘客要用双手紧紧抓住手扶电梯的扶手,然后把脚抬起,不要接触到手扶电梯,这样人就会随着手扶电梯的护栏移动,不会摔倒,但使用该方法的前提是电梯上的人不是太多。

(四)杂物电梯的使用方法及注意事项

(1)开关门时必须轻开轻关(以防止门绳出槽或砸坏门的安全开关)。

(2)装放货物时应往轿厢中间放置(距轿厢边5厘米以上位置),以防卡住轿厢。

(3)取出货物后应将该层厅门随手关上并关好,直到呼梯面板上开门灯或占用灯灭为止,以保证其他层站的正常使用。

(4)电梯出现故障时,请勿触动急停开关,当触动急停开关时呼梯面板上的急停灯或占用灯点亮,这时应排除故障,将急停开关复位,直到呼梯面板上急停灯或占用灯灭为止,电梯方能正常使用。

(5)电梯只有关好所有厅门时,呼梯面板上开门灯或占用灯灭,才能正常使用,任意厅门未关好时电梯均不能正常运行。

(6)电梯不停在该层时,厅门机械锁将自动锁闭。除维修外不允许以任何方式让厅门打开。严禁将厅门安全开关短接,开着厅门让电梯运行。如发现电梯开着厅门可以运行应立即停止使用,关闭该电梯总电源和所有厅门并及时报修。

(7)电梯严禁超载运行,货物的重量应小于呼梯面板上所规定的载重量。

(8)电梯出现故障时应及时通知维修人员进行检修,不要让电梯持续运行,严禁在无维修人员在场的情况下进行电梯检修。

三、安全乘坐电梯常识

(一)乘坐垂直电梯的注意事项

(1)如果电梯门正在关闭,不要用手挡门、扒门;门无法关闭时,不要乘坐电梯。

(2)勿在电梯门口逗留。

(3)勿坐超载电梯。

(4)正确按电梯按钮。

(5)乘坐电梯时应该收好宠物链,不要让宠物在电梯内自由活动,最好把宠物抱在怀里。

(6)发生火灾时,不能乘坐电梯,应当走消防通道和安全出口。

(二)紧急情况下正确的自救措施

(1)固定自己的身体。电梯发生坠落事故时,固定自己的身体就不会因为重心不稳而造成摔伤。

(2)紧贴墙壁保护脊椎。运用电梯墙壁作为脊椎的防护,紧贴墙壁,可以起到一定的保护作用。

(3)稍稍弯曲膝盖。韧带是人体唯一富含弹性的组织,比骨头更能承受压力。因此脚尖踮起膝盖稍微弯曲,这样可以借用膝盖弯曲来承受重击压力。

(4)呼叫报警电话。被困电梯,在不知晓原因之前,任何自行设法逃离的行为都属冒险举动。首先看看电梯内没有报警电话,如果有要赶紧按下,没有可用鞋子敲门。如果长时间被困,最安全的做法是保持镇定,保存体力,等待救援。

(5)按下每个楼层的按键。出现意外情况时,不论有几层楼,要先从低层起把每层楼的按键都按下,当应急电源启动时,电梯可以马上停止下坠。

(三)乘坐自动扶梯的注意事项

(1)乘坐手扶梯不要反方向乘坐,不要踩在黄线上。

(2)不要在扶梯口玩耍。

(3)不要把尖锐物品插入扶梯缝隙内,不要把身体的任何一部分伸到扶梯外。

(4)不要穿轮滑鞋乘梯,注意系紧鞋带,女生要小心长裙被卡。

（四）乘电梯应避免的危险举动

(1)重复按按钮。等待电梯时,经常有人重复按按钮,这样反复按按钮会造成电梯误停,既耽误时间还可能造成按钮失灵。

(2)停留在厅门和轿门之间。电梯最容易出问题的就是门,停留在厅门和轿门之间最危险,因此进出电梯最好是快进快出。

(3)倚靠在门上。不少人在等电梯时喜欢靠在门上暂时休息,如果电梯打开时,轿厢不在本层,则很容易跌进井道,或者被轿厢和井道卡住。

(4)用手、脚、棍棒等物品阻止关门。电梯门正在关闭时,外面的乘客会用手、脚、棍棒等物品阻止关门,这样非常容易发生安全事故,因此最好等待下次或请电梯内部的乘客按动开门按钮。

(5)下雨天将滴着水的雨具带入电梯。这样不仅会弄湿地板,而且水顺着缝隙进入井道还可能造成短路。

(6)只要看到电梯门打开,就往里面冲。

(7)硬币等物件掉进电梯,自己用手或工具伸进缝隙去掏。在电梯停靠过程中有时会有硬币、项链等物件落入了电梯门和井道的缝隙中,应立即告知电梯专业人员协助处理,不要自己用手或工具伸进缝隙去掏。

(8)在运行的轿厢里蹦蹦跳跳,乱摁按钮。这种举动,多半发生在小朋友身上,有时会乘电梯玩耍,往上时,按下每层按钮,往下时,又按下每层按钮。

(9)重量超载。一般电梯的载重为1 000千克,限13人。

(10)用手扒开电梯。当运行的电梯突然停止,不少人因为恐慌而强行用手扒开电梯门或企图从安全窗爬出。

（五）电梯最易伤人部位

(1)梯级与围裙板之间的缝隙。按照有关规范,围裙板与梯级、踏板间任何一侧的水平间隙不应大于4毫米,而人的手指有7～8毫米粗,手臂更粗,被夹进缝隙中是由于围裙板静止而梯级在运动,这样就会产生冲力将人的手指甚至手臂带入缝隙。此外,有些人乘扶梯时喜欢将脚靠在围裙板上,若不慎将鞋尖、鞋带或裤边卷入缝隙,就会将脚也带进去。

(2)踏板与末端梳齿板间缝隙。如果因为平衡性不好,一旦趴倒在扶梯上,则很容易造成伤害。

(3)自动扶梯下面的扶手槽。扶手槽入口处包裹着十多条黑色橡胶带,而且和扶梯下面的按钮相连,当人手伸入橡胶带后,触动了相连的按钮,自动扶梯就会立即停止。自动扶梯都有自动保护功能,当遇到阻碍物时会自动停止。但遇到阻碍物的阻力有一个值,当达到这个值时保护功能才会响应。

(4)扶手与构筑物夹角。如果人对眼前的危险预计不足,当上行过程中把头部伸出扶梯向下看时,则容易导致意外发生。

四、学校预防电梯事故的措施

（一）加强学生安全常识的培养

学校要经常教学生们秩序常识，即遵守公共秩序，不要争先恐后，注意安全。认真做好学生们的安全教育，提高学生们的秩序意识，如果学生们拥有这些为人的基本能力，这些踩踏事件的悲剧就能从源头避免。

儿童搭乘自动扶梯应由成年人陪同，且陪同人员帮助儿童进入及离开自动扶梯，确保儿童站立在梯级黄色警示线内，帮助儿童扶好扶手带或牵好儿童的手，搭乘时不要让儿童在梯级上打闹嬉戏。

（二）学生集体活动要制定安全预案

开展学生集体活动之前，一定要制定安全预案，以应对活动中可能出现的紧急情况。应该教会学生在乘坐扶手电梯时抓紧扶手，靠右站稳，有序通行。大量学生上下电梯时，出于安全起见，应该有老师在电梯上下两端安排人员维持秩序。学生集体活动前老师也应该对学生进行安全防范的指导和教育。

（三）加强电梯安全管理

北京市交通委曾经下发《关于进一步加强本市交通行业电梯安全工作的通知》。通知要求强化安全值守监控。各运营单位应积极引入视频监控装置，以便对设备运行进行全过程监控；在客流高峰时段，要在电梯使用的关键部位安排专人值守，疏导客流，引导乘客安全乘梯。

凡涉及公共安全和人员密集场所的电梯，应首先安装电梯数据采集终端；对发生安全事故和故障频发的电梯，必须尽快安装电梯数据采集终端，迅速实现电梯安全远程监控。

（四）建立公共信息平台

以电梯物联网监控系统为基点，建立全新的社区公共信息平台，能提供多方面的应用服务，包括信息服务平台、电子商务等应用平台。平台由内容发布管理中心、多媒体发布服务器、多媒体终端、无线网络平台等多部分组成。通过此平台，能为政府、物业等部门发布电梯安全应急、公共服务类信息和其他相关服务内容，为政府及有关单位建立一个垂直管理的信息通道，更好地服务于大众。

案例

老旧电梯安全事故引关注：电梯有退休年龄吗？

福建福州一小区电梯故障，一名13岁男孩在自救过程中坠落身亡。

监控录像显示，男孩按二层按钮，电梯却上升至6层和7层之间，孩子先后拍打电梯门，按"紧急通话"按钮求助未得到回应。男孩在电梯内进行自救，用长柄雨伞撬开轿厢门和6层电梯门。18时34分，男孩从不到半米高的空间，钻出轿厢，随后发生意外。

近年来，电梯安全事件频发，有关"吃人电梯"的纠纷也受到舆论聚焦。根据市场监管总局发布的《关于2020年全国特种设备安全状况的通告》，截至2020年年底，全国的电梯数量达到786.55万台,全年电梯事故25起、死亡19人。

这些事故的原因包括,违章作业或操作不当,设备缺陷、安全部件失效或保护装置失灵,应急救援(自救)不当,安全管理、维护保养不到位等。

除了电梯事故本身,由电梯安全所引发的纠纷案件也很多。中新网通过裁判文书网检索"电梯""事故""物业",仅2021年出现的文书就已达到300余篇。

观察这些电梯事故引发的纠纷,不少案件中出现电梯报警按钮失灵的现象。那么,关键时刻可以救命的报警按钮为何频频失灵?监管责任由谁来承担?

"电梯应急照明和紧急救援按键是电梯年检的重点之一,要求任何情况下务必接通。"内蒙古呼和浩特市一家电梯安装、维修保养公司的负责人乔建认为,如果求助按钮不能及时接通,是不符合规定的。

乔建说,按照国家相关规定,对电梯的质量检查较为全面,包括电梯的全部安全部件(限速器、安全钳、缓冲器、上下极限装置、安全回路等)、承重载荷试验、应急照明、五方通话等方面,全部检测通过后,电梯才能获得运营许可。

乔建介绍,日常生活中,物业方面一般会将电梯的维保工作承包给有专业资质的电梯公司,按照国家规定,要求一个月检修要达到两次。"大公司会对维保工作严格要求,但一些不正规的小公司可能存在保养不认真的情况,导致电梯使用过程出现隐患。"

北京市律协民法专委会副主任安翔表示,根据民法典相关规定,物业公司依据法律和业主之间的约定,承担对于楼房电梯的管理和维护义务,在电梯发生故障最终导致人员伤亡的事件中,物业公司需要承担赔偿责任。

安翔说,如果电梯本身存在质量问题或者设计缺陷,可以由居民起诉物业公司与电梯公司,也可直接起诉物业公司,之后由物业公司向电梯公司追偿。

从事后的法律责任来看,电梯安全事件的追责似乎并不复杂。但频发的电梯安全事件背后,监管责任为何屡屡缺位?

有媒体报道,13岁男孩坠亡事件中,小区保安称电梯是2005年投入使用,已使用多年,老化严重。

"正常情况下,电梯停运时,电梯轿厢门无法从内部用雨伞撬开。"乔建说,如果事件中电梯可以从内打开,或许的确是电梯型号太过老旧,没有加装开门限制装置。

老旧电梯,正是现实中不少电梯惊魂事件的发生地。2019年6月下旬,陕西咸阳秦都区众亿温泉大厦一部老电梯发生故障,停在2楼与3楼之间,一位老人腿被卡住不幸身亡。此前,北京市丰台区一部使用25年的电梯,一名妇女一条腿迈入电梯后电梯突然上升导致左腿被夹断。

而值得一提的是,在我国,目前并没有电梯整体报废使用年限的法律规定。

2019年4月,在市场监管总局官网的公众留言处,特种设备安全监察局在回应"国家是否有电梯使用年限的规定或规范要求"一问时表示:将使用超过15年以上的电梯称为老旧电梯,是行业的一种说法,目前,我国没有电梯整体报废使用年限的规定。

此前公开资料显示,2001年,北京市曾下发过《关于加强北京市住宅电梯报废管理有关问题的通知》,基本将电梯报废年限确定为15年。当时,该通知甚至被业内认为是国内唯一对电梯报废年限做出明确规定的文件。

2016年2月,我国首个电梯主要部件报废国家标准实施,老旧电梯的报废正从以使用时间"一刀切"变为具体情况具体分析。

在从事电梯行业多年的乔建看来,15年的新旧标准,主要是超过15年的电梯由于电子和机械元器件老化,或生产标准与现行国标不符,而在现实中,年限并非检测电梯质量的唯一标准。

在乔建所在的公司,维保电梯大约1 100台,其中,15年以上的电梯占比约达10%。

"一些使用超过20年的电梯使用状况依旧良好,高质量维护保养起着重要作用。"乔建说。

乔建认为,电梯设备出现故障在所难免,除了一些极端事件,很多伤亡的发生,源于居民对乘梯安全知识的缺失。

"现实中,电梯内类似滑梯、坠梯现象,多数情况是电梯复位运行的表现。重要的是了解相关知识,遇到突发情况正确处理。"乔建说。

从法律的角度来说,安翔表示,安全生产部门应该加大监管力度。"不仅要定期进行检测,还应对日常的管理维护加强监管。同时,物业公司的主管部门也有义务,督促物业公司依法履行职责。"

专家表示,对可能发生的电梯故障,物业公司应当采取提示措施。比如,遇到故障该如何处置?是否明示应当采取某一行为、不应当采取某一行为?

"如果物业公司在电梯内或周围的明显位置详细标注了安全提示,也介绍了出现意外情况的解决方法,可以相应减轻责任。"安翔说。

乔建则认为,事前的电梯安全乘梯知识普及亟待加强。"在日常生活中,如果遇到电梯停运、被困轿厢,第一时间应该使用电梯内部的紧急救援按钮,通过五方通话装置进行求救。"

"盲目地自救几乎等于自杀。"乔建说,电梯并非密封空间,空气流通正常,不用担心窒息的风险,一旦电话接通,及时通报被困电梯位置,冷静等待救援即可。

乔建呼吁加强乘梯安全宣传,物业公司、政府相关部门、电梯公司可以发放电梯急救知识的小册子、播放视频,或者采用电梯内图片提醒等方式,减少盲目自救,减少悲剧发生。

资料来源:http://sc.people.com.cn/n2/2021/0508/c345459-34714246.html,2022-03-27。

小贴士

乘坐电梯的礼仪

(1)同乘电梯时,如果电梯没有专门的服务生,应先入电梯并按住"开"的按钮,让他人安全进入。

(2)出电梯时,应让他人先走,自己最后出电梯。

(3)电梯内空间狭小,乘坐者应保持安静,并禁饮、禁食、禁烟。切忌高谈阔论或隔空喊话。

第五节　火灾的应对与安全教育

火灾是指在时间和空间上失去控制的燃烧所造成的灾害。在各种事故灾害中,火灾是最经常、最普遍地威胁公众安全和社会发展的主要灾害之一。

一、火灾的分类及危险等级

1. 火灾危险性分类

火灾危险性分类可分为生产、储存物品、可燃气体和可燃液体的火灾危险性分类四种。其中生产的火灾危险性分类分为甲、乙、丙、丁、戊级。储存物品的火灾危险性分类分为甲、乙、丙、丁、戊级。可燃气体的火灾危险性分类分为甲、乙级。可燃液体的火灾危险性分类分为甲、乙、丙级。

2. 火灾危险等级

火灾危险等级分为轻危险级、中危险级、严重危险级和仓库危险级。

轻危险级是指建筑高度为24米以下的办公楼、旅馆等。中危险级是指高层民用建筑、公共建筑(含单、多高层)、文化遗产建筑、工业建筑等。严重危险级是指印刷厂、酒精制品、可燃液体制品等工厂的备料与车间等。仓库危险级是指食品、烟酒、木箱、纸箱包装的不燃难燃物品、仓储式商场的货架区等。

根据2007年6月26日公安部下发的《关于调整火灾等级标准的通知》,新的火灾等级标准由原来的特大火灾、重大火灾、一般火灾三个等级调整为特别重大火灾、重大火灾、较大火灾和一般火灾四个等级。

特别重大火灾是指造成30人以上死亡,或者100人以上重伤,或者1亿元以上直接财产损失的火灾

重大火灾是指造成10人以上30人以下死亡,或者50人以上100人以下重伤,或者5 000万元以上1亿元以下直接财产损失的火灾。

较大火灾是指造成3人以上10人以下死亡,或者10人以上50人以下重伤,或者1 000万元以上5 000万元以下直接财产损失的火灾。

一般火灾是指造成3人以下死亡,或者10人以下重伤,或者1 000万元以下直接财产损失的火灾。

二、火灾的预防知识

(一) 预防火灾常识

(1) 忌乱扔烟头。室内的可燃物多,特别要警惕吸烟引起火灾。随手扔烟头是很多烟民的不良习惯,要知道"一支香烟头,能毁万丈楼"。

(2) 忌使用老化的家用电器、电线。家用电器已经普及,使用电炉、电热毯、电熨斗和取暖设备等,要做到用前检查,用后保养,避免因线路老化、年久失修或经常搬运、碰破电线而引发火灾事故。

（3）忌随地、随意燃放烟花爆竹。

（4）忌烤火取暖粗心大意。冬季烤火取暖严禁使用汽油、煤油、酒精等易燃物引火；火炉周围不得堆放可燃物品；蒸气管道和取暖器材切勿烘烤衣物，以免发生火灾事故。另外，家庭不可用可燃材料搞装饰，避免给火势蔓延创造条件。

（5）忌燃气泄漏。家庭使用液化气罐或煤气管道时，要具备良好的通风条件，并要经常检查，发现有漏气现象，切勿开灯、打电话，更不能动用明火，要匀速打开门窗通风，排除火灾隐患。

（二）高楼防火注意事项

（1）安全门或楼梯及通道应保持畅通，不得任意封闭、加锁或堵塞。

（2）楼房窗户不应装置防窃铁栅或广告牌等阻塞逃生的路途，如装置应预留逃生口。

（3）高楼楼顶平台，为临时避难场所，除蓄水池与瞭望台外，不可加盖房屋或做其他设备，以免影响逃生。

（4）缺水或消防车抢救困难地区，应配置灭火器材或自备充足的消防用水。

（三）用电安全常识

（1）保险丝熔断是用电过量预告，不可愈换愈粗，以免短路时不能及时熔断，引起火灾。

（2）电线陈旧，最易破损，应注意检查更换。

（3）衣柜内不可装设电灯烘烤衣物。

（4）电暖炉周边不可放置易燃物品或靠近衣服。

（5）电热水器要经常检查其自动调节装置是否损坏，以免发生过热，引起爆炸后火灾。

（6）电气机房及配电所开关附近应备干粉灭火器以备防火。

（四）正确的报警方法

《中华人民共和国消防法》第三十二条明确规定，任何人发现火灾时，都应该立即报警。任何单位、个人都应当无偿为报警提供便利，不得阻拦报警。严禁谎报火警。所以一旦失火，要立即报警，报警越早，损失越小。报警时要牢记以下几点。

（1）要牢记火警电话119，消防队救火不收费。

（2）接通电话后要沉着冷静，向接警中心讲清失火单位的名称、地址、什么东西着火、火势大小，以及着火的范围。同时还要注意听清对方提出的问题，以便正确回答。

（3）把自己的电话号码和姓名告诉对方，以便联系。

（4）打完电话后，要立即到交叉路口等候消防车，以便引导消防车迅速赶到火灾现场。

（5）迅速组织人员疏通消防车道，清除障碍物，使消防车到火场后能立即进入最佳位置灭火救援。

（6）如果着火地区发生了新的变化，要及时报告消防队，使他们能及时改变灭火战术，取得最佳效果。

（7）在没有电话或没有消防队的地方，如农村和边远地区，可采用敲锣、吹哨、喊话等方式向四周报警，动员乡邻来灭火。

（五）灭火器的种类及使用方法

1. 泡沫灭火器

泡沫灭火器适用于固体物质火灾和液体或可熔化的固体物质火灾，分为化学泡沫和机械泡沫两种，其中化学泡沫使用时需颠倒使用，现已淘汰，而机械泡沫使用方法同干粉灭火剂。缺点是造成污染，不可使用于气体火灾，每四个月检查一次，药剂一年更换。

2. 二氧化碳灭火器

二氧化碳灭火器适用于液体或可溶化的固体物质火灾和气体火灾，使用方法包括以下几个步骤：拔出保险插销；握住喇叭喷嘴和阀门压把；压下压把，二氧化碳即受内部高压喷出。每三个月检查，若重量减少10%以上，则需重新灌充。缺点：使用人员极易冻伤。

3. 干粉灭火器

干粉灭火器分为磷酸铵盐和碳酸氢钠两种干粉，适用于固体火灾、液体火灾、气体火灾，使用方法：拔掉保险销；喷嘴管朝向火焰，压下阀门压把即可喷出灭火剂。每三个月检查一次压力表，药剂有效时限为三年。

4. 清水灭火器

清水灭火器最适合用于固体火灾，不适合扑灭其他类火灾。使用时采用拍击法：先将清水灭火器直立放稳，摘下保护帽，用手掌拍击开启杠顶端的凸头，水流便会从喷嘴喷出。

（六）安全燃放烟花爆竹

春节燃放烟花爆竹时，应警惕安全隐患。

（1）不可在建筑物室内、阳台、走廊等地燃放，更不能对着人和建筑物、可燃物燃放。

（2）不要在商场、市场、公共娱乐场所、人员密集场所、粮库、农村柴草垛、古建筑、电力设施下方燃放烟花爆竹。

（3）不能在加油站、油库、烟花爆竹销售摊点等地方燃放。

（4）烟花的燃放不可倒置，吐珠类烟花最好能用物体或器械固定在地面上，若确需手持，只能掐住筒体尾端，不要掌心托底。

（5）爆竹应在屋外空处吊挂燃放，点燃后切忌将爆竹放在手中，双响炮应直竖地面，不要横放。

（6）未成年人慎用烟花爆竹，燃放时一定要有家长陪同。

（七）家庭灭火常识

（1）炒菜油锅着火时，应迅速盖上锅盖灭火。如没有锅盖，可将切好的蔬菜倒入锅内灭火。切忌用水浇，以防燃着的油溅出来，引燃厨房中的其他可燃物。

（2）电器起火时，先切断电源，再用湿棉被或湿衣物将火压灭。电视机起火，灭火时要特别注意从侧面靠近电视机，以防显像管爆炸伤人。

（3）酒精火锅加添酒精时突然起火，千万不能用嘴吹，可用茶杯盖或小菜碟等盖在酒精罐上灭火。

（4）液化气罐着火，除可用浸湿的被褥、衣物等捂压外，还可将干粉或苏打粉用力撒向火焰根部，在火熄灭的同时关闭阀门。

三、火灾避险逃生知识

（一）家庭火灾的逃生方法

当家中失火或者楼层邻近家起火,被浓烟和高温围困在家中时,应想尽办法,尽一切可能逃到屋外,远离火场,保全自己。

1. 普通家庭住宅火灾的逃生方法

（1）开门之时,先用手背碰一下门把。如果门把烫手,或门隙有烟冒进来,切勿开门。先用手背碰触是因为金属门把传热比门框快,手背一感到热,手就会马上收回。

（2）若门把不烫手,则可打开一道缝以观察可否出去。用脚抵住门下方,防止热气流把门冲开。如门外起火,开门会鼓起阵风,助长火势,打开门窗则形同用扇扇火,应尽可能把全部门窗关上。

（3）弯腰前行,浓烟从上往下扩散,在近地面0.9米左右,浓烟稀薄,呼吸较容易,视野也较清晰。

（4）如果出口堵塞,就要试着打开窗或走到阳台上,走出阳台时随手关好阳台门。

（5）如果居住在楼上,而该楼层离地不太高,落点又不是硬地,可抓住窗沿悬身窗外伸直双臂以缩短与地面之间的距离。这样做虽然可能造成肢体的扭伤和骨折,但这毕竟是主动求生。在跳下前,先松开一只手,用这只手及双脚撑一撑离开墙面跳下。确实无其他办法时,才可从高处下跳。

（6）如果要破窗逃生,可用随手抓到的东西(较硬之物)砸碎玻璃,把窗口碎玻璃片弄干净,然后顺窗口逃生。如无计可施则关上房门,打开窗户,大声呼救。如果在阳台求救,应先关好后面的门窗。

（7）如没有阳台,则一面等候援救,一面设法阻止火势蔓延。用湿布堵住门窗缝隙,以阻止浓烟和火焰进入房间,以免被活活烧死。

（8）向木质家具及门窗泼水防止火势蔓延。邻室起火,不要开门,应从窗户、阳台转移出去。如贸然开门,热气浓烟可乘虚而入,使人窒息。睡眠中突然发现起火,不要惊慌,应趴在地上匍匐前进,因靠近地面处会有残留的新鲜空气,不要大口喘气,呼吸要细小。

（9）失火时,如携婴儿撤离,可用湿布蒙住婴儿的脸,用手挟着快跑或爬行而出。

2. 高层建筑火灾的逃生方法

高层建筑发生火灾后的特点是火势蔓延速度快,火灾扑救难度大,人员疏散困难。在高层建筑火灾中被困人员的逃生自救可以采用以下几种方法。

（1）尽量利用建筑内部设施逃生

利用消防电梯、防烟楼梯、普通楼梯、封闭楼梯、观景楼梯进行逃生;利用阳台、通廊、避难层、室内设置的缓降器、救生袋、安全绳等进行逃生;利用墙边落水管进行逃生;将房间内的床单或窗帘等物品连接起来进行逃生。

（2）根据火场广播逃生

高层建筑一般装有火场广播系统,当某一楼层或楼层某一部位起火,且火势已经蔓延时,不可惊慌失措盲目行动,而应注意听火场广播和救援人员的疏导信号,从而选择合适的疏散路线和方法。

(3) 自救、互救逃生

利用各楼层存放的消防器材扑救初起火灾。充分运用身边物品自救逃生(如床单、窗帘等)。对老、弱、病、残、孕妇、儿童及不熟悉环境的人要引导疏散,共同逃生。

3. 棚户区火灾的逃生方法

棚户区也叫简易建筑区,是指用草、木、竹、油毡等可燃材料搭建的简易房屋群。起火后,火势蔓延快,烟雾扩散快,被困人员安全脱逃十分困难,可以采用以下几种逃离方法。

(1) 抓住时机逃离房间

棚户区房间面积小,发生火灾后要果断抓住时机逃离房间,退到较为安全的地区,切不可因抢救财物而延误了时机。

(2) 选对逃离路线

当火势窜出屋顶,房屋出现倒塌迹象时,最好沿承重墙逃出房间,住在阁楼上的人在逃生时,应采取前脚虚后脚实的方法行走,避免因阁楼烧坏,脚踏空而坠楼摔伤。

(3) 身上着火时的处理办法

当身上着火时,切不可带火奔跑,应设法把衣服脱掉,如果一时脱不掉,可把衣服撕破扔掉,也可卧倒在地上打滚,把身上的火苗压熄或想办法淋湿衣服或就近跳入水池。

(4) 逃离火场要选上风向

对于大面积燃烧的火场,虽然逃出了房间,但仍处在火势的包围之中,这时不要惊慌,退到较为安全的空地,选择上风方向奔跑逃生,尽量减少呼吸,并注意避免房屋倒塌砸伤自己。

(5) 生命安全为第一

棚户区发生火灾,蔓延非常迅猛,逃生机会稍纵即逝,因此火场逃生时必须冷静、果断,以保全生命为原则,在此前提下方可抢救财物。

(二) 公共场所火灾的逃生方法

1. 商场(集贸市场)火灾的逃生方法

商场(集贸市场)可燃物多,火灾荷载大,人员密度大,火灾危险性很大,一旦发生火灾,扑救难度大,人员疏散困难,易造成重大的人员伤亡,要想从商场(集贸市场)火灾中成功地逃生,就必须掌握正确的逃生方法。

(1) 熟悉所处环境。走进商场等不熟悉的环境,应留心看一看太平门、楼梯、安全出口的位置,以及灭火器、消火栓、报警器的位置,以便有火警时及时逃出危险区或将初起火灾及时扑灭,并在被围困的情况下及时向外报警求救。只有养成这样的好习惯,才能有备无患。

(2) 利用疏散通道逃生。主要是利用商场设定的室内楼梯、室外楼梯或消防电梯等,尤其是在初起火灾阶段,要及时利用这些通道逃生。

(3) 自制器材逃生。主要是利用一切可以利用的物品用作自我保护、开辟疏散通道。

(4) 利用建筑物逃生。即利用落水管、室外突出部位,各类门、窗以及避雷网(线),进行逃生或转移。

(5) 寻找避难处所逃生。如到室外阳台、楼层平台等待救援;选择火势、烟雾难以进入的房间,关好门窗,堵塞间隙,或浇湿可燃物,阻止或减缓火势和烟雾的蔓延。无论白天或夜晚,被困者应不断发出各种呼救信号,以引起救援人员注意而得救。

2.影剧院等娱乐场所火灾的逃生方法

影剧院里,都设有消防疏散通道,并装有门灯、壁灯、脚灯等应急照明设备。用红底白字标有"太平门""出口处"或"非常出口""紧急出口"等指示标志。一旦发生火灾应根据不同起火部位,选择相应的逃生方法。

(1)当舞台失火时,要远离舞台向放映厅一端靠近,把握时机逃生。

(2)当观众厅失火时,可利用舞台、放映厅和观众厅的各个出口逃生。

(3)不论何处起火,楼上的观众都要尽快从疏散门由楼梯向外疏散。

(4)当放映厅失火时,可利用舞台和观众厅的各个出口逃生。

此外,影剧院起火还要注意以下几点。

(1)疏散人员要听从影剧院工作人员的指挥,切忌互相拥挤、乱跑乱窜,堵塞疏散通道,影响疏散速度。

(2)疏散时,人员要尽量靠近承重墙或承重构件部位行走,以防坠物砸伤。特别是在观众厅发生火灾时,人员不要在剧场中央停留。

(3)有些影院安装了应急排风按钮,出现紧急情况时可按压按钮打开通风设备,排出室内有毒气体。

(4)应急出口大门用力即可撞开。

(三)乘坐交通工具时发生火灾的逃生方法

1.地铁发生火灾时的逃生方法

随着城市的发展,地铁已经成为大城市不可缺少的交通工具,地铁发生的灾害事故也在不断地增多,其中火灾占有不小的比例。如果乘坐地铁的时候发生火灾,以下几种逃生的方法可以参考。

(1)在地铁中发现车厢停电,并有异味、烟雾等异常情况,应立即按响车厢内紧急报警装置通知司机。

(2)地铁失火时,不要惊慌应保持镇静,不要任意扒门,更不能跳下轨道,应耐心地等待车站工作人员的到来。要会用车厢内的消防器材,奋力将小火控制、扑灭。

(3)疏散时注意看指示灯标志。地铁站都会设有事故照明灯。

(4)按照广播以及司机、车站工作人员的指引,做好个人防护(如毛巾捂鼻等),迅速有秩序地疏散到地面。

2.火车火灾中的逃生方法

(1)火车的火灾特点:一是易造成人员伤亡;二是易形成一条火焰龙卷风;三是易造成前后左右迅速蔓延;四是易产生有毒气体。

(2)利用车内的设施逃生方法。

① 当列车发生火灾时,被困人员可以通过各车厢的互连通道逃离火场(相邻车厢间有自动或手动门)。通道被阻时,可用安全锤或坚硬的物品将玻璃窗户砸破,逃离火场。

② 当列车发生火灾时,乘务员应迅速拉下紧急制动闸,使列车停下来,并组织人力迅速将车门和车窗全部打开,帮助未逃离火车厢的被困人员向外疏散。

③ 摘挂钩疏散车厢。旅客列车在行驶途中或停车时发生火灾,威胁相邻车厢时,应采

取摘钩的方法疏散未起火车厢,具体方法有以下两种。

前部或中部车厢起火时,先停车摘掉起火车厢与后部未起火车厢之间的连接挂钩,机车牵引向前行驶一段距离后再停下,摘掉起火车厢与前面车厢之间的挂钩,再将其车厢牵引到安全地带。

后部车厢起火时,停车后先将起火车厢与未起火车厢之间连接的挂钩摘掉,然后用机车将未起火的车厢牵引到安全地带。

(3) 火车火灾逃生时应注意的事项。

① 当起火车厢内的火势不大时,列车乘务人员应告诉乘客不要开启车厢门窗,以免大量的新鲜空气进入后,加速火势的扩大蔓延。

② 组织乘客利用列车上的灭火器材扑救火灾,还要有秩序地引导被困人员从车厢的前后门疏散到相邻的车厢。

③ 当车厢内浓烟弥漫时,要告诉被困人员采取低姿行走的方式逃离到车厢外或相邻的车厢。

④ 当车厢内火势较大时,应尽量破窗逃生。

⑤ 采用摘挂钩的方法疏散车厢时,应选择在平坦的路段进行。对有可能发生溜车的路段,可用硬物塞垫车轮,防止溜车。

3. 公交车发生火灾时的逃生方法

公交车是人们生活中不可缺少的交通工具,使用该工具的人数众多是它一个最大的特点,一旦发生火灾应采取以下几种自救的方法。

(1) 当发动机着火后,驾驶员应开启车门,令乘客从车门下车。然后,组织乘客用随车灭火器扑灭火焰。

(2) 如果着火部位在汽车中间,驾驶员打开车门,让乘客从两头车门有秩序地下车。在扑救火灾时,重点保护驾驶室和油箱部位。

(3) 如果火焰小但封住了车门,乘客们可用衣物蒙住头部,从车门冲下。

(4) 如果车门线路被火烧坏,开启不了,乘客应砸开就近的车窗翻下车。

(5) 开展自救、互救方法逃生。在火灾中,如果乘车人员衣服被火烧着了,不要惊慌:如果来得及脱下衣服,可以迅速脱下,用脚将火踩灭;如果来不及脱下衣服,可以就地打滚,将火滚灭;如果发现他人身上的衣服着火时,可以脱下自己的衣服或用其他布物,将他人身上的火捂灭,或用灭火器向着火人身上喷射。

四、学校的火灾危险源

(1) 普通教室课堂上进行实验和演示所需的用火、用电或化学危险品,存在很大的火灾隐患。

(2) 视听教室的演播室内所用的吸音材料不少是可燃材料,并且安装了碘钨灯和聚光灯照明设备;维修间用火用电较多,同时还经常使用易燃液体;电影放映室放映机的灯箱温度较高,如发生卡片且不能及时排除故障,就有可能使影片着火,在修接胶片时所用的丙酮,遇明火也极易起火。

(3) 实验室内贮有一定量的易燃易爆化学危险品,如使用和保管不当,极易引发火灾。

另外,在实验进程中常使用明火进行加热蒸馏、回流等实验操作,以及使用电热仪器时用电量过大等都可能出现危险。

(4) 学生集体宿舍生活用火、用电不慎极易引发火灾。

五、学校防火措施

(一) 建筑的防火要求

(1) 教室的建筑,应符合《建筑设计防火规范》或《高层民用建筑设计防火规范》的要求。

(2) 教学楼距离甲、乙类的生产厂房、仓库以及具有较大火灾爆炸危险的独立实验室的防火间距不应小于25米。

(3) 容纳人数超过50人的教室,其安全出口不应少于两个,疏散门应向疏散方向开启,且不得设置门槛。

(4) 电化教室的建筑耐火等级不应低于一、二级,室内的装饰材料及吸音材料均应采用非燃或难燃材料。

(5) 化学实验室应为一、二级耐火等级的建筑,实验室的建筑面积在30平方米以上的应有两个安全出口。

(6) 音像仓库应为一、二级耐火等级的建筑,磁带应存放于金属柜中。

(7) 学校内部的食堂、液化气储存间、杂品库房、烧水间应与学生活动场所、生活区、教学区分开设置;如毗邻建造时,应用耐火等级不低于一级的非燃烧材料与其隔开。

(二) 安全疏散的要求

(1) 学校的安全疏散出口不得少于两个。

(2) 学校用于疏散的楼梯间内,不应附设烧水间、可燃材料储藏室、非封闭的电梯井、可燃气体管道等。

(3) 室外疏散楼梯和每层出口平台,均应采用非燃烧材料制作,并应保证通道的畅通。

(4) 疏散用门不应采用吊门或侧拉门,严禁使用转门,并应向疏散方向开启。

(三) 电气设备的防火要求

(1) 电化教室内的照明灯具与可燃物之间应保持一定的安全距离,聚光灯、碘钨灯前面使用的彩光纸必须是难燃型的,并在灯具下面加设金属网或石英玻璃、纤维玻璃等进行保护。

(2) 校内的电线要有套管,电源线在吊顶内通过时,应穿金属管敷设。

(3) 实验室内有变压器、电感线圈的设备必须设置在非燃的基座上,为实验室临时拉用的电气线路应符合安全要求,电加热器、电烤箱等设备应做到人走电断,电冰箱内禁止存放相互抵触的物品和低闪点的易燃液体。

(4) 教室内的电源开关、电闸、插座等距离地面不应小于1.3米,灯头距地面一般不应小于2米。

(5) 学生宿舍内禁止使用电炉、电熨斗等电气设备,不准随便乱拉电线。

(四)消防设施

应按国家规范配置消防器材,并定期进行检查、更换、保养。规模较大的学校应安装火灾自动报警和自动喷水灭火系统。

(五)消防知识教育、普及

学校应对学生进行消防知识的普及教育,适当组织消防演习,举行消防夏令营,以增强学生的消防意识。

(六)消防安全管理要求

(1)健全消防安全责任制,明确学校的消防安全责任人、消防安全管理人及其职责。

(2)建立健全消防安全组织,建立校内义务消防队、志愿消防队或保安联防队,明确职责,通过培训使其具备一定的防火、灭火能力。

(3)完善学校消防安全管理的各项制度,如消防安全例会制度,消防安全定期检查制度,消防教育培训制度,用电防火安全制度,用火、动火安全制度,重点部位消防管理制度,安全疏散设施管理制度,易燃易爆物品保管、使用制度,消防设施管理制度等。

(4)建立学校消防安全管理档案,消防档案应当包括消防安全基本情况和消防安全管理情况。消防档案应当翔实,全面反映场所消防工作的基本情况,并附有必要的图表,根据情况变化及时更新。场所应当对消防档案统一保管、备查。

(5)按时开展消防安全检查,对学校的消防安全重点部位定期开展消防安全检查,及时发现并整改火灾隐患。

(6)加强夜间防火巡查,学校应明令禁止学生集体宿舍使用明火,严禁学生在宿舍中私拉乱接电线,违规使用电气。同时应加强夜间对学生宿舍的防火巡查。

案例

2021年全国的火灾事故情况

2022年1月20日应急管理部在京召开新闻发布会,通报2021年全国安全生产和自然灾害形势,发布2021年全国应急救援、生产安全事故十大典型案例等有关情况。

据初步统计,2021年,全国共接报火灾74.8万起,死亡1987人,受伤2225人,直接财产损失67.5亿元,与2020年相比,火灾数量和受伤人数、财产损失分别上升9.7%、24.1%和28.4%,死亡人数下降4.8%。其中,较大火灾84起,比2020年增加9起;重大火灾2起,比2020年增加1起,已连续六年未发生特别重大火灾。

冬季是火灾高发期。为有效防范和坚决遏制重特大火灾事故发生,国务院安委会办公室自2021年11月至2022年3月,部署在全国集中开展冬春火灾防控工作。重点从隐患治理、监督执法、消防宣传三个方面推进工作落实。

在隐患整治方面,突出抓好"五项工作",即攻坚完成三年行动重点任务、有效整治高层建筑火灾隐患、持续深化电动自行车治理、主动防范新兴领域安全风险、配合开展燃气安全专项整治。

在监督执法方面,坚持内外发力,用足用好法律、经济、行政手段,严格落实"六个一批"措施,即问责处罚一批,查封关停一批,挂牌督办一批,联合惩戒一批,打造提升一批,内部通报一批。

在消防宣传方面,推动党委宣传部门专门部署,广泛发动主流媒体及新媒体,多渠道、多平台组织开展消防宣传月活动,重点抓好"七项活动",即举行启动仪式、曝光突出隐患、开展集中宣讲、用好学习平台、遴选志愿项目、策划网络直播、组织舆情研判。

资料来源:http://society.people.com.cn/n1/2022/0120/c1008-32335980.html,2022-06-10.

小贴士

学校火灾的逃生办法

如果寝室、教室、实验室、会堂、宾馆、饭店、食堂、浴池、超市等着火时,可采用以下方法逃生。

1. 毛巾、手帕捂鼻护嘴法

因火场烟气具有温度高、毒性大、氧气少、一氧化碳多的特点,人吸入后容易引起呼吸系统烫伤或神经中枢中毒,因此在疏散过程中,应采用湿毛巾或手帕捂住嘴和鼻(但毛巾与手帕不要超过六层厚)。应迅速逃到上风处躲避烟火的侵害。由于着火时,烟气太多聚集在上部空间,有向上蔓延快、横向蔓延慢的特点,因此在逃生时,不要直立行走,应弯腰或匍匐前进,但石油液化气或城市煤气火灾时,不应采用匍匐前进方式。

2. 遮盖护身法

将浸湿的棉大衣、棉被、门帘子、毛毯、麻袋等遮盖在身上,确定逃生路线后,以最快的速度直接冲出火场,到达安全地点,在这个过程中应捂鼻护口,防止一氧化碳中毒。

3. 封隔法

如果走廊或对门、隔壁的火势比较大,无法疏散,可退入一个房间内,可将门缝用毛巾、毛毯、棉被、褥子或其他织物封死,防止受热,可不断往上浇水进行冷却。防止外部火焰及烟气侵入,从而达到抑制火势蔓延速度、延长时间的目的。

4. 卫生间避难法

发生火灾实在无路可逃时,可利用卫生间进行避难。因为卫生间湿度大,温度低,可用水泼在门上、地上,进行降温,水也可从门缝处向门外喷射,达到降温或控制火势蔓延的目的。

5. 多层建筑着火的逃生法

如果多层建筑着火,楼梯的烟气火势特别猛烈时,可利用房屋的阳台、雨篷逃生,也可采用绳索、消防水带,或用床单撕成条连接代替,但一端要紧拴在牢固采暖系统的管道或散热器片的钩子上(暖气片的钩子)及门窗或其他重物上,再顺着绳索滑下。

6. 被迫跳楼逃生法

如无条件采取上述自救办法,而时间又十分紧迫,烟火威胁严重,被迫跳楼时,低层楼可采用此方法逃生,但首先向地面上抛下一些厚棉被、沙发垫子,以增加缓冲,然后手扶窗台往下滑,以缩小跳楼高度,并保证双脚首先落地。

习题

1. 乘坐飞机时安全带怎么使用?
2. 乘坐高铁、动车突发紧急情况时如何施救?
3. 遭遇拥挤的人群怎么办?
4. 简述垂直电梯故障的应对办法。

讨论题

一、讨论题 1

某高校负责人介绍,3 000 多名学生将要前往影剧院举行毕业生晚会,一家名为金色航向的公司与学校共同组织的。在安保措施方面,实行的是学校、学生会、服务机构三方负责制。此次事故中,共有 35 名辅导员、33 名学会学生及 20 余名服务机构人员参与其中。

请结合案例描述,讨论一下,如何保证活动顺利有序进行?

二、讨论题 2

2011 年 7 月 23 日 20 时 30 分左右,北京至福州的 D301 次列车行驶至温州市双屿路段时,与杭州开往福州的 D3115 次列车追尾,导致 D301 次 1、2、3 列车厢侧翻,从高架桥上坠落,毁坏严重,4 车厢悬挂桥上,D3115 次 15、16 车厢损毁严重。

截至 2011 年 7 月 29 日,事故已造成 40 人死亡,200 多人受伤。40 名遇难者身份确认,其中有 3 名外籍人士。D301 次列车司机当场死亡,胸口被车闸刺穿,可以推论司机通过肉眼看到前面的列车时,做过刹车的处理,但是已经来不及了。

20 时 30 分 05 秒,D301 次列车以每小时 99 千米的速度与以每小时 16 千米速度前行的 D3115 次列车发生追尾。事故造成 D3115 次列车第 15、16 位车辆脱轨,D301 次列车第 1 至 5 位车辆脱轨(其中第 2、3 位车辆坠落瓯江特大桥下,第 4 位车辆悬空,第 1 位车辆除走行部之外车头及车体散落桥下;第 1 位车辆走行部压在 D3115 次列车第 16 位车辆前半部,第 5 位车辆部分压在 D3115 次列车第 16 位车辆后半部),动车组车辆报废 7 辆、大破 2 辆、中破 5 辆、轻微小破 15 辆,事故路段接触网塌网损坏、中断上下行线行车 32 小时 35 分,造成 40 人死亡、172 人受伤。

经调查认定,"7·23"甬温线特别重大铁路交通事故是一起因列控中心设备存在严重设计缺陷、上道使用审查把关不严、雷击导致设备故障后应急处置不力等因素造成的责任事故。

"7·23"事故遇难人员赔偿救助金主要包括死亡赔偿金、丧葬费及精神抚慰费和一次性救助金(含被抚养人生活费等),合计赔偿救助金额 91.5 万元。

在"7·23"温州动车追尾坠桥特大事故中,王女士和母亲、儿子事发时在 D3115 悬挂在高架桥边的 4 号车厢里。王女士和母亲、儿子都接受过应急训练,掌握一些基本求生常识。在列车受到强烈撞击时,3 人拼命抓紧窗台和门板,加之背对行车方向,以致车厢坠地后,3 人都没有受伤。他们的幸存并不完全是因为他们的幸运,关键时刻迅速准确做出判断也是一个极为重要的因素。

谈谈紧急时刻,学习逃生知识的重要性。

三、讨论题3

2020年9月1日22时20分许,海口铁路公安处白马井站派出所民警接到C7378次列车长报警称,一名男性旅客躲在动车3号车厢吸烟,触发烟雾报警器,导致列车降速,前方即将到达白马井站,请求白马井站派出所协助处置。民警立即到达站台接车,与列车长交接后,将该男子带至办案场所。

民警根据调查结果,认定侯某的行为危害铁路运输安全,依法予以其行政罚款500元的处罚。在乘坐动车、高铁列车时,一定要文明乘车,安全出行,切忌有侥幸心理,以身试法。

经查,侯某于海口与朋友饮酒后乘坐C7378次动车前往白马井站。当动车在临高南站出发后,侯某因烟瘾难耐便偷偷跑到3号车厢的卫生间内吸烟,最终触发烟雾报警系统,导致列车减速,被列车工作人员发现。

请谈谈为什么霸座占座、扒阻车门、酗酒滋事、动车吸烟等行为是违法犯罪行为,要秉持"零容忍"态度,持续高压打击这些违法行为。

四、讨论题4

人意识到危险时,奔跑、逃生,是人类的本能。大多数都会因为恐惧而"慌不择路",引发拥挤甚至踩踏事件。

谈谈面对踩踏事件,如何保持冷静,如何采取正确的方法降低伤害。

 微课:扩展阅读

重大灾难后如何进行心理援助

突如其来的灾难会给人造成紧张、焦虑、恐惧、愤怒等急性心理创伤。如何科学地对灾难承受者进行心理救助?如何减轻他们的心理创伤?首都医科大学附属北京安定医院精神科副主任医师潘伟刚就相关问题进行了回答。

(1)灾后应激反应因人而异,航班坠毁这样的重大灾难会给人造成什么样的心理冲击?

重大灾难事件往往具有突发、难以预测、危害严重等特点,会导致人们产生不同程度的情绪、生理、认知、行为异常等应激反应。

在灾难发生前,人们对于自己所处的环境有一定的掌控感,突发的灾难会使人们短暂丧失这种掌控感,很多人会感到无力、无助和无望。由于每个人的既往经历、创伤体验等因素不同,因此心理承受力也不同,有些人经过创伤的事情后恢复很快,有的人可能恢复很慢,甚至产生后遗症——创伤后应激障碍(PTSD)。

灾后人们所产生的情绪一般都是负面情绪。害怕、焦虑、紧张、悲伤、恐惧、痛苦、愤怒、抑郁、麻木、失眠等,都属于正常反应,没必要否定它,而要认识、了解自己的情绪,承认并接纳自己的情绪状态。

灾难发生后,第一要务是生命的救援,因此"生命至上"是第一原则,心理救援要融入整个救援体系。一般而言,重大灾难事件发生后,相关部门会成体系地统一派出专业的心理救援团队,通过专业疏导稳定灾难承受者的情绪,避免对他们造成二次伤害。

(2)灾难对不同人群发生的冲击不同,如何进行分类救助?

灾难事件会影响很多人,但并不是所有经历灾难的人都需要心理救援。根据灾难事件对不同人群心理影响程度的不同,一般将需要救助的人群分为三类。

第一类人群包括幸存者、遇难者家属及亲人。这类人群通常受灾难影响最大。尤其是幸存者,由于亲历灾难对内心的冲击,很多会出现恐惧、无助、悲伤等负面情绪。

第二类人群包括亲临灾难现场的一线救援人员,有指挥人员、医护人员、媒体记者等。一线救援人员在救援过程中目睹创伤性的画面,他们的感同身受使其也经历着类似的痛苦,很容易出现失落、挫败、惊恐、易怒等情绪。

第三类人群指的是其他与灾难事件相关的人员,包括相关从业者、耳闻目睹灾后画面的群众。这部分人群通过网络、电视、报纸等媒介目睹灾情画面后,也可能出现各种负面情绪反应。

除此之外,救援人员会特别关注老年人、儿童和孕妇群体。如果不是十分必要,不要带孩子经历灾后事故处理,尤其是6岁以下的儿童对死亡的含义还不能完全理解,应避免给孩子留下心理创伤。

(3)一线的心理救援工作是如何开展的?

心理救援范围其实非常宽泛,一次地震灾后救援中,帮助灾民到安置点,给他们送泡面等物资,帮助他们沟通安置的具体情况,这些也都属于心理救援的组成部分。

灾难事件发生后,会有专门的部门或工作小组与罹难者的家属进行对接,把他们接到安置点,确保他们的基本生活有保障,比如提供食品、安全的居所,使他们能够及时得到医疗救助等。同时,通过官方渠道定期发布信息,还要为家属提供一对一式的支援保障等。这是心理救援中社会稳定化的关键,也就是说,这些工作以统一指挥、协调有序、循序渐进的姿态通过各种渠道使罹难者家属看到、听到和感受到,会让他们渐渐从灾难所带来的冲击中走出来。

(4)如果重大刺激造成心理危机,该如何应对?

由于人们的心理承受力不同,面对重大灾难事件时,人们的表现也不一样。这时,心理救援人员要做的,除了照顾好他们的基本生活需求,主要是陪伴、支持、倾听、共情,给幸存者、罹难者及其家属安全感、稳定感,帮助他们进行适度情感宣泄。

心理学上有个词叫"居丧反应",即由于近亲死亡所引起的心理反应,一般而言,这时人们会经历四个阶段:否认、愤怒、抑郁、接纳。在前三个阶段,人可能出现麻木、呆滞状态,甚至会表现出不知道吃饭、什么都不会做的状态,这时心理救援人员要照顾好他们的衣食起居,引导他们和周围环境建立联系,力所能及地帮助他们解决各方面问题,陪伴他们平稳走过这段艰难时期。

灾难给人类带来沉重的打击,使个体的精神世界蒙上阴影,这也正是心理救援工作所需要去化解的。面对重大突发性灾难事件,人的心理危机状态一般是短暂的,如果危机事件处理不当可能迁延为慢性状态。

目前依据心理危机的严重程度,一般分为三种:轻度心理失调,如失眠、紧张、害怕、担忧、愤怒、悲伤等,这种状态大多较为短暂,一般不需要特殊的处理就能恢复正常;中度心理失调,如持续一个月的失眠、焦虑,虽没有达到精神障碍的诊断标准,但可能影响工作和生活,如果自我调节仍无法改变,则需要心理和医学干预;重度心理失调,严重时可产生精神障碍,如创伤后应激障碍、焦虑障碍、抑郁障碍等,需要专门的治疗和处理。

(5) 如何帮助救援人员调适心理?

当灾难事件发生后,救援工作都是争分夺秒的,一线救援人员在救援过程中精力高度集中,往往连续工作数小时,顾不上休息,时间长了就可能出现耗竭状态。

救援初期这样的情况常常难以避免,但为避免救援人员过度疲劳,适当时应该安排他们进行休息、轮流上岗。如果条件允许,最好到离灾难现场稍远些的地方休息,缓解他们因灾难现场而引发的紧张情绪。

与此同时,鼓励救援人员与身边的队友分享救援感受,无论是担心焦虑、害怕愤怒还是自责内疚,要把自己的感受讲出来,这对于他们的心理健康非常重要。

睡眠对于人体非常重要,一旦休息不好,人会产生很多较为强烈的情感反应,对人的情绪体验影响很大。因此,与灾难事件相关的人员都要注意休息。

(6) 对于广大关注灾难事件的人群的建议。

每当突发灾难事件发生,来自各方铺天盖地的信息会让不少人陷入震惊、忧虑、悲痛等情绪。人们不停地刷新页面,迫切想要知道更多、更新的相关消息,又会使人们在负面情绪中越陷越深,这是正常现象。由于人自身具有共情能力,人们很容易感同身受,从而出现心理学上说的"替代性创伤"反应,主要表现为烦躁、紧张、睡眠障碍、失眠、注意力不集中等。

在这种情况下,要积极做好自我调节。首先,在信息源上减少负面信息的摄取,尽量减少接触会引起自己强烈情绪反应或不舒适的信息或画面。

其次,要保证自己正常的生活秩序,保持有规律的生活作息,适当运动、娱乐、安心,具体地去做一件自己喜欢的事情,体会自己对生活的掌控感,人们的心情就可以慢慢得到安抚。如果无法进行自我调节,一定要及时寻求专业帮助,在专业工作者的支持和帮助下,可以尽快走出"替代性创伤"反应。

资料来源:http://gs.people.com.cn/n2/2022/0325/c183356-35191738.html,2022-03-10.

第五章

公共卫生突发事件的应对和心理健康教育

 本章内容提要

（1）传染性疾病的应对与安全教育。
（2）心理疾病的应对与安全教育。
（3）网瘾伤害事故的应对与安全教育。
（4）食物中毒突发事件的应对与安全教育。

> **世卫：新冠肺炎疫情仍是"国际关注的突发公共卫生事件"**
>
> 2021年7月15日世界卫生组织发布声明宣布，新冠肺炎疫情仍然构成"国际关注的突发公共卫生事件"。世卫组织总干事谭德塞重申，全球应加快疫苗接种并继续实施公共卫生和社会措施遏制病毒传播。
>
> 声明介绍，突发事件委员会一致同意目前新冠肺炎疫情仍然构成"国际关注的突发公共卫生事件"，尽管目前国家、地区及全球层面上都在努力抗疫，但疫情"远未结束"。
>
> 世卫组织认为，新冠肺炎疫情的发展目前主要受到几个因素推动，包括变异病毒、疫苗分配不公导致仍有大量易感人群以及社会流动性增加等。
>
> 突发事件委员会就疫情应对提出了诸多建议，例如应继续采取公共卫生和社会措施阻断病毒传播，力促新冠疫苗的公平获取及分配，加速建立疫苗认证、病毒检测等体系以便于国际旅行，继续加强全球对新冠病毒变异的监测和评估等。
>
> 资料来源：http://world.people.com.cn/n1/2021/0716/c1002-32160083.html，2022-03-11.

公共卫生类突发事件主要包括传染病疾病、群体性不明原因疾病、食品安全和职业危害、动物疫情，以及其他严重影响公众健康和生命安全的事件，如鼠疫、霍乱、传染性非典型肺炎、食物中毒、重大动物疫情及外来有害生物入侵等。

近年来我国人民医疗保障水平有了较大提高，但仍有多种传染病尚未得到有效遏制，公共卫生事件仍然威胁着群众的生命和健康。2020年年初，突如其来的新型冠状病毒性肺炎疫情给全国人民的生命健康安全造成了严重威胁，在党中央坚强领导下，集中统一指挥疫情应对工作,并果断采取了一系列卓有成效的应对措施,在较短时间内有效控制住疫情的蔓延,保护了人民群众的生命健康。

重大传染病和慢性病流行仍比较严重,职业病危害呈上升趋势,生产、销售假冒伪劣食品药品违法犯罪活动尚未得到有效遏制,食品药品安全事故多发。

突发公共卫生事件是指已经发生或者可能发生的,对公众健康造成或者可能造成重大损失的传染病疫情和不明原因的群体性疫病,还有重大食物中毒和职业中毒,以及其他危害公共健康的突发公共事件。

第一节 传染性疾病的应对与安全教育

传染性疾病就是传染病,是许多种疾病的总称,它是由病原体引起的,能在人与人、动物与动物或人与动物之间相互传染的疾病。最常见的如流行性感冒、乙肝、细菌性痢疾、流脑、结核病、急性出血性结膜炎(红眼病)等。

一、传染病的分类及特点

《中华人民共和国传染病防治法》规定的传染病分为甲类、乙类和丙类。

(一)传染病的分类

(1)甲类传染病是指鼠疫、霍乱。

(2)乙类传染病是指新型冠状病毒性肺炎、传染性非典型肺炎、艾滋病、病毒性肝炎、脊髓灰质炎、人感染高致病性禽流感、麻疹、流行性出血热、狂犬病、流行性乙型脑炎、登革热、炭疽、细菌性和阿米巴性痢疾、肺结核、伤寒和副伤寒、流行性脑脊髓膜炎、百日咳、白喉、新生儿破伤风、猩红热、布鲁氏菌病、淋病、梅毒、钩端螺旋体病、血吸虫病、疟疾。

(3)丙类传染病是指流行性感冒、流行性腮腺炎、风疹、急性出血性结膜炎、麻风病、流行性和地方性斑疹伤寒、黑热病、包虫病、丝虫病,除霍乱、细菌性和阿米巴性痢疾、伤寒和副伤寒以外的感染性腹泻病。

上述规定以外的其他传染病,根据其暴发、流行情况和危害程度,需要列入乙类、丙类传染病的,由国务院卫生行政部门决定并予以公布。

(二)传染病的特点

1. 传染性

传染病的病原体可以从一个人经过一定的途径传染给另一个人。每种传染病都有比较固定的传染期,在此期间病人会排出病原体,污染环境,传染他人。

2. 有免疫性

大多数患者在疾病痊愈后,都会产生不同的免疫力。

3. 可以预防

传染病在人群中流行,必须同时具备三个基本条件:传染源、传播途径和易感人群。缺少其中任何一个,传染病就流行不起来。通过控制传染源、切断传染途径、增强人的抵抗力等措施,可以预防传染病的发生和流行。

4. 有病原体

每一种传染病都有它特异的病原体,包括微生物和寄生虫,比如水痘的病原体是水痘病毒,猩红热的病原体是溶血性链球菌。病原体有细菌、病毒、真菌、原虫、蠕虫等。

二、常见传染病的诊断与治疗

(一)流行性感冒(简称流感)

1. 病因

流感是由流感病毒通过呼吸道传播而引起的急性传染病。流感病毒存在于病人的口鼻等分泌物中,经飞沫传播。本病极易传播,可引起局部地区流行或世界性大流行。

2. 症状

(1)大多数为突然发病,全身症状明显而呼吸道症状较轻。

(2)先有畏寒,继以高烧,可达39~40℃,同时有头痛、全身酸痛和软弱无力等症状。

(3)胃肠道症状表现为恶心、腹泻等。

(4)重症者,一开始病情严重,表现为明显高热、神志不清,颈强直,抽搐等;有些老年人、病弱者一开始发病就严重。

3. 防治

(1)高热、头痛、全身酸痛较重者可用复方阿司匹林,克感敏等药物或加用物理降温。

(2)较严重者,必须输液,应用抗生素治疗。

(3)中药治疗为用感冒退热冲剂(大青叶、板蓝根、连翘)每天2~4次,每次一包冲服。

(4)流行期减少集体活动;发现病人及早隔离和治疗;注意室内通风;提倡在公共场所戴口罩。

(二)脊髓灰质炎(小儿麻痹)

1. 病因

脊髓灰质炎患者大多是儿童,是由脊髓灰质炎病毒引起的传染病。病人粪便中有大量病毒,常由于接触病人的粪便或污染的用具而传染。在生病最初5天内,也可由呼吸道分泌物传染。由于病毒侵犯不同部位的神经组织,患儿可发生同部位瘫痪。

2. 症状

潜伏期约为5~14天,症状轻重不一。多数患儿不发生症状,或仅有1~2天的发热、头痛、咽痛、呕吐、腹泻等,而不发生瘫痪。一部分患儿于热退后1~6天,再次发热,称"双峰热",患儿多汗、全身不适、呕吐、周身肌肉疼痛,不愿抬头,不愿让人抱,或坐不稳,神志大多不清醒。

3. 防治

(1)急性期患者,必须住院隔离治疗,卧床休息。

(2)病情稳定时,及时进行针灸推拿治疗。

(3)隔离病员,隔离期间对食具及排泄物进行消毒。夏天有脊髓灰质炎发病时,有发热、上感症状的患者不宜去游泳池。接触者在接触后3天内可注射胎盘球蛋白或丙种球蛋白。

(三)流行性腮腺炎

1. 病因

流行性腮腺炎是流行性腮腺炎病毒引起的急性传染病。病毒存在于病人唾液中,主要通过飞沫传染给他人。病毒侵入人体,引起腮腺或颌下腺肿胀。此病传染性很强。

2. 症状

本病潜伏期为 14～21 天。病人先觉一侧耳下腮腺肿大、疼痛,咀嚼时也会疼痛。2～3 天后,另侧腮腺也肿痛,肿块以耳垂为中心,边缘腮腺也肿痛。

腮腺高度肿胀时,可有发烧、食欲不好、全身不适等症状,有时头痛、呕吐剧烈,且有嗜睡症状,甚至严重者有抽搐等神志不清现象。

3. 治疗方法

(1) 应卧床休息,多饮开水,吃流质或半流质食物。

(2) 腮腺肿痛严重时,可局部冷敷或中草药外敷(如意金黄散等)。

(3) 患者有脑膜炎症状,应立即送医院治疗。

(4) 最好的预防是隔离病人,直到腮腺肿胀完全消失为止。

(四) 猩红热

1. 病因

猩红热是由乙型溶血性球菌引起的急性呼吸道传染病,病原菌隐藏于病人的咽部,在发病前 24 小时至疾病高峰时期,传染性最强。

2. 症状

(1) 起病急骤,早期以发热、咽痛、头痛、呕吐为主要症状。

(2) 咽部发红,扁桃体红肿,表面有白色渗出物。舌面光滑呈肉红色,舌乳头隆起如同杨梅。

(3) 皮疹出现在高热 1～2 天后,首先从耳根及上胸部开始,数小时后蔓延至胸、背、上肢,24 小时左右至下肢。

(4) 典型皮疹是在全身皮肤潮红的基础上布满针尖大小点状红疹,压之褪色。

3. 防治

(1) 接触病人者可口服磺胺药物及肌肉注射青霉素(可注射一周)。

(2) 如发生化脓性并发症时,必须注射青霉素,局部化脓可做切开引流。

(五) 流行性脑脊髓膜炎(简称流脑)

1. 病因

流行性脑脊髓膜炎是流行性脑膜炎双球菌引起的急性呼吸道传染病,是化脓性脑膜炎中的一种。脑膜炎双菌存于病人的鼻咽部、血液、脑脊髓液、皮肤出血点和带菌者的鼻咽部。当病人或带菌者咳嗽时,通过含有病菌的飞沫传染他人。

2. 症状

(1) 潜伏期为 1～10 天,起病很急,有时在发病前几小时或 1～2 天内。

(2) 有乏力、咽痛和头痛等上呼吸道症状,高热达 39 ℃以上。

(3) 脑膜刺激症状表现为高热后头痛,反复地喷射性呕吐、烦躁不安或嗜睡,颈部强直。

(4) 皮肤黏膜有散在的瘀点(出血点),有些病人口唇可发生疱疹。

(5) 暴发型病人除发高烧、精神极度萎靡外,皮肤迅速遍布瘀点或大片瘀斑,很快便四肢发冷,口唇青紫,血压下降。如不及时治疗,病人多于 24 小时内死亡。

3. 防治

(1) 在流行季节(冬春两季 2—3 月份),遇有高烧、头痛、呕吐、皮肤有小出血点的人,应立即去医院注射磺胺类药物。

(2) 在流行季节,尽量不到公共场所活动。应讲究卫生、勤晒被褥衣服,开窗通风,及早预防接种。

(3) 吃大蒜有良好的预防作用。

(六) 伤寒

1. 病因

伤寒是由伤寒杆菌引起的急性肠道传染病。病人和带菌者是传染源,细菌从传染源的大小便中排出,通过水以及被水、手、苍蝇等污染的食品由口进入人体。

2. 症状

(1) 本病潜伏期平均为 7～14 天,起病多数缓慢。体温呈梯形上升,至一周可达 39～41℃,并有畏寒、头痛、食欲减退、腹胀、便秘等症状。

(2) 从第二周期开始,高热持续不退,一般持续 10～14 天,此时病情加重,可出现神态迟钝、表情淡漠、听觉减退,重者可有胡言乱语和摸空症状(为无意识举动)或昏睡。

(3) 脉搏增快,但和体温升高不成比例,是本病的特点之一。约 2/3 病人脾肿大,约 1/3 病人肝肿大,1/3 病人出现皮疹(为玫瑰色疹)。

(4) 如病人不及时治疗,在病程第 2～4 周时可发生肠出血、肠穿孔等并发症。

3. 防治

(1) 对伤寒病人的护理是极为重要的,病人卧床休息到完全恢复为止,这期间应注意饮食,高热时予以米汤、藕粉、豆浆等流质食物。

(2) 高热病人可用物理降温,便秘不可用泻药,宜用生理盐水低压灌肠。

4. 预防

(1) 隔离病人应彻底,对病人粪便、便器、饮食用具、痰杯、衣服、被褥等都应消毒。

(2) 保育员、炊事员每年应做粪便培养检查 3 次,如找到伤寒杆菌,就是带菌者,应调动工作。

(3) 个人应注意养成饭前便后洗手、不吃不洁食物等良好卫生习惯。

(4) 应预防接种伤寒、副伤寒(甲、乙)菌苗。

(七) 细菌性痢疾(简称菌痢)

1. 病因

细菌性痢疾是由痢疾杆菌所致的一种常见肠道传染病,多发生在夏秋季。

2. 症状

(1) 主要症状有发热、腹痛、腹泻、里急后重(肛门坠痛,有排便感又排不出)和脓血便等。

(2) 病菌侵入人体后一般在 1～3 天出现全身症状,随后腹泻,次数每天多到几十次,量很少,常为脓血。

(3) 少数病人中毒症状严重,起病甚急,发展极快(称为中毒性菌痢)。主要症状为突发高热(40℃或更高),精神萎靡、嗜睡或烦躁不安,反复惊厥,神志昏迷,面色灰白,口唇发绀,四肢发冷,脉搏微弱,血压下降,循环衰竭(休克)等,应立即抢救治疗。

3. 防治方法

(1) 急性菌痢病人必须卧床休息,多喝水,饮食以容易消化的流质食物为主,如米汤、藕粉、稀粥、面条等。牛奶不宜多喝,以免增加腹胀。

(2) 病人高热时,静脉注射生理盐水和5％葡萄糖液或加用氯霉素(一般立即住院治疗)。

(3) 针灸治疗可改善症状,消灭细菌等。

(4) 在夏季不食腐烂或污染食物,注意饭前便后洗手。

(八) 流行性出血热

1. 病因

流行性出血热是病毒引起的急性传染病。主要症状有发热、出血和肾脏损害等。传染源主要是老鼠,通过老鼠的唾液、尿等污染物而得病。流行季节是10月至次年1月。这种病发病率较高,对人体危害较大,病死率也较高,早期发现,早期治疗可以缩短治疗病程,降低死亡率。

2. 症状

患者常具备典型的三大特征,即发热、出血现象和肾脏损伤。五期病程指发热期、低血压期、少尿期、多尿期和恢复期。非典型及轻型病人症状多不典型,五期过程多不明显。重型病人症状严重,五期中的前三期可重叠出现。来势凶猛,后果严重。

诊断流行性出血热主要依据是流行病学资料、早期症状、体征和化验检查,进行综合分析,而后确诊。在流行区和流行季节,要贯彻疑诊从宽、确诊从严的原则。在非流行地区和非流行季节,也应注意鉴别诊断,防止误诊和漏诊,延误病情。

3. 治疗

流行性出血热尚无特效疗法。在流行季节,对可疑病人,特别是类似感冒病人,平素身体健康,很少发病的青壮年患者,尤应重视。应密切注意病情变化,不随意给予发汗解热药物,如APC、阿司匹林,以免掩盖病情。

应绝对卧床休息,给予多种维生素,如维生素B1、维生素C、维生素B6、路丁等,还应饮热茶、糖盐水,补充水分。随病程进展应就地就近进行检查和必要的化验,避免远途求医,加重病性。目前,治疗出血热一般都采用对症治病和免疫治疗,没有突破性效果。

4. 预防

对流行性出血热的预防,主要是灭鼠。目前,已通过病毒分离证实,黑线姬鼠、褐家鼠、大仓鼠等是本病的主要传染源。这种病全年各月均可发生,但有明显季节性,每年4—7月、10月到次年1月是流行高峰,尤其以冬季最为严重。因此,高峰前进行灭鼠防鼠,发动群众,土洋结合,利用药物、器械等灭鼠是控制发病的有效措施。

与此同时,要避免与鼠类接触,更不要用手接触或玩弄鼠类,加强个人防护,减少感染机会。流行性出现血热疫苗也已研究成功,但未大量生产应用。对于流行性出血热,只要措施得当是完全可防可治的。

三、传染病的防治措施

传染性疾病的流行要同时具备多种条件,其中任何一个条件被破坏,传染病就不能流行。预防时要做到以下几点。

1. 及早发现传染源

对病人和疑似病人要早发现、早报告、早隔离。

2. 切断传播途径

平时注意隔离、消毒、杀虫、灭鼠,要消除带菌媒介,搞好食品及环境卫生。个人养成饭前便后洗手的良好习惯。

3. 保护易感人群

在传染病流行期对易感染的人要预防接种疫苗,加强个人防护。只要做到以下几点,一般不会得传染病。

(1) 注意日常用品的消毒灭菌,经常保持室内及个人卫生。

(2) 保持室内空气流通,应每天开窗换气至少2次。如有空调设备,应经常清洗防尘网。

(3) 打喷嚏或咳嗽应掩着口鼻。用过的纸巾应放在有盖的垃圾桶内,每天清理一次。

(4) 如果自己患流感或其他上呼吸道疾病,最好在家休息,这样做有利于自身恢复,也避免传染他人。

四、学校传染病应急处置预案

(一) 建立管理宣传制度

(1) 学校分管领导要加大管理力度,建立学校安全工作领导小组和报告制度,健全传染病预防和控制工作的管理制度,掌握、检查学校疾病预防控制措施的落实情况,并提供必要的卫生资源及设施。

(2) 学校应建立各项卫生工作责任制,完善考核制度,明确各部门工作职责,并指定卫生教师每天做好晨检工作,认真填写学生日检统计表,保证学校预防疾病控制工作的顺利开展。

(3) 学校应普及卫生知识,利用黑板报、橱窗等各种形式做好预防传染性疾病的宣传,正确认识,做好防范。定期召开班主任例会,加强有关季节性预防传染病的知识培训,保证每周20分钟的健康教育,教会师生防病知识,培养良好的个人健康生活习惯。

(二) 传染病预防操作程序

(1) 班主任每天应密切关心学生的健康状况,统计学生的出勤人数。

(2) 一旦发现师生有传染病症状的疑似病人,有关教师应立即告知卫生老师和学校领导,学校应按规定报教育局突发事件处理小组办公室,同时报区疾控中心。

(3) 发现学生身体不舒服或有38℃以上高热的学生必须迅速隔离,及时通知其监护人带其去医院看病,并在家休养。

(4) 卫生教师应及时统计好患病学生的具体情况(班级、人数、症状、就医情况、上课情况、目前康复情况)并记录在册。

(5)每天关心患病学生的身体状况,并主动对学生进行补课。

(6)积极做好患病学生的家访、家长的思想工作,经常保持联系。

(7)根据有关规定做好(包括发病及相关班级、食堂、厕所、公共场所、共用教室等)消毒工作,学校领导要听从卫生部门的专业指导,积极采取有效措施,停止一切集体性活动。

(8)加强宣传,正确认识,做好防范,确保稳定,每天加强巡视,对痊愈后的学生必须经卫生老师认可后方可进教室,对班级其他同学加强观察了解。

(9)新生报到,学校必须要求其监护人如实填写《在校学生健康情况登记表》。校卫生老师应当分类建立在校学生健康档案。

 小贴士

由于学校是人员高度聚集的场所,室内活动较多,为进一步预防传染病,学校应采取以下具体措施。

(1)保持工作、学习、生活环境通风换气,教学和生活用房应每天开窗通风不少于2次。

(2)尽量不要组织师生到人群集中的地方去活动。

(3)注意个人卫生,经常用肥皂和流动水洗手,特别在打喷嚏、咳嗽和清洁鼻子后要洗手,不要共用茶具及餐具。

(4)注意增减衣物和均衡营养,加强户外锻炼,保证足够休息,增强体质。

(5)学生若发现有发热、咳嗽、乏力、肌肉酸痛等症状应马上告诉老师或家长,及时就医,教师发现上述症状应及时就医。

(6)学校卫生室应按规定定期消毒。

《北京市突发公共卫生事件应急条例》中,提升监测预警能力是落实传染病防控"四早"原则、提升精准防控效能的重要保障。

条例在总结前期防控经验特别是新发地疫情防控经验基础上,对加强监测预警能力建设提出具体要求。

一是构建多层次、多渠道的监测网络。将传染病专科医院,二级以上医疗卫生机构发热、呼吸、肠道门诊,社区卫生服务中心发热哨点门诊以及诊所、门诊部等基层医疗卫生机构纳入动态监测系统;建设完善位于口岸、机场、火车站、长途客车站、学校、食品集中交易市场、物流仓储中心、零售药店、医疗和生活污水处理场站等场所的监测哨点;通过互联网医疗健康服务企业及其服务平台收集突发公共卫生事件相关信息。

二是提升突发公共卫生事件监测预警系统建设,完善发现、评估、报告、预警和先期处置等制度。

三是明确报告突发公共卫生事件风险和隐患的多种渠道,包括专业机构、监测哨点报告,单位和个人的社会报告等。

突发公共卫生事件发生后,政府及其有关部门应当采取的防控、应对措施。

一是明确应对重大传染病疫情、群体性不明原因疾病应当坚持"四早"原则,并积极运用检测手段实现精准防控。

二是市、区政府根据相关程序并按照应急预案明确应急响应级别,依法采取相应措施并适时调整。

三是按照分类救治、全流程管理原则组织开展医疗救治工作,并在做好防疫的前提下持续提供日常医疗服务,对需要紧急救治的急危重症患者以及需要血液透析、放化疗等持续性治疗的患者应当及时采取救治措施;卫生健康部门应当予以指导、规范,保障救治渠道畅通。

四是发挥中医药的预防救治作用;开展心理危机干预和心理援助服务;规范养老机构等特殊场所的应对措施,对特殊群体给予应急救助;规范志愿服务和物资捐赠工作;危害或者威胁消除后,开展终止响应、恢复秩序、返还征用财产、总结评估等工作。

 微课:扩展阅读

大专院校疫情防控技术方案

一、开学前

(一)学校的准备

(1)各地确保疫情得到有效控制,学校具备基本防控条件,师生和校园公共卫生安全得到切实保障后,做出错时错峰开学的决定,周密准备,分学校、分批次、分生源、分时段通知学生返校报到,有序推进学校开学复课。

(2)严格落实属地责任、部门责任、单位责任和个人家庭责任,扎实做好学校疫情防控各项工作安排。

(3)建立完善疫情防控联合工作机制。统筹调度开学复课疫情防控重点工作,密切沟通,加强协作,建立监测督查机制、应急快速反应机制、任务包干包片机制。形成教育、卫生、学校与医疗机构、疾控机构"点对点"协作机制。确保开学前学校疫情防控业务指导、巡查和培训全覆盖。

(4)根据本地区疫情防控形势和学生来源特点,制定具体防控方案和应急预案,做好应急演练,提前熟悉掌握当地医疗服务预案。

(5)落实学校主体责任,校长是本单位疫情防控第一责任人。做好人员、物资、场地、监测等防控条件准备,细化各项防控措施,制度明确,责任到人,确保每个细节、每个关键步骤落实到位,并进行培训、演练操作。

(6)做好消毒剂、口罩、手套等防疫物资的储备,建立环境卫生和清洁消毒管理制度,由专人全面负责学校清洁消毒工作,包括消毒产品的管理、组织实施、工作监督等。

(7)开学前对学校环境和空调系统进行彻底清洁,对物体表面进行预防性消毒处理,教室、食堂、宿舍、图书馆等所有场所开窗通风。

(8)在学校内设立(临时)隔离室,位置相对独立,以备人员出现发热等症状时立即进行暂时隔离。

(9)学校每日掌握教职员工及学生健康情况,实行"日报告""零报告"制度,并向主管部门报告;对全体教职员工开展防控制度、个人防护与消毒等知识和技能培训。

（二）教职工的准备

(1) 每日做好自我健康监测和行踪报告,并如实上报学校,确保开学前身体状况良好。

(2) 按照学校要求,认真学习各项防控制度,并掌握个人防护与消毒等知识和技能。

(3) 符合返校条件的教职工可经校内相关部门、学院备案审批分批返校,做好开学准备和各项教学科研、管理服务工作。

（三）学生的准备

(1) 每日做好自我健康监测和行踪报告,并如实上报学校,确保开学前身体状况良好。

(2) 在学校正式确定和通知返校时间前,遵守有关规定,不得提前返校。

(3) 返校前安心居家,做好在线学习,学习和掌握个人防护知识,并做好返校前物资准备。

二、返校途中

(1) 返校前确保身体状况良好,准备口罩等个人防护用品,有条件时可随身携带速干手消毒剂。

(2) 乘坐火车、飞机等公共交通工具时,需全程佩戴口罩,安检时短暂取下口罩,面部识别结束后立即戴上口罩,尽快通过安检通道。

(3) 做好手卫生,尽量避免直接触摸门把手、电梯按钮等公共设施,接触后及时洗手或用速干手消毒剂揉搓双手。注意个人卫生,避免用手接触口眼鼻,注意咳嗽礼仪。

(4) 尽量选择楼梯步行或扶梯,并与他人保持1米以上距离,避免与他人正面相对;若乘坐厢式电梯,与同乘者尽量保持距离,分散乘梯,避免同梯人过多。

三、开学后

（一）学校管理要求

(1) 严格日常管理。坚持点名制度,每日掌握教职员工及学生动态、健康情况,加强对学生及教职员工的晨、午检工作,实行"日报告""零报告"制度,并向主管部门报告。

(2) 从严控制、审核各类涉及学生聚集性的活动,不组织大型集体活动。在封闭、人员密集或与他人近距离接触(小于等于1米)时,教职员工和学生应佩戴口罩。

(3) 学生返校后不召开聚集性会议,可通过错峰开会、网络视频或提前录制会议材料等方式召开学生会议;鼓励开展网络教育课程或线上展示交流活动;确需开展现场活动的,需按规定向学校相关部门申请。

(4) 学校食堂采取错峰用餐,用餐桌椅同向单人单座并保持间隔1.5米;学生宿舍床位重新分配,减少人员并拉开距离;图书馆和实验室等公共场所实行人员限流。

(5) 加强物体表面清洁消毒。应当保持教室、宿舍、图书馆、学生实验室、体育活动场所、餐厅等场所环境卫生整洁,每日定期消毒并记录。对门把手、课桌椅、讲台、电脑键盘、鼠标、水龙头、楼梯扶手、宿舍床围栏、室内健身器材、电梯间按钮等高频接触表面,可用有效氯250~500毫克每升的含氯消毒剂进行喷洒或擦拭,也可采用消毒湿巾进行擦拭。

(6) 加强重点场所地面清洁消毒。应当加强学校食堂、浴室及宿舍地面的清洁,定期消毒并记录。可使用有效氯500毫克每升的含氯消毒液擦拭消毒。

(7) 各类生活、学习、工作场所(如教室、宿舍、图书馆、学生实验室、体育活动场所、餐厅、教师办公室、洗手间等)加强通风换气。每日通风不少于3次,每次不少于30分钟。课间尽量开窗通风,也可采用机械排风。如使用空调,应当保证空调系统供风安全,保证充足的新风输入,所有排风直接排到室外。

(8)加强餐(饮)具的清洁消毒,餐(饮)具应当一人一具一用一消毒。餐(饮)具去残渣、清洗后,煮沸或流通蒸汽消毒15分钟;或采用热力消毒柜等消毒方式;或采用有效氯250毫克每升的含氯消毒剂浸泡30分钟,消毒后应当将残留消毒剂冲净。

(9)加强校园内、宿舍内垃圾分类管理。及时收集清运,并做好垃圾盛装容器的清洁,可用有效氯500毫克每升的含氯消毒剂定期对其进行消毒处理。

(10)严格落实学校工作人员的个人防护措施。校门值守人员、清洁人员及食堂工作人员等应当佩戴口罩。食堂工作人员还应当穿工作服,并保持工作服清洁,工作服应当定期洗涤、消毒。可煮沸消毒30分钟,或先用有效氯500毫克每升的含氯消毒液浸泡30分钟,然后常规清洗。清洁消毒人员在配制和使用化学消毒剂时,还应当做好个人防护。

(11)加强因病缺勤管理。学校做好缺勤、早退、请假记录,对因病缺勤的教职员工和学生及时追访和上报。

(12)加强健康宣教课堂,由专人定期对学校内的教职员工和学生进行个人防护与消毒等防控知识宣传和指导。加强心理健康服务管理,为师生提供心理健康咨询服务和热线指导平台。

(二)学生管理要求

(1)学生到校时,应当按学校相关规定有序报到,入校前接受体温检测,合格后方可入校;无特殊情况,尽量避免家长进入校区。

(2)在校期间,自觉按照学校规定进行健康监测,每天保持适量运动,选择人员较为稀疏的空旷开放空间进行室外运动。

(3)学生在疫情防控期间不得出校,避免到人群聚集尤其是空气流动性差的场所。如必须出校,须严格履行请假程序,规划出行路线和出行方式。外出时做好个人防护和手卫生,去人口较为密集的公共场所,乘坐公共交通工具、厢式电梯等必须正确佩戴口罩。

(4)做好手卫生措施。餐前、便前便后、接触垃圾、外出归来、使用体育器材、学校计算机等公用物品后、接触动物后、触摸眼睛等"易感"部位之前、接触污染物品之后,均要洗手。洗手时应当采用洗手液或肥皂,在流动水下按照正确洗手法彻底洗净双手,也可使用速干手消毒剂揉搓双手。

(5)宿舍定期清洁,并做好个人卫生。被褥及个人衣物要定期晾晒、定期洗涤。如需消毒处理,可煮沸消毒30分钟,或先用有效氯500毫克每升的含氯消毒液浸泡30分钟后,再常规清洗。

四、出现疑似感染症状应急处置

(1)教职员工或学生如出现发热、干咳、乏力、鼻塞、流涕、咽痛、腹泻等症状,应当立即上报学校负责人,并及时按规定去定点医院就医。尽量避免乘坐公交、地铁等公共交通工具,前往医院路上和医院内应当全程佩戴口罩。

(2)教职员工或学生中如出现疫情疑似病例,应当立即向辖区疾病预防控制部门报告,并配合相关部门做好密切接触者的管理。

(3)对共同生活、学习的一般接触者进行风险告知,如出现发热、干咳等呼吸道症状以及腹泻、结膜充血等症状时要及时就医。

（4）专人负责与接受隔离的教职员工或学生的家长进行联系,掌握其健康状况。

小贴士

> 用洗手液洗手的程序如下。
> （1）开水龙头冲洗双手。
> （2）加入洗手液,用手擦出泡沫。
> （3）最少用二十秒时间揉擦手掌、手背、指隙、指背、拇指、指尖及手腕,揉擦时切勿冲水。
> （4）洗擦后才用流动的清水将双手彻底冲洗干净。
> （5）用干净毛巾或抹手纸彻底抹干双手,或用干手机将双手吹干。
> （6）双手洗干净后,不要直接触摸水龙头,可用抹手纸包裹着水龙头,把水龙头关上;或泼水将水龙头冲洗干净。

第二节　心理疾病的应对与安全教育

心理疾病是一种病,是指一个人由于精神上的紧张,干扰,而使自己思维上、情感上和行为上,发生了偏离社会生活规范轨道的现象。心理和行为上偏离社会生活规范程度越厉害,心理疾病也就愈严重。

一、大学生常见心理疾病

（一）抑郁症

抑郁症又称抑郁障碍,以显著而持久的心境低落为主要临床特征,是心境障碍的主要类型。临床可见心境低落与其处境不相称,情绪的消沉可以从闷闷不乐到悲痛欲绝,自卑抑郁,甚至悲观厌世,可有自杀企图或行为;甚至发生木僵;部分病例有明显的焦虑和运动性激越;严重者可出现幻觉、妄想等精神病性症状。

每次发作至少持续2周以上,长者甚或数年,多数病例有反复发作的倾向,每次发作大多数可以缓解,部分可有残留症状或转为慢性。

抑郁症可以表现为单次或反复多次的抑郁发作,以下是抑郁发作的主要表现。

1. 心境低落

主要表现为显著而持久的情感低落,抑郁悲观。轻者闷闷不乐、无愉快感、兴趣减退,重者痛不欲生、悲观绝望、度日如年。典型患者的抑郁心境有晨重夜轻的节律变化。在心境低落的基础上,患者会出现自我评价降低,产生无用感、无望感、无助感和无价值感,常伴有自责自罪,严重者出现罪恶妄想和疑病妄想,部分患者可出现幻觉。

2. 思维迟缓

患者思维联想速度缓慢,反应迟钝,思路闭塞,自觉脑子好像是生了锈的机器。临床上可见主动言语减少,语速明显减慢,声音低沉,对答困难,严重者交流无法顺利进行。

3. 意志活动减退

患者意志活动呈显著持久的抑制。临床表现为行为缓慢,生活被动、疏懒,不想做事,不愿和周围人接触交往,常独坐一旁,或整日卧床,闭门独居、疏远亲友、回避社交。严重时连吃、喝等生理需要和个人卫生都不顾,蓬头垢面、不修边幅,甚至发展为不语、不动、不食,称为抑郁性木僵。

伴有焦虑的患者,常有坐立不安、手指抓握、搓手顿足或踱来踱去等症状。严重的患者常伴有消极的观念或行为。这种自责自罪、缺乏自信心的想法可萌发绝望的念头,并会产生过激行为。这是抑郁症最危险的症状,应提高警惕。

4. 认知功能损害

研究认为抑郁症患者存在认知功能损害。主要表现为记忆力下降、注意力障碍、反应时间延长、警觉性增高、抽象思维能力差、学习困难、语言流畅性差、空间知觉、眼手协调及思维灵活性等能力减退。认知功能损害导致患者社会功能障碍,而且影响患者远期预后。

5. 躯体症状

主要有睡眠障碍、乏力、食欲减退、体重下降、便秘、身体部位疼痛等。躯体不适的体诉可涉及各脏器,如恶心、呕吐、心慌、胸闷、出汗等。自主神经功能失调的症状也较常见。病前躯体疾病的主诉通常加重。

睡眠障碍主要表现为早醒,一般比平时早醒 2～3 小时,醒后不能再入睡,这对抑郁发作具有特征性意义。有的表现为入睡困难,睡眠不深;少数患者表现为睡眠过多。体重减轻与食欲减退不一定成比例,少数患者可出现食欲增强、体重增加。

春天是抑郁症等心理疾病高发的季节,春夏之交气候变化频繁,比较容易影响人的情绪,但这只是一个外在的因素,抑郁症发生主要受个人内在因素的影响,长期心理压抑、感觉压力大、承受能力差,很容易引发抑郁症。尤其是在高校生群体中,来自家庭和自我的压力大,学生经常出现抑郁的症状。

案例

疫情之下常见的心理疾病

一场疫情会给很多人的生活造成方方面面的影响,不光是日常的衣食住行,还有可能导致心理疾病。疫情之下,常见的心理疾病主要有三类。

第一,睡眠障碍。很多人因为疫情打乱了生活节奏,导致睡眠质量变差。也有人受到左邻右舍的影响,个人生物钟发生改变,睡眠节律被打乱。

第二,焦虑。焦虑在情绪方面的具体表现为心里不踏实、心情七上八下像坐过山车;很难静下心来,不能完全投入到工作中;身体方面出现呼吸困难、唉声叹气、肢体僵硬等情况。

第三,抑郁。特别是以前有过焦虑或抑郁的部分病人,在疫情期间复发,出现情绪低落、悲观绝望、食欲下降、体重下降等症状。如果症状持续半个月以上没有好转,一定要到医院及时寻求帮助。

人的健康,包括身体健康、心理健康和社会适应三个层面。健康的一半是心理健康,疾病的一半是心理疾病,所有疾病的治疗都与心理有关。作为人体健康的重要组成部分,心理健康的维护需要很多因素,因此值得关注。

生活中,很多人偶尔会出现睡眠不好、头疼、肩膀痛、胃肠不好、呼吸不畅等症状,但是体检却没有任何问题,这些多是由心理疾病导致的躯体化症状。此时需要通过明确的诊断,对心理状态做出较全面的评估,进而选择合适的治疗方式。

应该如何判断自己和家庭成员是否存在心理疾病呢?其实可以做一个简单的自我评估,比如自己跟以往相比有什么明显的变化?跟周围人相比有什么明显的变化?如果情绪、人际关系、性格、睡眠方面变化很大,出现发作性呼吸困难、心慌等身体不适的症状,很可能是因为过度焦虑导致的身体反应。身体和心理是密切相关联的,大脑会影响人体器官的功能或状态,身体也会影响大脑神经的功能或状态。

日常生活中,可以从以下几个方面入手来调节情绪,保持心理健康。

首先,建议人人掌握一套适合自己的健"心"方法,比如找朋友倾诉、运动、舞蹈、瑜伽、正念、唱歌、音乐、美术、旅游等;其次,对自我和家庭发生的事情、对周边的人和事要有合理正确的认知;最后,学会感知自己的身体和心理健康状况,时常静下心来问问自己,今天的情绪怎么样?哪方面需要改进?哪方面有所改进?从而进行适当的调节。

呼吸训练是一种最有效的健"心"方法之一,可以选择一个合适的姿势坐着或站着,平静地做几次自然呼吸,然后进行有意识的深呼吸。根据自身情况,深呼气后深吸气,憋气保持三秒钟左右,再把气呼出来,再憋气保持三秒钟左右,一般如此重复3~5次就会感觉放松了许多。随后放慢呼气和吸气的节奏,重复几次后心情会越来越平静。条件允许的情况下,可以闭上眼睛或眼睛看着鼻尖,吸气时双手握拳尽量慢慢紧张起来,憋住气保持一会儿,呼气时双手慢慢放松,再保持一会儿,重复几次。

如果四肢无力、无精打采,可以在原地蹦蹦跳跳;可以坐着,两手十指交叉举过头顶,掌心向上,尽最大力量向上撑,同时眼睛看向双手大拇指和食指构成的三角形,快速用鼻呼气、鼻吸气3次;然后,双手放在脖子后面、掌心向前,双手肘部向后用力,打开双肩,十指交叉的双手向前用力,眼睛看向前方,快速鼻吸气、口呼气3次;接下来,双手十指交叉放在臀部后方、掌心向下,挺直双上肢,双肩下沉,快速鼻吸气、鼻呼气3次、鼻吸气、口呼气3次、口吸气、口呼气3次;最后双手十指交叉放在胸前或腹前,口快速吸气,鼻慢慢呼气3次。这样呼吸练习后,大脑和血液的氧含量会增多,全身肌肉激活,能够有效调节情绪低沉,增加活力。

最后,还应该多学习或了解一些心理学知识,不仅能够加强对自己或别人的了解,还能建立良好的人际关系,有助于应对生活中的各种危机,有利于个人成长和发展。

资料来源:http://gz.people.com.cn/n2/2021/0811/c401347-34862416.html,2022-3-15.

(二)神经衰弱

神经衰弱是指由于长期处于紧张和压力下,出现精神易兴奋和脑力易疲乏现象,常伴有情绪烦恼、易激惹、睡眠障碍、肌肉紧张性疼痛等;这些症状不能归于脑部疾病、躯体疾病及其他精神疾病。这类疾病症状时轻时重,波动与心理社会因素有关,病程多迁延。

目前大多数学者认为精神因素是造成神经衰弱的主因。凡是能引起持续的紧张心情和长期的内心矛盾的一些因素,使神经活动过程强烈而持久地处于紧张状态,超过神经系统张力的耐受限度,即可发生神经衰弱。

如过度疲劳而又得不到休息是兴奋过程导致的过度紧张;对现在状况不满意则是抑制过程导致的过度紧张;经常改变生活环境而又不适应,中枢神经系统的活动在机体各项活动中起主导作用。大脑皮质的神经细胞具有相当高的耐受性,一般情况下并不容易引起神经衰弱或衰竭。在紧张的脑力劳动之后,虽然产生了疲劳,但稍事休息或睡眠后就可以恢复,但是,强烈紧张状态的神经活动一旦超越耐受极限,就可能产生神经衰弱。

(三) 重性精神病

重性精神病是指那些表现为严重的精神障碍的精神疾病,临床表现为精神功能受损的程度已经达到自知力严重缺失,日常生活功能严重受损,不能保持对于现实生活的适当接触,并且出现严重的幻觉、妄想、行为离奇、思维怪异等症状。

常见的重性精神病包括情感性精神病中的严重抑郁症,精神分裂症,反应性精神病中的反应性木僵,器质性精神病中的感染性精神病、躯体疾病所致精神病、中毒性精神病、老年性痴呆、酒精中毒性精神病、脑外伤性精神病等。大多重性精神病患者都需要住院治疗。

重性精神病诊断标准如下。

(1) 症状持续至少1个月。

(2) 符合症状学诊断标准:联想障碍;妄想;幻觉;情感障碍;行为障碍;被动体验;意志减退。

(3) 严重程序标准:自知力丧失或不全,社会功能明显受损,现实检验能力受损,无法进行有效交谈。

(4) 排除脑器质性精神障碍,躯体疾病所致精神障碍以及精神活性物质、非依赖性物质所致精神障碍,并排除心境障碍。

二、大学生心理疾病的成因分析

(一) 就业的压力

大学扩大招生是双刃剑,在促进社会的发展、提升国民整体素质的同时,也导致了社会就业岗位与巨大的就业需求不成比例,大学生找工作或找到比较理想的工作越来越困难,这给众多大学生带来很大的精神负担和心理压力,一些大学生因此而焦虑、自卑、失去安全感,各种各样的心理问题随之产生。显然,就业环境的压力成为当今大学生最主要的困扰。

(二) 学业压力

高校大学生都是经过几年寒窗苦读选拔出的优秀人才,其中竞争的激烈可想而知。他们不仅要承担繁重的课业压力,还要多方面提高素质,花费大量的时间考证、考级、考研。可以想象他们的学业竞争是多么激烈,他们所感受的压力多么沉重。当压力超过一个人的正常承受力时,自然会导致如焦虑、忧郁等心理问题。

(三) 人际关系压力

大学生进入校园,脱离了家庭和中小学老师的细心呵护,在新环境中他们得学会独立自主地生活,处理和同学的关系。大学相当于一个小社会,人际关系的处理需要良好的"外交手腕"和丰富的经验,一旦处理不当,很有可能被复杂的人际关系所产生的种种问题所困扰。

他们会感到郁闷、无助,甚至转变成行为畏缩,面对问题害怕、逃避,甚至恐惧与人交往,内心压抑,渐渐在拒绝与人沟通中产生敌视、多疑等心理问题。

(四)情感问题

大学生的恋爱观、道德观念等都不太成熟,属于过渡期,对情感问题的认识与处理往往不太正确,而由此引发的问题将严重影响大学生的心理健康。

(五)自身承受力弱

如今的大学生中有部分人是在溺爱与过度关注中长大的,容易养成任性、自私、娇纵的习性,不善与人交流。父母包办一切事情,一旦独立面对学习与生活中的问题往往不善于处理,由此导致的挫败感又是难于承受的,一旦累积过度就会诱发心理疾病,产生抑郁、暴力的思想倾向和行为。

在应试教育机制下,传统的学校教育只是着重于灌输知识和技能,而对学生情感、态度、价值观的形成等关注不够,导致学生对生命和幸福没有正确理念,容易产生种种心理困惑与情感迷茫,从而削弱了心理承受力。

(六)生活环境的变迁

对于许多大一的学生,他们刚刚踏进大学校门。所面对的是一个非常新奇而又陌生的环境,虽然这是他们早已期待和向往的,但是真正面对时还是需要有一个适应和心理调整的过程。

比如,在大学阶段学习习惯和作息时间大部分由自己掌握,更强调自学和独立思考的能力;老师的直接指导与所学内容有着巨大的差异,这就增强了学习上的困难;生活环境的变换也很大,尤其很多学生远离家乡和亲人,要自己独立生活,面对一切生活琐事,这时他们迫切需要老师和同学的帮助和指导。

(七)面对冲突的选择压力

大学生面临的冲突主要有以下几个方面,即所学专业与喜好专业的冲突、学习安排与培养个人兴趣的冲突、选择考研还是直接就业的冲突等。好多大学生面临这些问题总是反复衡量,举棋不定,不知道哪个更适合自己。

还有个别同学自控能力比较差,沉迷于网络,影响学习和生活。各种各样的冲突对大学生的影响是不同的,特别当他们面对的选择对他们的影响比较大时,要做出选择就更加困难。这些问题解决不好直接影响到大学生的心理健康状况。

(八)不良家庭环境的影响

在接受咨询的大学生中,有相当一部分学生的问题(比如人际关系障碍、神经性障碍、抑郁心境、强迫症等)都与不良的家庭环境(如家庭暴力、慢性争吵、离婚、父母酗酒、犯罪入狱等)及父母对子女的态度和教养方式(如冷漠型、严厉型、过分保护型、个体偏爱型等)有很大关系,直接影响大学生个体的心理健康。

这种家庭关系造成的心理创伤,在大学生成年后也很难抹去,会经常浮现在眼前,压抑、退缩或攻击的情绪可能长期存在。在这样的家庭环境中成长起来的孩子,其人格特征是不健全的,心理是阴暗的甚至是仇视的,当面对复杂的社会环境时,会出现各种各样的适应障碍,诸如人际关系问题,甚至神经症的反应等,都与早期的经历有直接的关系。

三、大学生心理疾病的预防措施

近几年来,高校学生心理健康问题已成为全社会关注的议题,要解决这个问题,教育部门、学校、社会社区、家庭应当共同合作,形成一个育人的良好氛围。高校教育更要为经济和社会服务,肩负起引导学生走向健康发展轨道的重任,如何预防学生的心理疾病将成为高校的重要课题。

(一) 构建健康活泼的人文环境

如今是一个交流互动的时代,高校要定期组织丰富有趣的活动,如舞会,讲座,文娱活动,去农村、公司实习锻炼,支持学生社团活动等,架起沟通社会、集体和他人感情的桥梁。

教师、学生干部和学生社团要有针对性地鼓励和发动同学,尤其是性格内向、不善于交际的学生应积极投入广阔的校园和社会生活中,充分地与他人沟通,实现自己的价值,让自己融入集体和社会生活中,使他们意识到自己是社会生活中的一分子,消除孤独感、自卑感,激发对学习、生活的热爱。

(二) 完善心理辅导机制

英国剑桥大学副校长伊安·莱斯利说:大学对学生的心理健康不能袖手旁观,而要像耐心的牧羊人一样进行引导。这所有着八百多年历史的世界名校非常重视心理辅导,在各个学院都设有心理辅导机构。

我国各高等学校在心理辅导方面还处于新兴阶段,普遍存在师资力量薄弱、教师专业性不强、学历偏低、数量不足等问题。在西方发达国家,心理健康教育的从业人员都拥有硕士或博士学位。而在我国,心理健康工作者往往由心理学教师、辅导员和德育工作者担任,有些还是兼职人员,而且没有形成一个学校多方面配合辅导、人人关心学生心理健康的氛围,导致心理咨询效果不尽如人意。

应当注意的是,有一部分心理健康从业教师没有经过心理辅导的专业训练,心理学知识贫乏,掌握的心理测试技术和心理辅导方法都有待提高;有些未受过专业培训的德育工作人员在分析心理问题时形成德育思维模式的惯性,把心理问题和思想问题混合起来,无法达到有效的引导作用,甚至对来寻求帮助的学生的心理问题产生反作用。

另外,有些心理学专业毕业的人员没有实践经验,只具备基本的理论知识。要解决这一问题,我国的高校必须完善心理辅导机制,组建一个专业化的心理健康工作者队伍。

(三) 重视生命教育

据有关部门调查显示,45.7%的大学生认为目前高校生命教育普遍缺失。现在是信息爆炸的社会,各种思潮横流,经济环境在美国次贷危机影响下不容乐观,大学生面临着极为复杂的外部环境和非常大的压力,而高校传统教育理念和教育机制仍然专注于学生知识的吸收,强调学生英语过级比例、学生考上研究生比例、学生是否违反行政命令,甚至把思想政治教育等同于生命教育。

专家观点认为,生命教育是教学生懂得何以为生,为何而生,让他们不仅有知识、有理性,还要有爱心、有情感、有人性。生命教育是一种人文教育、情感教育,要让他们能够感触到自己周围的感情,感到自己活在一个充满人情、爱和责任的空间里,然后让他们感觉到自己也是这个空间不可缺少的一部分。

目前高校的生命教育没有得到重视,导致学生出现压力时迷茫无助,弥补生命教育这一断层能够帮助大学生有效地找到指导方向,避免陷入心理问题的漩涡中。

(四)多与学生交流,及早发现问题

辅导员和班主任应当经常与学生接触交流,了解学生的心理动态和需求,取得学生的信任,要特别关怀外表孤僻、自卑感强、自我封闭,不擅长与人交流的弱势群体,做到对问题早发现、早解决。

目前高校班主任都是教师兼职,有些辅导员把学生工作当作暂时的跳板,不安于岗位;而高校竞争压力加大,高校教师不但要考博充电,要完成学校规定的高额科研任务,还要上课,很多辅导员和班主任为了自身的发展,无暇抽身与学生交流,无法建立良好的师生互动关系,使得学生面对心理难题时不愿意与老师交流。

为了解决这一矛盾,高校应当建立健全辅导员和班主任监督机制,增强他们的责任感,同时减少学生工作人员的科研学术负担,并且增加一定数量的专职学生工作人员,以便他们把主要精力投入到学生工作和学生生活中。

(五)提高自我调适的能力

大学生在生活中感受的压力是多方面的,包括就业、学业、情感和复杂的人际关系等。重重压力包围着他们,随时可能冲破他们的心理防线。面对生活中出现的难题和困境,大学生在寻求心理支援的同时,更应当提高自我心理的调适能力,让自己对心理疾病具备"免疫力"。

高校可以通过多种途径和形式,如举办讲座、建立网页、张贴宣传画报和横幅等加大宣传力度,让大学生在潜移默化中重视心理卫生知识,并进一步掌握自我心理保健的方法,从而提高大学生发挥自身心理调适的能力。

因此,大学生在自我心理的调节中,一定要学会把自己的苦闷、烦恼、生活中碰到的难题向周围的亲朋好友倾诉,在关爱、理解和疏导中渐渐获得宽容、和谐的心态,以轻松、豁达、幽默的眼光看待周围的人和事情。而且要学会适当发泄不良情绪,要通过各种方式,参加各种活动把积累在心中的不快逐步宣泄出去,让阳光和快乐渐渐占据心灵。

(六)加强大学生社会化素质的培养

大学是人生的重要阶段,是社会化过程中的一个里程碑。大学四年是走入社会前的最后准备,社会化的成功与否,直接关系到跨入社会后的成败。而不少学生在校期间与社会接触少,走上工作岗位后处理不好各种复杂的关系,容易脱离实际,一旦碰壁就一蹶不振。阅历浅加上自控能力差,使得他们容易出现心理疾病。

高校应当在灌输给大学生文化知识的同时,加强对他们社会化素质的培养,让他们成长为一个成熟的社会人,具有健康的心理素质。高校要通过各种途径,架起与社会沟通、实践的桥梁,让大学生的文化知识储备与实践经验相结合,以便发挥出知识的最大能量;在社会化进程中,努力提高大学生面临逆境的耐受力和心理调适能力;并且帮助拓展大学生的交际网络,开阔人文视野,尽量培养大学生的社会交往能力,使他们在不断的磨炼中提高识

别和判断是非的能力,帮助他们较快具备融入社会的心理素质。

四、学校心理疾病预防及危机干预制度的建立

(一)重点关注十二类学生

调查显示,约有17%的大学生承认自己有中度以上心理困惑。为避免和减少校园突发事件对大学生的危害,高校在每年新生入学时,要对新生心理状况进行测查,排查出有心理疾病苗头的学生并建立相关档案。

心理疾病干预对象是心理素质教育工作与心理测评中发现以及筛查出来的有心理障碍、心理疾病或自杀倾向的学生,这些学生包括以下12类。

(1)遭遇突发事件而出现心理或行为异常的学生,如家庭发生重大变故、遭遇危机、受到自然或社会意外刺激的学生。

(2)患有严重心理疾病,如患有抑郁症、恐惧症、强迫症、癔症、焦虑症、精神分裂症、情感性精神病等疾病的学生。

(3)既往有自杀未遂史或家族中有自杀者的学生。

(4)身体患有严重疾病、个人很痛苦、治疗周期长的学生。

(5)学习压力过大、学习困难而出现心理异常的学生。

(6)个人感情受挫后出现心理或行为异常的学生。

(7)人际关系失调后出现心理或行为异常的学生。

(8)性格过于内向、孤僻、缺乏社会支持的学生。

(9)严重环境适应不良导致心理或行为异常的学生。

(10)家境贫困、经济负担重、深感自卑的学生。

(11)由于身边的同学出现个体危机状况而受到影响,产生恐慌、担心、焦虑、困扰的学生。

(12)其他有情绪困扰、行为异常的学生。尤其要关注上述多种特征并存的学生,其危险程度更大,应成为重点干预的对象。

(二)高校大学生常见心理咨询内容

(1)适应与发展咨询。

(2)学业与发展咨询。

(3)择业与发展咨询。

(4)心理健康与发展咨询。

(5)危机干预。

(三)高校大学生常见心理咨询方式

(1)个别咨询。

(2)团体咨询。

(3)电话咨询。

(4)网络咨询。

案例

了解大学生心理问题的方法

1. 行为观察法

观察法是有计划地用自己的器官或借助科学的观察仪器与装置，对所要研究的对象进行系统的观察和考察，以取得研究所需资料的方法。观察内容包括外表、行为、语言特点、思维内容、认知功能、情绪、灵感与判断等。

在一段时间内持续地、尽可能详尽地记录被观察者所有的行为动作表现，包括被观察者自身的全部行为，以及被观察者与他人的相互作用和交往。完整、客观、可永久保留地对所发生行为做描述性记录，持续进行直至规定时限（如一小时）。现场详细持续记录全部行为或事件，也可采用录音、录像记录。

2. 面谈诊断法

面谈诊断法是通过以问题为中心的会谈，从而获得求诊者的背景资料、求诊目的和对求诊期望的谈话方法。

其操作步骤分为确定谈话主题、确定提问形式、认真仔细倾听、控制谈话方向、谈话内容分类、规范结束谈话及注意事项。

3. 心理测验法

心理测验法是根据已标准化的实验工具如量表，引发和刺激被测试者的反应，所引发的反应结果由被测试者自己或他人记录，然后通过一定的方法进行处理，予以量化，描绘行为的轨迹，并对其结果进行分析。

这种方法的最大特点是对被测试者的心理现象或心理品质进行定量分析，具有很强的科学性，而且随着计算机技术的发展和广泛应用，心理测验领域已出现了明显的计算机化的趋势，如在机上施测、自动计分、测试结果分析和解释等。

4. 心理健康普查

心理健康普查是指对某一群体的每一对象进行统一的心理健康测查，以便了解每一个体的心理健康状况和该群体的心理健康状况，为心理辅导和心理治疗提供参照信息。其根本目的是帮助学生提高自己的心理健康水平和心理综合素质。

案例

重视心理健康教育 感受积极能量

据世界卫生组织的资料显示，全球每年有超过70万人因为心理疾病而自杀身亡。

心理抑郁已经成为仅次于心脏病的人类第二大疾病，这种疾病不仅困扰已经工作的成年人，很多在校的大中小学生也无法避免产生心理抑郁的症状。

孩子们的抑郁，可能并不仅仅是因为"心理脆弱""叛逆"，也并不是所谓的"矫情"，而是需要老师、家长、社会积极关注的心理健康问题。

1. 影响大学生产生心理障碍的主要因素

原生家庭对于一个人心理健康程度的影响是巨大的。有一句话概括得很贴切：好的童年可以治愈一生，不好的童年需要一生去治愈。原生家庭对于一个人的性格、三观以及情商的塑造可能会持续终生。如果一个孩子从小生活在父母吵架、不尊重对方,感受不到爱为何物的家庭当中,长大以后会是什么样子?

人际交往问题越来越多地成为引发大学生心理健康问题的导火索。主要体现在处理亲情、爱情、友情时的不成熟和不理智。如果原生家庭情况不佳的话,就更容易将情感寄托于其他途径,比如沉迷于恋爱之中。当遭受失恋的打击时,这些学生因为缺乏相应的情绪控制和管理能力,往往会产生强烈的挫败感而走不出失恋的阴影,从而引发一系列心理问题。还有些学生,因为自身性格和习惯原因,无法投入到正常的人际交往之中,经常和同学、室友产生摩擦,也极易产生极端心理问题。

一部分学生进入大学之后,无法适应大学的自主、自律式学习方式,大学里专业课程的设置都是在老师讲授的基础之上,更加偏重于个人的自学。如果一直无法摆脱高中时候以老师讲授为主的学习方式,容易产生松懈心理,课程重视度下降,最终导致学业挂科,学生这时才意识到问题的严重性,进而造成较大的心理焦灼感和压力。对于即将毕业的大四学生来说,对未来的规划无非两种:就业或者继续深造。不论选择哪种,都面临着激烈的竞争和淘汰,加之父母期望过高,多方面的压力汇集,也容易产生焦虑心理问题。

2. 针对大学生心理障碍的解决策略

积极心理学的运用。除了传统教育中对大学生消极心理进行干预、疏导和治疗,对存在心理健康问题的学生个体予以关注之外,现在更加提倡积极心理学的应用:更注重对大学生个人潜在能力的激发、积极心态的培养和引导,培养其更加积极的心理品质,包括积极的思想、情感、品性等。

通过积极心理学的健康教育,引导学生运用更加积极的心态去面对实际遇到的困难,运用积极的方式去解决问题。同时通过开展积极心理学教育使其提升幸福感,促进其实现自身价值,并具有更加积极的品质实施自我心理调整,提升其心理承受能力。此方法极大地丰富了大学生的心理健康教育工作内容,具有普遍适用意义。积极心理学不再是以亡羊补牢的方式去解决单个学生的心理问题,而是以未雨绸缪、防患于未然的方式去建立广大学生积极向上的心理基础。

重视体育锻炼。体育锻炼会促使人体分泌快乐元素"多巴胺"。诸多研究结果表明,体育锻炼可以通过减少抑郁情绪的作用机制,有效缓解和控制个体的消极情绪。大量实证研究表明,体育锻炼的强度与消极情绪具有关联效应,有规律的体育锻炼可以大大降低消极情绪发生的概率,抑制个体情绪的波动,缓解心理疾病的发生。

体育锻炼不仅可以提高身体的免疫力,还可以促进个体与外界之间的友谊,加大彼此之间的沟通了解。通过身体不断适应运动带来的刺激,可以引发生理极限被一次次打破的成就感,面对挫折和困难的掌控感,全面提升个体的身心健康,同时提升学生个人面对社会挑战的自信心和应对能力。

高校心理健康教育工作,可以从体育锻炼心理学的角度入手,开展团建、拓展、体育比赛等,不断增强大学生在面对人与人交往、合作,学业、就业压力等问题时的自我调节能力,进而塑造健全的人格,消除或遏制消极负面情绪,提升大学生整体的心理健康水平。

加强线上咨询疏导功能。以往大学的心理疏导都是以线下面对面的方式来开展,这种方式有一定的局限性。首先，接待时间相对固定，一般只能是心理疏导老师上班的时间，下班之后想要做到"面对面"疏导有一定困难。其次，私密性较低。学生会暴露自己的个人信息，这也会使有些希望进行心理治疗的学生望而却步，反而失去了干预引导的最佳时机。

现在是互联网时代，网络信息十分发达，以微信为例，通过微信这种全新的方式对大学生进行心理健康教育，不仅为解决心理问题拓宽了渠道，还能以大学生喜闻乐见的方式对其进行引导，有助于心理健康教育工作的有效开展，可以给更多的学生提供咨询机会。高校也可以尝试培养对心理健康教育感兴趣的学生，利用微信对其进行辅导，充分发挥朋辈互助的优势，让更多的学生真正感受到心理健康教育所带来的积极能量。

资料来源：http://edu.people.com.cn/n1/2022/0125/c1006-32339108.html，2022-03-18。

 小贴士

大学生心理健康的标准

(1) 有适度的安全感，有自尊心，对自我的成就有价值感。
(2) 适度地自我批评，不过分地夸耀自己，也不过分地苛责自己。
(3) 在日常生活中，具有适度的主动性，不为环境所左右。
(4) 理智、现实、客观，与现实有良好的接触，能容忍生活中挫折的打击，无过度的幻想。
(5) 适度地接受个人的需要，并具有满足此种需要的能力。
(6) 有自知之明，了解自己的动机和目的，能对自己的能力做客观的估计。
(7) 能保持人格的完整与和谐，个人的价值观能适应社会的标准，对自己的工作能集中注意力。
(8) 有切合实际的生活目标。
(9) 具有从经验中学习的能力，能适应环境的需要改变自己。
(10) 有良好的人际关系，有爱人的能力和被爱的能力。在不违背社会标准的前提下，能保持自己的个性，既不过分阿谀，也不过分寻求社会赞许，有个人独立的意见，有判断是非的标准。

 小贴士

情绪管理的方法

让自己快乐的方法：奋斗求乐；化有为乐；化苦为乐；知足常乐；助人为乐；自得其乐。
当陷于苦恼、生气等负性情绪，出现行为冲动时，使用4AS技术来自我管理情绪，以便改变情绪；A指ask，即反问、反思，S指step，即步骤。情绪不佳时，思考以下几个问题：值得吗？指自我控制；为什么？指自我澄清；合理吗？指自我修正；该怎样？指自我调适。

第三节 网瘾伤害事故的应对与安全教育

根据我国《网络成瘾临床诊断标准》，网络成瘾是指个体反复过度使用网络导致的一种精神行为障碍，表现对网络的再度使用产生强烈的欲望，停止或减少网络使用时出现戒断反应，同时伴有精神及躯体症状。

国际卫生组织把网络成瘾定义为：重复过度使用网络所导致的一种慢性或周期性的着迷状态，并产生难以抗拒的再次使用的欲望。

一、网络成瘾的判断标准及特点

（一）网络成瘾(IAD)的判断标准

(1) 是否觉得上网已经占据自己的身心？
(2) 是否觉得只有不断增加上网时间才能感到满足，从而使得上网时间经常比预订时间长？
(3) 是否无法控制自己上网的冲动？
(4) 如果因事不能上网，是否会感到烦躁不安或情绪低落？
(5) 是否将上网作为解脱痛苦的唯一方法？
(6) 是否对家人或亲友隐瞒迷恋上网的程度？
(7) 是否因为上网而面临失学或失去朋友的危险？
(8) 是否在支付高额上网费用时有所后悔，但第二天却仍然忍不住还要上网？
(9) 减少或停止上网时会出现周身不适、烦躁、易激怒、注意力不集中、睡眠障碍等戒断反应。

以上9条符合半数以上即被视为网络综合症患者；以下5条至少符合1条即被视为网络综合症患者。

(1) 为达到满足感而不断增加使用网络的时间和投入程度。
(2) 使用网络的开始、结束及持续时间难以控制，经多次努力后均未成功。
(3) 固执地使用网络而不顾其明显的危害性后果，即使知道网络使用的危害性仍难以停止。
(4) 因使用网络而减少或放弃了其他兴趣、娱乐或社交活动。
(5) 将使用网络作为逃避问题或缓解不良情绪的途径。

此外，还有以下标准。
(1) 行为和心理上的依赖感。
(2) 行为的自我约束和自我控制能力基本丧失。
(3) 学习和生活的正常秩序被打乱。
(4) 身心的健康受到较严重的损害。

（二）大学生网络成瘾的特点

(1) 求知欲望强烈，追求时尚。

（2）强烈的自我实现欲望。

（3）青春期性心理尚不成熟。

（4）大学生还未学会正确地应对现实中的困难挫折。

（5）部分大学生缺乏学习与生活的目标，因而在受到同学、朋友的邀请或偶尔上网后便沉迷于网络，虚度光阴。

二、网络成瘾对大学生危害的主要表现

（一）严重影响身体健康

据研究，网络游戏的画面是上下左右跳跃式的，变化十分迅速，玩游戏的人长时间盯着屏幕就会使眼睛过度疲劳，患网络成瘾症的大学生极易患眼科疾病，轻者引起近视，重者导致视网膜脱落；同时，不断地操作键盘和鼠标，也会给手带来患肌腱炎的可能；而久坐于计算机前，重复、机械的运动和操作可引起腰酸、背疼及全身不适，并可引起以肩关节、肘关节、腕关节等为多发部位的关节无菌性炎症。可见，网络成瘾对大学生身体健康极为不利。

（二）严重影响大学生学习

部分大学生由于长期沉溺于网络，不仅浪费了大量的时间和精力，而且受网络中不良信息的影响，导致他们丧失学习目标，学习兴趣下降，频繁迟到、早退、逃课，因而学习成绩下降，多门课程不及格，毕业时拿不到学位证、甚至无法毕业的学生比比皆是。

据统计，在考试科目数门不及格的大学生中，因沉迷于网络而导致成绩急速下降的几乎占80%，网络成瘾已经成为摧残大学生的罪魁祸首。

（三）大学生人际关系严重恶化

现在的大学生大多是独生子女，他们本来就不善于与人沟通，如果整天沉迷于网络游戏、不与人交流就会更加缺乏人际交往能力。患有网络成瘾症的学生一般都会产生与老师、同学的交往障碍，与家长产生较深的"代沟"问题。

另外，这部分大学生的个性特征在人际互动中常表现为不尊重他人、以自我为中心、过于功利、过于依赖、妒忌心强、自卑、有敌意、偏激、退缩、不合群等，甚至产生自闭倾向，并有可能埋下人生悲剧的种子。

（四）严重影响心理健康，导致人格异化

长期迷恋网络游戏的大学生在心理上会受到很大的影响，其主要表现如下。

（1）长时间玩游戏之后会产生幻觉，注意力下降，反应能力变差，影响智力发展，影响学习，如果过不了某一关，在心理上还会产生焦虑情绪。

（2）大学生玩网络游戏成瘾后，一旦停止网络游戏活动，便无心做其他事情，情绪低落，思维迟缓，记忆减退，食欲不振，形成精神依赖和相应的生理反应。

（3）网络游戏成瘾还会使大学生变得自私、怯懦、自卑，失去朋友和家长的信任，人格发生明显改变。

（五）不良网络信息诱发大学生犯罪活动

网络是个信息宝库，但也充斥了很多垃圾信息。这些不良信息严重污染了大学生的思

想,导致大学生社会责任感缺失、道德感弱化,甚至扭曲了大学生的心灵,诱发了大学生网络犯罪。另外,一些大学生受游戏的影响,误认为通过伤害他人而达到自己目的的方式合情合理。一旦形成了这种错误观点,就会不择手段,欺诈、偷盗甚至对他人施暴。

目前,因为网络成瘾而引发的道德失范、行为越轨甚至违法犯罪的问题正逐渐增多。

三、网络成瘾原因分析

(一)内部原因

有网瘾的大学生中80%的是独生子女,现实生活中的交往,交流存在着缺陷,往往想要借助虚拟网络宣泄自己的情感。再者,大学生活是社会观、人生观、价值观的过渡段,自控和认识能力较薄弱,求知欲望却极其强烈,对外界的各种新鲜事物都充满好奇,因此五彩缤纷的互联网对他们的吸引力是难以控制的,一旦陷入其中就难以脱身。

另外,大学生刚从忙碌的高中生活中解脱出来,人际关系淡薄,有着较丰富的课余时间,他们对于学习生活漫无目标,对专业不感兴趣,因此把大量的时间用在互联网上,宣泄心中的苦闷,逃避不愿面对的现实。

1. 大学生活认识误区

新生从拿到录取通知到报到的这段时间比较空闲,家长通常也认为这段时间是学生的放松时间。于是,这段时间成了一个空当,学生玩网络游戏不节制,很容易成瘾,进了大学也无法戒除。再加上对大学生活的误解,让学生有了放松的情绪,更难戒除网瘾。多数大学生把网络当成娱乐的平台,不少网瘾者舍不得退出游戏仅仅是为了将游戏中的某个角色练到更高等级或为了某件高级装备。

2. 寻求精神慰藉

进入大学后压力的骤然减轻,就业压力的加重,生活目标的迷茫,人际关系的淡薄,让不少大学生进入网吧打发时间,宣泄心中的苦闷,不愿面对现实。不少大学生在网络虚拟世界找到心理上的满足,对网络的依赖性越来越强,沉淀于虚拟世界,与现实生活产生隔阂。网络成了他们的精神支柱,久而久之,影响了正常的认知、情感和心理定位,进而影响健康的性格。

3. 自我意识强烈

大学时期是人生中自我意识最强烈的时期,急于确立自我价值,网络具备平等性、匿名性等大学生追求的理想生活特性,切合现在社会表达感情的方式。网络自由平等的特性,为大学生创造了"海阔凭鱼跃,天高任鸟飞"的天地。

(二)外部原因

1. 家庭因素

随着生活质量的提高,大多数家庭都有计算机,这给了大学生网络成瘾的契机,有些父母因忙于工作而忽略了跟孩子的交流沟通,这就提供了孩子在网上交往的"动力",家庭关系不好也是大学生网络成瘾的一个重要原因,孩子往往通过网络避开不愉快的关系,有些家长在得知孩子已有成瘾的趋势后仍没能加以管教,这更使他们觉得家庭冷漠从而在网络上寻找慰藉。

2. 学校因素

高校里有良好的计算机设备设施,学生可自带电脑在宿舍上网等,在给学生带来方便的同时,也为上网成瘾提供了有利条件;在使用计算机时缺乏有效的指导,很多学生把网络当成娱乐工具;当学生在学习上遭受挫折时,得不到老师、同学的理解,为了宣泄苦闷,借助网络释放压力。

3. 社会

大量网吧遍布学校周边,给大学生随便出入提供条件;网吧提供很多优惠吸引大学生上网;执法机关没能有效对网吧进行管理、打击网络犯罪以及限制网吧数量。

4. 网络本身的原因

网络具有虚拟性、隐匿性、互动性、平等性和自由性等特点,大学生很容易被吸引入超时空、超现实的网络世界塑造一个虚拟的"自我"。网络游戏的互动性让他们得以自由交流,自由选择喜欢的角色。在角色的不断变化中弥补现实中的遗憾,网络成为他们的避风港。当他们重新回到现实而不能有效解决问题时,他们就会不自觉地回到虚拟世界中去。

5. 应试教育

课堂的重教轻育以及课堂外缺乏引导、缺乏心理上应有的关怀和培养,使素质教育仍然是纸上谈兵,这是造成大学生网络成瘾的一个重要因素。

四、网络成瘾防治措施

(一)加强对大学生的教育引导

1. 加强世界观教育

加强对大学生的世界观、人生观、价值观的教育,提高他们的自律能力、自控能力和明辨是非的能力,帮助他们建立起心灵"防火墙",完善其人格。教育引导大学生正确认识互联网,更好地利用网络便利的功能,抵御网络的各种不良信息的侵害。

2. 加强网络安全教育

加强网络安全及案例教育,把沉迷于网络游戏、无节制上网聊天所带来的危害,通过一件件活生生的事例展现给他们,特别是有网络成瘾倾向及已患有网络成瘾的学生,让他们从思想深处认识到网络成瘾的严重后果,尽早改变这一不良行为,把更多的时间和精力投入到自己的专业学习中去。

3. 加强法制道德教育

加强网络道德教育,对刚进入大学的大一新生,要及时进行网络知识教育和网络道德规范教育,帮助学生树立正确、合理使用网络的意识,使他们正确区分虚拟空间和现实空间,能够在发生心理冲突时做出合理的判断和选择。

平时,利用报刊、网站等宣传阵地提醒学生要规范上网行为,通过邀请专家做主题讲座、举办漫画展、张贴警示语、播放教育影片等活动,使学生意识到过度上网的危害,时刻提醒学生要合理安排上网时间。

(二)开展心理调适和咨询活动

1. 开展心理健康教育

积极开展心理健康教育,加强对大学生上网心理、网络人际交往的心理特征、网络性心理障碍等网络心理问题的研究,培养大学生正确认识自己和评价自我的能力、人际交往能力以及角色适应和扮演能力,学会正确地处理网络世界和现实社会的各种关系。

2. 开展心理咨询辅导

在学校里全面开展各种形式的心理咨询和辅导,进一步做好大学生心理咨询室和心理档案的建设工作,在充分利用传统的门诊、电话、信函、现场等咨询方式的同时,大力开展网上心理咨询,引导大学生调整不良交际情感,提升大学生的情感境界,维护其心理健康。

3. 加强学生心理辅导帮助

学校心理健康中心应加强对网络成瘾问题学生的心理辅导和帮助,对个别陷入网络太深的同学,应注意采用个别辅导的方式对其进行循序渐进的心理疏导、治疗。在对学生进行心理疏导前必须充分了解原因,对症下药。

辅导员要认真倾听学生的诉说,通过谈话交流了解学生的心理活动情况,当学生能够把自己沉迷于网络的原因诉说出来的时候,他也会对自己上网的行为有所醒悟。学生倾诉的过程也是自我醒悟、自我教育的过程。对已经产生网络成瘾综合征、情感冷漠症等严重问题的大学生,则应该请专家做行为治疗,必要时配合适当的药物控制,避免产生更大的生理和心理上的伤害。

(三)加强对网络成瘾者的教育引导

网络成瘾的大学生往往自制力差,学习基础薄弱,性格内向,不善于和别人进行交流沟通。辅导员、班主任、学生干部和学生家长要配合起来主动干预,加强对网络成瘾者的教育引导。

1. 建立家长陪读制度

对于自制力差的网络成瘾者,学校要和学生家长保持经常性的联系沟通,条件允许的情况下建议家长在校陪读。家长要帮助网络成瘾的学生合理安排课余时间,帮助其制订学习计划,监督其学习过程,使其学习生活逐渐转变到正常轨道上来。

2. 充分发挥党、团组织的作用

一方面针对经常出入网吧的学生,学院可以安排党员、入党积极分子、班干部对他进行监督,以"一帮一"或"多帮一"的形式,进行帮带,如陪同他自习,给他做必要的辅导,同时可督促其按时休息、按时上课,在学生中尽量营造一种团结互助的氛围,做到以情动人。另一方面,班干部可在班级活动中有意识地给其安排一些任务,积极带动其参加班级活动,使其增强与人沟通交往的能力,逐渐融于班集体。

3. 开展丰富多彩的校园文化活动

利用校园文化活动吸引大学生的注意力,增强大学生的兴趣和参与意识,鼓励他们积极地参加社会实践活动,创造条件让学生展示才能,把学生的兴趣吸引到健康向上的活动中来。

通过第一课堂和第二课堂的教育和引导,教会他们正确认识、处理学习和生活中遇到的各种困难,同时,也让他们感受到集体的温暖,感受人际交往的乐趣,增强人际交往能力,帮助他们克服压力,正确面对挫折和挑战,更好地适应大学生活。

（四）建立网上监察机制

1. 完善网络立法

通过加大网络立法力度、完善法规来治理网吧经营秩序混乱的问题。提高网站主持人、软件生产商、网页制作人的社会责任感，净化网络环境。对违反法规、提供不良信息网站和网页的，要依法严惩。

要逐步建立网上信用制度，增强大学生网上交际的责任感、安全感。有关技术部门应承担起保护青少年的重大职责，要利用技术力量，加强对网上不良信息的过滤，对网上不良交际渠道进行封堵，为大学生输送科学、正确、健康的信息，规范网络市场，为大学生提供一个健康的网络环境。

2. 规范网络游戏企业行为

健全网络游戏行业的协会组织，规范网络游戏企业行为，使网络游戏企业依法经营。按照国家有关标准，对可能诱发网络游戏成瘾症的游戏规则进行技术改造。同时，开发网络游戏产品身份认证和识别系统软件，对其中依靠对决来提高级别的游戏应当通过身份认证登陆，实行实名游戏制度。

3. 加强校园网络的监督与管理

随着计算机和网络的普及，大学生进行网络活动的地点逐渐由校外网吧转向学生宿舍。加强校园网络监督和管理，是干预大学生网络成瘾的有效措施。

一方面，利用技术手段，在网关处对非法数据包（如游戏网站、色情网站、暴力网站以及反动网站发送的数据包或者从这些网站接收的数据包）进行屏蔽，不断净化网络环境，将IP地址和网卡MAC地址绑定，对访问非法网站的计算机进行准确定位，加强对大学生浏览网络信息的监管，对浏览、观看、传播不健康信息的学生进行警告，视情节严重程度给予相应的纪律处分。

另一方面，学校要出台校园网络管理相关规定，倡议低年级学生在学习基础课阶段不要购买计算机，引导高年级学生合理、文明使用网络，增强大学生上网的法治意识、责任意识和安全意识，规范网络秩序，严肃网络纪律。

案例

网瘾学生的 AB 面

玩网络游戏上瘾；上网时全神贯注，下网后六神无主；通宵打网络游戏引发"电子血栓病"……中南大学湘雅二医院精神卫生研究所对3 000多名大学生进行了网络成瘾性调查，发现其中超过1/5的大学生存在手机成瘾风险，学生网络游戏成瘾问题严峻。一些网络游戏充斥着暴力和色情内容，而很多商业性质的网瘾治疗机构鱼龙混杂，良莠不齐，如何帮助青少年健康上网已成为世界性的公共卫生问题。

中南大学湘雅二医院精神卫生研究所的此项网络成瘾性调查，对多所高校的3 000多名大学生进行了长期跟踪。调查结果显示，有20.6%的大学生存在网络成瘾风险，受访大学生群体平均每天使用手机7～9小时，平均每人每天使用手机118次。大学生群体使用手机主要用于玩游戏、看影视剧、玩直播和购物等。

一些受访学生表示，网络游戏不仅是娱乐工具，更是社交工具，但正是这个被寄希望于拓展社交、寻找安慰的网络工具,却成为伤害大学生身心健康与人际关系的利器。

在受访的3 000多名学生中,有三分之一的学生因为长时间使用手机和计算机等出现精神或身体健康受损,有五分之一的大学生因为沉迷网络游戏而错失了重要的人际关系,有近15%的大学生因为沉迷网络和家人经常起冲突,还有个别大学生因为沉迷网络产生易怒情绪和同学打架……

"我们发现,沉迷于网络的不仅有本科生,还有不少硕士生、博士生,有硕士生在找工作受挫后沉迷网络游戏不能自拔,最后干脆不找工作了。"一位调查人员透露。

调查组成员之一、中南大学湘雅二医院精神卫生研究所副教授王绪轶接待过不少因沉迷网络游戏而荒废学业的学生,他说:"让我印象最深的是一个学生曾考取过一所知名高校,因沉迷网络游戏多次缺考被退学,后来他又考上了湖南一所高校,还是因为沉迷游戏多次缺考,被老师强制带到医院治疗。"

让人担忧的是,一些学生形成了双重性格,把网络游戏里的玩伴看得比父母都重要。他们常常有两张面孔,A面是在游戏中热情洋溢,能为游戏里的朋友两肋插刀,B面则是在现实生活中,不仅对学业和社交漠不关心,甚至与父母冷漠相对,连一个微笑都很难见到。

湖南省脑科医院精神科主任周旭辉说,近年来,临床上接诊的网络成瘾学生患者越来越多。很多家长对于孩子沉迷网络不仅深恶痛绝,更感到无奈。

调查发现,有学生通宵熬夜看手机出现心血管方面的疾病,还有博士生在过马路、骑车时沉迷于手机而被机动车撞伤。近年来,中南大学湘雅二医院收治了一些患上静脉栓塞的学生,多是经常通宵打游戏的网游爱好者。

中南大学湘雅二医院急诊医学教研室副主任柴湘平说,沉迷于电子游戏导致的血栓被称为"电子血栓病",有学生组团通宵达旦地玩网络游戏,还有人连续玩网游几个通宵后,出现下肢静脉栓塞,后来发展成肺栓塞,送到医院抢救。

沉迷网络,对学生的心理健康影响更大。王绪轶说,大学生网络成瘾与负面情绪相关,成瘾程度越高,孤独、抑郁、焦虑、压力等负面情绪越高;网络成瘾与自尊水平呈显著负相关,青少年的自尊水平越低,人际交往能力越弱,越容易网络成瘾。

目前网瘾治疗机构良莠不齐,不少机构缺乏专业精神卫生医生,有的甚至聘请保安、武术教练对网瘾青少年进行强制管理,严重影响青少年心理健康,还会让其产生"报复式反弹"的逆反心理。

"隔离、吃药、断Wi-Fi,不听话就要挨打……我在一家网瘾治疗中心治疗了15天,花了8 000多元,出来以后还是不上网就难受,没起什么作用。"曾在商业网瘾治疗中心"治病"的一名大学生如是说。

近年来,为了防止青少年沉迷网络,政府、学校乃至社会各界都采取了相应措施,一些游戏生产企业采取实名注册,推出防沉迷系统,但仍有一些网游企业剑走偏锋,对学生产生了负面影响,甚至有学生因为缺乏辨别是非能力,盲目模仿,走上犯罪道路。

王绪轶建议,政府、学校、医疗机构等应形成"反网络成瘾"的联动机制,相关部门加大对网络游戏产业的监管力度,对网络游戏的内容和价值观严格把关,防止不正当价值导向的网络游戏对青少年造成不良影响;医疗机构和学校合作,对重度网瘾学生提供规范的心理治疗,对一些已经出现抑郁、焦虑症状的患者进行药物治疗和心理辅导。

周旭辉指出,学校和家庭应关注学生的心理健康,多组织社团活动,帮助学生提高社交能力,更好地融入学校生活,对学生使用手机、电脑的情境进行必要限制,引导学生养成良好的网络使用习惯。

资料来源:http://game.people.com.cn/n1/2019/0517/c40130-31089473.html,2022-04-10。

 小贴士

从自我心理调适的角度,预防和戒除网瘾的几种方法。

1. 正视危害

沉迷于上网危害极大。它会使人迷失于虚拟世界,自我封闭,与现实世界产生隔阂,严重影响学习,甚至中断学业。久而久之,还会影响正常认知、情感和心理定位,导致人格的偏离,甚至发生意想不到的可怕后果。

有的因上网成瘾,神情恍惚,人格扭曲,无心读书,中途辍学;有的无钱上网,拦路抢劫,偷窃财物,导致违法犯罪;还有的连续几天几夜待在网吧,不思食寝,过度疲劳,猝死在网吧。即使上网没有成瘾的人,如果每天12小时坐在计算机面前,很可能会让自己少活10年以上时间。

2. 请人监督

戒除"网瘾",寻求别人的支持和帮助非常必要,最好的办法是找到一个人帮助克服这个问题。这种支持可能来自同学、老师、朋友和家庭,可先向他们讲明自己控制上网的计划,请他们监督;当网瘾出现时,请他们及时提示,帮助克服。

平时的活动,要多与学习好的同学在一起,与他们一起上课,一起自习,一起交流,在他们的带动和帮助下,有助于淡化网瘾,把精力集中到学习上。当取得一点小成功时,比如已经按计划实行一周,不妨对自己进行奖励或暗示,学会为自己加油。

3. 科学安排

发达国家将每天上网超过4小时,称为网瘾,预防或戒除网瘾,很重要在于自己能科学合理安排上网时间和内容,尤其要为自己约法三章。

第一是控制上网时间。每周最多2～3次,每次上网的时间一般不超过2小时,且连续操作1小时后应休息15分钟。尤其是夜晚上网时间不能过长,就寝前一定要提前回到宿舍,按时睡觉。

第二是限制上网内容。每次上网前,一定先明确上网的任务和目标,把要完成的具体任务和内容列在纸上,不迷恋网上游戏,坚决不浏览色情网站。

第三是准时下网。上网之前,根据任务量限定上网时间,时间一到,马上下网,不找任何借口。

4. 预防为主

对于每个人来说,特别是青少年,一旦患上网络成瘾症,要戒除是会很困难。因此,预防是治疗上网成瘾的最好良方。

第一是提前打好"预防疫苗"。社会、学校和家长要通过各种宣传途径,使青少年看到上网好处的同时,也要看到可能带来的危害;采取各种有效的方法,坚决杜绝青少年浏览色情网站,严格控制玩网络游戏的时间。

第二是丰富日常生活。平时积极参加社会、学校等方面举办的各种有益活动,注意培养自己良好的兴趣、爱好;多与家长、老师和同学交流沟通,获得心灵上的慰藉与成长。

第三是及时遏制上网有瘾的苗头。当出现上网有瘾的苗头时,立即采取有效措施,及时控制自我,决不宽容自己,以防止上网成瘾症发生。

5. 以新代旧

在戒除某种习惯时,这种习惯仍有很大的诱惑力,这是正常的心理现象。有心理学家把这种情况比喻为冲浪者所面对的阵阵波浪。这种诱惑的"波浪"虽然会出现,但在3～10分钟内就会自行消退。在"波浪"来时,可事前考虑如何运用"冲浪技巧"。

在刚刚戒掉网瘾的一段时间内,个人的情感需要并未结束。此时,需要用一种新行为、新习惯来替代老习惯所产生的满足感。对于上网成瘾或者是正在戒网瘾的青少年,要注意培养新的爱好和习惯,要多参加一些自己喜欢的活动,多做一些自己感兴趣的事情,用自己的新行为和新习惯来代替上网习惯,冲破网瘾诱惑的阵阵波浪。

6. 寻求帮助

当自己无法解决上网成瘾问题时,一定要积极主动地寻求专业人员的帮助。

第一是可以找心理咨询师进行个体咨询,心理咨询老师会帮助上瘾者走出上网成瘾的困境。

第二是可以参加团体心理训练,这是戒除网瘾的一种很有效的方法。团体训练是多种咨询理论的综合利用,通过丰富多彩的群体互动活动,对上瘾者产生感染、促进和推动作用,从而改变认知,改变心态,获得心理上的提升,同时学会制订自我管理的行为契约,根据目标行为完成与否进行正强化或负强化。

这种相互监督的契约是对各自上网态度与行为的承诺,由于这一承诺是在群体中做出的,那么遵守它的动机与压力就强多了。因此,参加团体心理训练对于预防或戒除网瘾会有显著的效果。

小贴士

10种极端网瘾要立即寻医

当出现以下10种极端情况时,表明已经染上了网瘾,需要立即寻求心理医生的帮助。

(1) 离家出走:通常是愤世嫉俗,得不到父母的理解,自行离家到外地网友处游玩。

(2) 偷盗:因为没有钱买装备和虚拟货币,实施偷盗,数额大小不等。

(3) 抢劫抢夺:一个是经济原因,再有可能是就为了网络虚拟货币或购买装备。

(4) 自伤自杀:在网络或家庭互动中,造成情绪抑郁,无法解脱而实施。

(5) 精神失常:无故发笑发怒、自言自语等。

(6) 打架斗殴：多因与网友冲突、误解而引起。

(7) 网上诈骗：为了达到自己的目的，有计划地设计、图谋网友的拥有物。

(8) 休克：没日没夜上网，忘记吃饭睡觉，导致低血糖休克、昏迷。

(9) 癫痫发作：无节制上网，可能会诱发癫痫。

(10) 自闭：拒绝与家人说话、沟通，把自己反锁于卧室，拒绝家人进入，不与家人共同进餐等。

第四节　食物中毒突发事件的应对与安全教育

食源性疾病俗称食物中毒，泛指所有因为进食了受污染食物、致病细菌、病毒，又或被寄生虫、化学品或天然毒素（如有毒蘑菇）污染了的食物。

一、食物中毒的症状及诊断依据

（一）食物中毒症状

虽然食物中毒的原因不同，症状各异，但一般都具有以下流行病学和临床特征。

(1) 潜伏期短，一般由几分钟到几小时，食入有毒食物后于短时间内几乎同时出现一批病人，来势凶猛，很快形成高峰，呈爆发流行。

(2) 病人临床表现相似，且多以急性胃肠道症状为主。

(3) 发病与食入某种食物有关，病人在近期同一段时间内都食用过同一种有毒食物，发病范围与食物分布呈一致性，不食者不发病，停止食用该种食物后很快不再有新病例。

(4) 一般人与人之间不传染，发病曲线呈骤升骤降的趋势，没有传染病流行时发病曲线的余波。

(5) 有明显的季节性，夏秋季多发生细菌性和有毒动植物食物中毒；冬春季多发生肉毒中毒和亚硝酸盐中毒等。

（二）食物中毒诊断机构

在《食物中毒诊断标准及技术处理总则》中明确规定食物中毒患者的诊断由食品卫生医师以上（含食品卫生医师）诊断确定；食物中毒事件的确定由食品卫生监督检验机构根据食物中毒诊断标准及技术处理总则确定。

二、常见易中毒食物及应对方法

（一）鲜木耳

1. 常见问题

鲜木耳与市场上销售的干木耳不同，含有叫作卟啉的光感物质，如果被人体吸收，经阳光照射，能引起皮肤瘙痒、水肿，严重可致皮肤坏死。若水肿出现在咽喉黏膜，还能导致呼吸困难。

2. 应对方法

新鲜木耳应晒干后再食用。暴晒过程会分解大部分卟啉。市面上销售的干木耳,也需经水浸泡,使可能残余的毒素溶于水中。

(二)鲜海蜇

1. 常见问题

新鲜海蜇皮体较厚,水分较多。研究发现,海蜇含有四氨络物、5-羟色胺及多肽类物质,有较强的组胺反应,引起"海蜇中毒",出现腹泻、呕吐等症状。

2. 应对方法

只有经过食盐加明矾盐渍3次(俗称三矾),使鲜海蜇脱水,才能将毒素排尽,方可食用。三矾海蜇呈浅红或浅黄色,厚薄均匀且有韧性,用力挤也挤不出水。

海蜇有时会附着一种叫"副溶血性弧菌"的细菌,对酸性环境比较敏感。因此凉拌海蜇时,应放在淡水里浸泡两天,食用前加工好,再用醋浸泡5分钟以上,就能消灭全部弧菌。

(三)鲜黄花菜

1. 常见问题

鲜黄花菜含有毒成分"秋水仙碱",如果未经焯水、浸泡,且急火快炒后食用,可能导致头痛头晕、恶心呕吐、腹胀腹泻,甚至体温改变、四肢麻木。秋水仙碱在体内氧化为氧化二秋水仙碱,0.5～4小时内可能会有恶心、呕吐、腹痛、腹泻、头昏、头疼、口渴、喉干等症状。

2. 应对方法

干制黄花菜无毒。想尝尝新鲜黄花菜的滋味,应去其条柄,开水焯过,然后用清水充分浸泡、冲洗,使"秋水仙碱"最大限度溶于水中。建议将新鲜黄花菜蒸熟后晒干,若需要食用,取一部分加水泡开,再进一步烹调。

如果出现中毒症状,不妨喝一些凉盐水、绿豆汤或葡萄糖溶液,以稀释毒素,加快排泄。症状较重者,立刻去医院救治。

(四)变质蔬菜

1. 常见问题

在冬季,蔬菜特别是绿叶蔬菜储存一天后,其含有的硝酸盐成分会逐渐增加。人吃了不新鲜的蔬菜,肠道会将硝酸盐还原成亚硝酸盐。亚硝酸盐会使血液丧失携氧能力,导致头晕头痛、恶心腹胀、肢端青紫等,严重时还可能发生抽搐、四肢强直或屈曲,进而昏迷。

2. 应对方法

如果病情严重,一定要送院治疗。而轻微中毒的情况下,可食用富含维生素C或茶多酚等抗氧化物质的食品加以缓解。大蒜能阻断有毒物的合成进程,所以民间说大蒜可杀菌是有道理的。

蔬菜当天买当天吃完最好。有些人习惯将大白菜、青椒等用报纸包裹着放在冰箱里,这是不可取的。

(五)变质生姜

1. 常见问题

生姜适宜放在温暖、湿润的地方,存贮温度以12～15℃为宜。如果存贮温度过高,腐烂也很严重。变质生姜含毒性很强的物质"黄樟素",一旦被人体吸收,即使量很少,也可能引起肝细胞中毒变性,因此不能食用。

2. 应对办法

要存放的鲜姜应选购外皮无伤、块茎肥厚的大块姜,掰掉小牙后可以埋在潮而不湿的细砂土或黄土中保存。保存生姜鲜嫩的较好方法是将生姜洗净后埋入盛食盐的罐内,可使生姜较长时间不干,保持浓郁的姜香。

(六) 霉变甘蔗

1. 常见问题

霉变的甘蔗"毒性十足"。霉变甘蔗的外观无正常光泽、质地变软,肉质变成浅黄或暗红、灰黑色,有时还发现霉斑。如果闻到酒味或霉酸味,则表明严重变质。甘蔗阜孢霉、串珠镰刀菌等产生的霉菌毒素10分钟至48小时内可引起头痛、头晕、恶心、呕吐、腹痛、腹泻、视力障碍;重者会剧吐、阵发性痉挛性抽搐、神志不清、昏迷、幻视、哭闹。误食后,可引起中枢神经系统受损,轻者出现头晕头痛、恶心呕吐、腹痛腹泻、视力障碍等。严重者可能抽搐、四肢强直或屈曲,进而昏迷。

2. 应对方法

观其色、闻其味之后,如果发现有可疑,请一定不要食用。因为霉变甘蔗中含有神经毒素,而且还没有特效的解毒药。儿童的抵抗力较弱,要特别注意。

(七) 长斑红薯

1. 常见问题

红薯表面出现黑褐色斑块,表明受到黑斑病菌(一种霉菌)污染,排出的毒素有剧毒,不仅使红薯变硬、发苦,而且对人体肝脏影响很大。这种毒素,无论使用煮、蒸或烤的方法都不能使之破坏。因此,有黑斑病的红薯,不论生吃或熟吃,均可引起中毒。

2. 应对方法

放红薯的地窖要选择地势高、通风好、不渗水的地方;放红薯的底层要垫上干燥、清洁的草;被水淹过的红薯不要再贮存;碰破皮或有镐伤的红薯,保存时间不要过长;经常检查,及时挑出有褐色或黑色斑点的红薯。

(八) 生豆浆

1. 常见问题

未煮熟的豆浆含有皂素等物质,不仅难以消化,还会诱发恶心、呕吐、腹泻等症状。

2. 应对方法

一定将豆浆彻底煮开再喝。当豆浆煮至85～90℃时,皂素容易受热膨胀,产生大量泡沫,让人误以为已经煮熟。家庭自制豆浆或煮黄豆时,应在100℃的条件下,加热约10分钟,才能放心饮用。

不要往豆浆里加红糖,红糖所含醋酸、乳酸等有机酸,与豆浆中的钙结合,产生醋酸钙、乳酸钙等块状物,不仅降低豆浆的营养价值,而且影响营养素吸收。此外,豆浆中的嘌呤含量较高,痛风病人不宜饮用。

（九）生四季豆

1. 常见问题

四季豆又名刀豆、芸豆、扁豆等，是人们普遍食用的蔬菜。生的四季豆中含皂甙和血球凝集素，由于皂甙对人体消化道具有强烈的刺激性，可引起出血性炎症，并对红细胞有溶解作用。

此外，豆粒中还含红细胞凝集素，具有红细胞凝集作用。如果烹调时加热不彻底，豆类的毒素成分未被破坏，食用后会引起中毒。

四季豆中毒的发病潜伏期为数十分钟至数小时，一般不超过5小时。主要有恶心、呕吐、腹痛、腹泻等胃肠炎症状，同时伴有头痛、头晕、出冷汗等神经系统症状。有时四肢麻木、胃烧灼感、心慌和背痛等。病程一般为数小时或1~2天，愈后良好。若中毒较深，则需送医院治疗。

2. 应对方法

家庭预防四季豆中毒的方法非常简单，只要把全部四季豆煮熟焖透就可以了。每一锅的量不应超过锅容量的一半，用油炒过后，加适量的水，加上锅盖焖10分钟左右，并用铲子不断地翻动四季豆，使它受热均匀。

不买、不吃老四季豆，把四季豆两头和豆荚摘掉，因为这些部位含毒素较多。使四季豆外观失去原有的生绿色，吃起来没有豆腥味，就不会中毒。

（十）青番茄

1. 常见问题

青番茄含有与发芽土豆相同的有毒物质——龙葵碱。人体吸收后会造成头晕恶心、流涎呕吐等症状，严重者发生抽搐，对生命威胁很大。

2. 应对方法

关键要选熟番茄。第一，外观要彻底红透，不带青斑。第二，熟番茄酸味正常，无涩味。第三，熟番茄蒂部自然脱落，外形平展。有时青番茄因存放时间久，外观虽然变红，但茄肉仍保持青色，此种番茄同样对人体有害，需仔细分辨。购买时，应看一看其根蒂，若采摘时为青番茄，蒂部常被强行拔下，皱缩不平。

三、校园食物中毒事件高发的原因

分析多起校园食物中毒事件，不难发现，导致当前校园食物中毒事件高发频发的主要原因有以下几点。

（1）餐饮企业准入门槛低导致行业整体素质不高。学校后勤实行社会化改革，社会餐饮企业可通过招标、承包等形式进入学校食堂，但对社会餐饮企业的准入标准却无国家层面上的统一规定。根据现行规定，企业只要具有餐饮经营资质即可进入学校经营，对餐饮企业的诚信经营、不良记录等均没有考察评审。这就导致部分学校食堂引进的社会餐饮企业良莠不齐。

（2）校园食堂"以包代管"难以有效监管。根据《中华人民共和国食品安全法》规定，学校作为校园食品安全第一责任人，学校在对外承包食堂时只对企业承包经营权，食堂管理权由学校负责。部分学校将食堂转包给个人管理,个人再转包的现象目前都不同程度存在。

许多学校食堂承包方并不都具有食堂承包资质,学校食堂无证经营现象严重。在学校管理缺位的情况下,餐饮企业出于成本考虑,易出现采购不合格原材料,在餐饮具消毒、工作人员健康培训等关键环节偷工减料等违规行为。

(3)原材料采购源头把控不严,监管流于形式。校园食品安全最关键的环节在于原材料采购的源头控制,但在实际操作中部分学校食堂在原材料采购过程中并未严格执行索票索证台账管理制度,采购没有正规检验单、非正规厂家生产的原材料,进货查验和采购记录制度也难以落到实处。

四、学校预防食物中毒的措施

(一)食品采购关

购买肉菜瓜果,都要注意新鲜干净。要买经工商管理部门检验合格允许上市的"放心肉""放心菜"。

(二)食品保管关

暂时不吃的肉菜,经及时加工后,放入冰箱,生熟食要分开容器存放。不食超过保质期的食品。米面、干菜、水果等要妥善保存,严防发霉、腐烂、变质,防止老鼠、苍蝇、蟑螂等咬食污染。要妥善保管有毒、有害物品如消毒剂、灭鼠药等,要远离食品存放处,防止误食误用。

(三)个人卫生关

炊事员要体检合格后才能上岗,凡患有消化道、呼吸道传染病(如乙肝、痢疾、肺结核等)及有皮肤病者均暂不能做炊事员工作。炊事员上班时,要穿工作服,戴口罩。要认真做到做饭前后、开饭前、大小便前后洗好双手。

(四)烹调制作关

做饭菜定要充分加热煮熟。做生熟食的刀砧板、容器要分开,隔夜食品及豆类食品要加热煮熟,方可食用。买回的蔬菜要充分浸泡后,再反复清洗三遍,才能烹调食用。凡发现有腐烂、发霉、变质等可疑食品,均不要食用。

(五)餐具消毒关

锅、碗、盆、碟、筷、勺等用前要烫洗或煮沸消毒后再用。集体进餐要实行分菜制或用公筷。要定期清洗消毒碗柜、冰箱、冰柜、微波炉等与食具有关的容器。

(六)进食用餐关

用餐者都要养成吃饭前后、大小便前后彻底洗净双手的习惯。进餐时若发现有腐败变质、发霉有馊味或夹生的食物,或有被蝇叮爬过的食品,均不可食用。

(七)食前留验关

凡集体用餐饭前均要将要吃的每种饭、菜,各留一小份样品,以备万一食后有可疑中毒时,做毒物化验用。

(八) 食后观察关

凡进食一天内突然出现恶心呕吐、腹痛、腹泻、头晕、发烧等症状,或在短期内在同一食堂进餐的多名人员发生相同症状,就应怀疑为食物中毒。此时应急呼120,同时向上级报告,组织检查救治。并对病人的进食、呕吐物、排泄物、血进行有关检毒化验,另要保护好现场。食物中毒后要多加休息,以免造成不必要的后果。

小贴士

诺如病毒

2019年10月24日,浙江大学玉泉校区有69名人员出现了食品安全事故,接连出现呕吐腹泻等状况,其中有2人由于病情严重选择了住院治疗。校医院对患者进行了积极诊治,患者情况基本平稳。经西湖区疾控中心调查,初步排除食物中毒,疑似诺如病毒感染。

一、诺如病毒的概念

诺如病毒(Norovirus)又称为脓融病毒,是一种引起非细菌性急性胃肠炎的病毒。可略写为NV。感染诺如病毒后最常见的症状是腹泻、呕吐、恶心,或伴有发热、头痛等症状。儿童患者呕吐、恶心多见,成人患者以腹泻为多,呕吐少见。病程一般为2~3天,此病是一种自限性疾病,恢复后无后遗症。

诺如病毒感染性腹泻在全世界范围内均有流行,全年均可发生感染,感染对象主要是成人和学龄儿童,寒冷季节呈现高发。该病毒在全球广泛分布,资料显示,在中国5岁以下腹泻儿童中,诺如病毒检出率为15%左右,血清抗体水平调查表明中国人群中诺如病毒的感染亦十分普遍。

二、诺如病毒的症状

1. 发病时间

潜伏期为24~48小时,一般不超过96小时。

2. 病程发展

临床表现与其他病毒性胃肠炎相似,起病突然,主要症状为发热、恶心、呕吐、痉挛性腹痛及腹泻。可单有呕吐或腹泻,亦可先吐后泻,故也称为诺如病毒感染性腹泻。

成人腹泻较突出,儿童呕吐较多。粪便呈黄色稀水便,每日数次至十数次不等,无脓血与黏液。可伴有低热、咽痛、流涕、咳嗽、头痛、肌痛、乏力及食欲减退等症状。

病程长及病情较重者排毒时间也较长,传染性可持续到症状消失后两日。本病免疫期短暂,可反复感染。

3. 诺如病毒感染检查

实验室检查便常规多无异常,培养无致病菌生长。发病后24~48小时粪便做免疫电镜检查,可见病毒颗粒。

三、诺如病毒的传播途径

诺如病毒的感染全年均可发生,尤以冬季较多。而人类是唯一已知的宿主。传染源为该病的患者、隐性感染者及健康携带者。主要传播途径是粪口传播。此外,日常生活接触也可引起该病的传播。

传播途径主要有以下几种。

(1) 感染性食物中毒和传染性胃肠炎。

(2) 生食海贝类及牡蛎等水生动物。

(3) 非细菌性急性胃肠炎患者的呕吐物及粪便,或者干燥之后通过尘埃感染。

四、诺如病毒的预防

1. 切断传播途径

病毒性腹泻的主要传播途径为粪口传播,传染源多为轻型病人或无症状携带者,故主要预防措施是做好食品和饮水工作,加强病人、密切接触者及其直接接触环境的管理等工作,积极切断疾病的传染途径。

2. 控制传染源

已经发病的学生要隔离治疗,暂停上课,应该在家休息,直到症状消失3天后才回校,以免将疾病传染给同学。对病人、疑似病人的吐泻物和污染过的物品、厕所等进行消毒。

3. 避免病从口入

不吃生冷食品和未煮熟煮透的食物,尤其是禁止生食贝类等水产品;对一些放置时间较久的冷菜最好少吃或不吃,饮用水煮开才能喝,不要喝生水。

4. 抓好饮食卫生

严格执行《中华人民共和国食品卫生法》,特别要加强对饮食行业(包括餐厅、个体饮食店、学校周边饮食摊档等)、农贸集市、集体食堂等的卫生管理。食物加工者要严格注意个人卫生,一旦发病立即调离工作岗位。

5. 彻底煮熟食物

避免进食未经彻底煮熟的食物。超过80℃高温环境达30秒,诺如病毒便会死亡。因此,注意彻底煮熟食物,尤其是海产和贝壳类食物。

6. 健康教育

加强以预防肠道传染病为重点的宣传教育,提倡喝开水,不吃生的、半生的食物,尤其是禁止生食贝类等水产品,生吃瓜果要洗净,饭前便后要洗手,养成良好的卫生习惯。

7. 个人的预防措施

(1) 锻炼身体,提高机体抵抗力。

(2) 注意个人卫生,勤洗手,防止病毒病原体的感染。

(3) 不吃生冷食品和未煮熟煮透的食物,减少到校外的餐厅就餐,特别是无牌无证的街边小店。

(4) 流行季节,少去人多的公共场所,杜绝传染渠道,减少感染机会。

(5) 家中有腹泻病人时,应积极治疗病人,并适当地隔离。

(6) 一有情况,立刻就诊,并报告所在单位、社区。

第五章 公共卫生突发事件的应对和心理健康教育

五、诺如病毒的高发人群

（1）该疾病多发生在学校、家庭、旅游区、医院、食堂、军队等，由于共同进餐、使用公共餐具或人群密集而容易集体暴发。不过，85℃的高温即可杀灭诺如病毒。

（2）诺如病毒喜冷怕热，冬季正是诺如病毒感染的高发季节，人群对诺如病毒普遍易感。

（3）由于抵抗力和免疫力尚低，老人和4～12岁的儿童等体质比较弱的人群更容易感染。诺如病毒可通过被污染的水源、没有煮熟的食物、海鲜、贝类、空气中的飞沫等进行传播。

 课堂实训

生活中，有哪些食物容易引发中毒，该如何应对？

习题

1. 简述传染病的防治措施。
2. 如何提高学生的自我调适能力？

讨论题

1. 很多高校门口都能看到流动小吃摊，油炸、烤肠、炒饭、汤面等小吃，很多人纷纷购买。但这些小吃摊大都属于无证经营，卫生条件较差，让学校校方、家长忧心不已。讨论一下，学校如何引导学生杜绝劣质食品的危害，以及如何应对食物中毒？

2. 保持手部卫生是预防传染病的首要条件。用洗手液彻底洗手或用酒精搓手液消毒双手均可保持手部卫生。传统的"饭前便后要洗手"的说法完全正确吗？什么时候应洗手呢？

3. 如果你喜欢的男（女）同学不喜欢你，你该怎么办？分组讨论如何尊重别人的选择权和自己的生命价值。

4. 学生们分成13人一组，开始一个名叫泰坦尼克号的活动。情景设计了13个人坐在泰坦尼克号上，每个人安排一个角色：孕妇、运动员、船长、导演、演员等。遇上冰山后，只有5个人能坐上救生小船。大家讨论，谁能坐上小船？

5. 每个人在4张纸上写出自己最亲近最重要的人，折好，相互交换。随意撕掉一张，再还给对方。被撕的那张纸，代表这位亲人已经离你而去。拿回自己的纸条后，开始讨论：你心中重要的亲人离开你了，你的生活会怎样？你是怎么想的？

6. 在大学校园里，男生玩游戏，女生追影视剧，这已经形成大学宿舍文化的一个怪圈。男生玩网络游戏上瘾，这是普遍存在的网瘾现象，那么女生抱着计算机追各种影视剧集，过分依赖网络，是网瘾吗？请讨论一下：如何预防和远离网络成瘾的伤害？

 微课：扩展阅读

我国粮食能够有效应对重大灾害和突发事件考验

随着新冠肺炎疫情在全球蔓延，部分粮食出口国传出限制出口的信息，国家粮油信息中心高级经济师王辽卫表示,我国实现了"谷物基本自给、口粮绝对安全"的要求,粮食供求总体宽松,完全能满足人民群众日常消费需求,也能够有效应对重大自然灾害和突发事件的考验。

部分粮食出口国限制出口,对我国粮食市场有影响吗?

随着新冠肺炎疫情在全球蔓延,越南宣布暂停大米出口。越南常年大米出口700万吨左右,大体占世界贸易量的15%,限制出口可能会造成国际市场大米价格波动。部分粮食出口国为保障国内供给也可能采取限制出口的措施。虽然这种情况通常不会发生。

2019年我国进口越南大米仅48万吨,为2011年以来最低水平;2020年1—2月从越南进口大米仅3万吨。事实是,2016年我国实行粮食收储制度改革以来,大米进口数量逐年下降,2019年大米进口255万吨,同比下降53万吨,进口大米占我国大米消费约1%,主要用于品种余缺调剂,如泰国香米,即使大米不进口也不会影响国内市场供给。

尽管近年来国际市场曾几次出现"过山车"式的粮价大幅波动,但由于我国粮食连续丰收,供给充裕,库存充足,保障有力,粮食市场总体保持稳定。

党的十八大以来,党中央确立了"以我为主、立足国内、确保产能、适度进口、科技支撑"的粮食安全战略,提出了"谷物基本自给、口粮绝对安全"的新粮食安全观,国家采取一系列富有成效的政策举措,粮食综合生产能力稳步提升,粮食连年获得丰收,实现了口粮完全自给,谷物自给率保持在95%以上。

手中有粮,心中不慌。目前我国谷物库存保持较高水平,保障国家粮食安全的物质基础较为坚实。2019年我国粮食种植面积稳定,粮食再获丰收,全年粮食总产量66 384万吨,同比增加594万吨,增长0.9%。总体看,我国粮食供求总体宽松,完全能满足人民群众日常消费需求,也能够有效应对重大自然灾害和突发事件的考验。

我国粮食储备状况及当前市场粮价总体水平如何?

我国粮食总产量连续5年稳定在6.5亿吨以上,近年来粮食储备体制机制不断完善,粮食储备充足,小麦、稻谷等口粮品种库存处于历史最高水平。

在中央储备规模保持稳定的同时,从2014年开始,国家按照"产区保持3个月,销区保持6个月,产销平衡区保持4个半月"的市场供应量要求,重新核定并增加了地方粮食储备规模,各地已全部落实到位,而且大中城市还建立了满足市场供应10~15天的成品粮油储备。同时,在中央和地方政府储备品种结构中,小麦和稻谷等口粮品种比例超过70%。

除上述政府储备外,2004年以来,我国对稻谷、小麦实行最低收购价政策,根据市场情况每年收购了一定数量的最低收购价粮食,这部分粮食主要通过国家粮食交易平台向市场投放,有效地满足了市场供应,稳定了市场价格。多元市场主体也建立了用于正常生产经营的商业库存。我国粮食库存充裕,完全能够满足市场供应和应急保供需要。

新冠肺炎疫情发生以来,国家有关部门和地方政府采取有力有效措施,全力做好粮油市场保供稳价工作,推动粮油加工企业复工复产,保障粮食物流运输通畅,粮油市场供应不脱销、不断档,国内粮油市场平稳有序运行。疫情前期,群众居家不外出多购买储存一些粮食,由于超市、卖场等零售市场货源充足,短暂的群体性集中购买也得到了基本满足。居民采购米面油心理稳定,受餐饮业等消费需求减少影响,国内米面油消费总体偏弱。

据国家粮油信息中心监测,2020年3月23日全国加工企业小麦、早籼稻、中晚籼稻、粳稻进厂价格比春节前增长0.1%、下降0.2%、增长0.4%、增长1.3%。面粉、早籼米、中晚籼米、粳米出厂价格比春节前下降0.4%、增长0.6%、增长0.5%、增长1.3%。

我国稻谷、小麦情况怎样？

我国稻谷供给充裕，阶段性过剩特征明显。2019年我国稻谷产量2.096亿吨，同比减少252万吨，食用消费1.58亿吨，同比减少50万吨，尽管稻谷饲用和工业用粮有所增加，预计年度结余1 430万吨，已连续多年结余，阶段性过剩特征明显。

在国家政策支持下，我国主产区早稻面积将会增加。疫情防控期间，有关部门合理安排政策性稻谷竞价销售，2020年2月10日开始每周向湖北地区增加投放中晚稻80万吨，成交率仅0.28%，有效地满足了市场供应。

小麦供求平衡有余，连续多年产大于需。2019年我国小麦产量1.34亿吨，为历史第二高水平，已连续5年保持在1.3亿吨以上。由于消费结构升级，面粉消费下降，国内食用消费总体平稳，但饲用和工业消费有所下降，国家粮油信息中心估算小麦消费1.235亿吨，同比减少532万吨，年度结余1 400万吨，同比增加870万吨，已连续7年产大于需。

今年全国冬小麦播种面积3.31亿亩，目前苗情长势良好，全国冬小麦一、二类苗占比分别为23%、77%，北方冬小麦苗情明显好于上年同期，今年夏粮再获丰收有较好基础。国家稳定投放最低收购价小麦，2020年以来成交率不足4%，加之政府储备小麦陆续轮换出库，小麦价格走势总体偏弱。

面对新冠肺炎疫情，主要出口国采取限制出口措施，可能会加剧国际市场粮食价格的波动，但对目前我国粮食市场的影响不大，有利于消化不合理粮食库存，减轻国内部分粮食品种库存压力。

资料来源：http://shipin.people.com.cn/n1/2020/0329/c85914-31652499.html，2022-04-18.

第六章

大学生安全教育

社会安全突发事件的应对

CHAPTER 6

🔑 本章内容提要

（1）暴恐事件的应对与安全教育。
（2）人质劫持突发事件的应对与安全教育。
（3）交通工具爆炸事件的应对与安全教育。
（4）性侵害的应对与安全教育。

要成功应对突发事件必须依靠群众发动群众

2021年2月21日，湖北省武汉市新洲区潘塘街道陈玉村早熟桃基地突发火灾。幸好，在全国人大代表、村党支部书记张文喜的带领下，村应急小分队和村干部迅速将火扑灭，保住了1 000亩早熟桃基地。

说起这支村应急小分队，离不开张文喜长期以来的呼吁和付出。作为全国人大代表，张文喜围绕"创新基层治理水平、提升基层应急能力"的提出，建议要建立一支在突发事件发生时能拉得出、打得好、战必胜的人民应急队伍。

这项建议得到各方重视。在多方支持下，陈玉村很快组建了一支19人应急小分队。如今，"组建村级应急小分队"这一模式已被潘塘街道推广至10多个行政村。

出生于贫寒家庭的张文喜深知，解村民之所急、盼村民之所盼是基层党支部书记最重要的事，也是全国人大代表必须履行的义务。长期以来，村里的消防安全一直是"老大难"问题，也是张文喜最挂念的事。

陈玉村距离城区有27千米，一旦发生火灾，等消防救援队伍赶来，火势早已蔓延。张文喜认为，必须建立一支应急小分队。"当遇到突发事件发时，应急小分队能第一时间赶到现场，第一时间保护群众生命财产安全，第一时间服务群众。"

去年，在多方支持下，村应急小分队成立了。应急小分队由村两委干部、党员、入党积极分子、村民志愿者组成。为强化管理，张文喜建了应急管理微信群，日常在群里布置各项任务。

村应急小分队组建后，当地应急管理部门、消防救援队伍不仅为队员们进行安全知识培训，还现场教授他们如何应对突发火灾。

今年春节前，当地应急管理部门在潘塘街道举办了高层建筑火灾逃生应急演练。"当时，不仅队员们，还有所有党员干部和不少村民都参加了演练。大家学习了火灾发生

> 时该如何正确逃生救援,受益匪浅。"张文喜说。
>
> 有多年基层治理工作经验的张文喜知道,想要提升基层应急能力,不仅要靠他人的帮助,还要加强自身的学习,做好村民带头人。
>
> 张文喜表示,由于村应急小分队队员都不是专业人员,因此要特别加强业务学习。
>
> "陈玉村的防火压力比较大,需要队员们对各种注意事项做到心中有数,如扑救火灾时应根据风向采取有针对性的扑救策略、火势较大时该如何确保自身安全等。"张文喜说,"应急小分队不仅可以有效处置突发事件,还为创新基层治理方式提供了新动力。"
>
> "除此之外,还要加强安全宣传,动员群众积极参与,推动群防群治、群防群控。"张文喜说,"要成功应对突发事件,光靠政府部门和村干部是远远不够的,必须充分依靠群众、发动群众、宣传群众,大家的事大家办,大家的事大家做。只有这样,才能事半功倍。"
>
> 为此,陈玉村在行政村和7个自然村设了8名网格员,为的是上下联动,第一时间应对突发事件。
>
> 依靠群众、发动群众、宣传群众,筑牢安全生产和防灾减灾救灾的第一道防线,让人民群众做自己安全的主人,这是由"要我安全"向"我要安全"转变的必由之路,也是提升社会整体安全水平的基础性工作。
>
> 资料来源:https://www.thepaper.cn/newsDetail_forward_11551623.2022-04-11.

社会安全突发事件主要包括恐怖袭击事件、经济安全事件和涉外突发事件、重大刑事案件、大规模群体性事件等。

尽管我国长期政治稳定,人民安居乐业,但影响国家安全和社会稳定的因素依然存在。在一些地方,群死群伤的爆炸、投毒等恶性案件和暴力犯罪时有发生,尤其是随着时代发展,新的犯罪形式和手段不断出现,违法犯罪活动日趋组织化、职业化、国际化。

境内外敌对势力加紧勾结,国内外极端势力制造的各种恐怖事件危及国家安宁,涉外突发事件增多,恐怖活动、恐怖主义的现实危害上升。

此外,由人民内部矛盾引发的群体性事件不断,有些还呈现出参与人数增多、持续时间长、处置难度大、连锁反应增强的特点。

第一节 暴恐事件的应对与安全教育

暴力恐怖主义是通过暴力手段制造恐怖气氛以实现某种政治诉求的一种犯罪活动。恐怖主义是实施者对非武装人员有组织地使用暴力或以暴力相威胁,通过将一定的对象置于恐怖之中,来达到某种政治目的的行为。

国际社会中某些组织或个人采取绑架、暗杀、爆炸、空中劫持、扣押人质等恐怖手段,企求实现其政治目标或某项具体要求的主张和行动。恐怖主义事件主要是由恐怖主义团体,以及极端的民族主义、种族主义的组织和派别所组织策划的。

一、我国反恐斗争现状

(1) 我国连续4年多未发生暴恐案事件,反恐斗争态势向好,公安机关坚持以维护政权安全、制度安全为核心,坚决捍卫国家政治安全。深入开展反分裂反恐怖斗争,加强反恐国际合作,始终保持对暴力恐怖活动的严打高压态势,我国反恐怖斗争态势持续向好,连续4年多未发生暴恐案事件。

(2) 全国公安机关以政治安全为根本,以人民安全为宗旨,推进建设更高水平的平安中国、法治中国。截至2020年,全国刑事案件立案总量已连续5年下降,八类主要刑事案件数和查处治安案件数连续6年下降。

二、暴恐事件的特点

1. 宗教极端势力和民族分裂势力插手其中

从暴恐案件的发生地点、参与人员的服饰、语言等方面可以看到明显的宗教民族元素。这一方面是暴恐分子在表明身份,同时也暗藏了其以宗教、民族为旗号挑起更大范围矛盾冲突的险恶用心。

2. 追求暴力效果

暴恐事件中,无论是使用刀具等冷兵器还是放置爆炸装置,暴恐分子都选择在人群密集的公共场所实施袭击,力图制造浓重的血腥气氛,以造成民众的大量伤亡。

3. 家族成员共同参与,独狼式分散实施

由于亲属关系,暴恐分子之间的信任程度较高,共同实施暴恐犯罪的意愿稳定。同时,据统计,年轻人以及初中以下文化程度人员在参与者中占有极大的比重,这些人很容易被极端势力所利用,从而进一步增加了暴恐袭击的危害性。

4. 暴恐案件短期内集中发生

自2009年以来,新疆涉暴涉恐案件基本呈现高位徘徊态势,但在短期内集中发生造成重大伤亡和恶劣社会影响的暴恐案件仍属罕见。这一方面与近期国内外政治形势的变化有关,另一方面也暴露出我国在打击、防范暴恐袭击方面还存在一些缺漏之处。

一个比较突出的方面就是恐怖事件的发生基本上是有一个策划过程的,其中会有一些异常现象暴露出来。如果能够悄无声息地策划暴恐犯罪并顺利实施,就说明我国的情报搜集和分析工作存在着一定的问题。

美国在"9·11"事件后的调查表明,即便是行动能力很强、计划周密的"基地"组织在恐怖袭击前也有很多情报线索显露出来,但由于分析能力的欠缺导致FBI没有能及时制止悲剧的发生。

三、各国应对暴恐事件的措施

(一) 强化立法

1. 赋予反恐怖机关更多的权力

便于其在侦查恐怖活动时能够通过窃听、跟踪、秘密讯问等特殊方式及时获取线索,发现和制止恐怖袭击,如美国总统布什就曾经签署秘密命令授权国家安全局对境内人员的通信进行窃听。

2. 完善法律,加大惩治恐怖分子的力度

包括美国在内的许多西方国家法律都规定可以对恐怖分子处以死刑,英国的北爱尔兰

还曾制定了无须陪审员即可对恐怖分子进行审判的法律制度。

（二）完善机构

1. 积极健全各级反恐怖指挥协调机构

如美国设有反恐怖主义联邦委员会，在中央情报局内设有反恐怖主义中心，联邦调查局内设有国内反恐怖联合行动中心和反恐怖主义处，2002年11月又在合并20多个联邦政府机构的基础上建立起国土安全部，专司国内安全及防止恐怖活动。俄罗斯也在国家安全部内设有反恐怖主义活动局，全面协调国内反恐行动。

2. 组建训练有素的快速反应部队

以特种作战方式应对恐怖活动。其中，一些特种部队人们已耳熟能详，如美国的"海豹"特战队、俄罗斯的"阿尔法"特种部队、德国的边防军第九大队等。

（三）重点防范

1. 重点场所和人物的保护

恐怖活动是一种以小博大的不对称攻击，尽管恐怖分子势单力孤，但因其袭击的目标往往处于毫无防范的状态且多具有象征意义，所以一时间能够造成很大的破坏后果和影响力。"9·11"事件就是一个典型的例证。因此，世界各国在应对恐怖袭击时首先加强的就是重点目标的防范。

2. 重点物品的监控管制

加强对重点物品的监控管制，如爆炸物、枪、化学制剂等。有的国家要求对一切爆炸物品实行标识管理，生产、销售以及进出口的一切爆炸物品（特别是塑性炸药）都要加入可探测物质，以便恐怖爆炸案件的防范和侦破。

（四）国际合作

（1）目前在反劫机、反爆炸、反洗钱等领域已形成了相应的国际公约。许多国家之间还签署了地区性和双边性的反恐条约、协定，从而为全球追捕恐怖分子提供了有利条件。除了这些普遍性的措施外，一些国家还根据自身的主要恐怖袭击来源采取更有针对性的措施。

（2）部分国家政府明确要求人们一旦发现无人看管的包裹就应立即报告。

（五）普通民众应加强自我保护

就国内当前暴恐案件的态势来看，威胁的来源、实施的手法和攻击的目标是比较明确的。所以，各地公安机关都全面加强了交通站场、商贸中心、学校、医院等人流密集地区的警力部署，提高了快速处置突发事件的能力。这对于压制暴恐分子的气焰，稳定社会情绪具有积极作用。

但是要在短期内控制形势，还必须通过各种渠道积极获取并利用已有的相关情报信息，以先发制人的方式，精确打击主要头目，切断恐怖分子在交通、通信、资金以及爆炸物制作等方面的连接链条，使其丧失再次行动的能力，从而尽快稳定局面。

（六）在法律上要尽快出台专门的反恐怖法

（1）切实解决反恐怖斗争中遇到的法律问题和实际困难。目前在国内反恐怖斗争中面临的主要法律问题有：对恐怖活动、恐怖活动组织、恐怖活动人员缺乏明确的定义；未规定恐怖活动组织、恐怖活动人员由何种政府机关认定,通过什么程序认定,如何对外公布;金融机构及时冻结涉恐资产的法律依据是什么等。在思想文化方面,要继续坚持民族平等、民族团结和民族融合的政策,增进不同民族之间的理解与合作。

(2)从社会的角度看,还存在一个社会组织和普通民众积极配合政府部门,同时不断加强自我保护意识和防范能力的要求。恐怖主义的滋生蔓延是有其历史与现实条件的,面对频繁的暴恐袭击,既要以高压的态势严厉打击,同时也要认识到反恐怖斗争的长期性,在心理上和思想意识上做好充分准备。因为随着反恐怖的常态化,各种安检措施的实施会在一定程度上给普通群众的日常生活造成不便,这需要有一个调适的过程。

(3)暴恐事件频发提示公众需要加强自我保护意识和防范能力。例如,在重大节假日里尽量减少在人群密集场所的逗留时间,发觉某件放在公共场合中的物品有异样时,应尽量远离并报警等。另外,媒体在报道恐怖事件时也要讲究方法和策略,注意与警方的协调。因为在恐怖事件现场,媒体工作者既要履行工作职责,满足公众了解事态发展的需求,同时又要防范恐怖分子利用新闻报道的内容应对警方的部署,从而造成不利于处置工作的后果。

四、暴恐事件的应急处置方案

(一)成立暴力恐怖事件处置领导小组及工作小组

1. 成立暴力恐怖事件处置领导小组
(1)组织各类暴力恐怖事件的处理,进行现场决策。
(2)指导相关部门及工作小组开展现场处置,防止事态扩大,避免不良影响。
2. 成立暴力恐怖事件处置工作小组
(1)及时获取各类应急突发事件的信息,并迅速上报。
(2)根据突发情况,及时报警,并协助公安机关工作及调查。
(3)根据领导小组要求,组织、协调现场应急处理、警戒及人员疏散工作。
(4)负责各类暴力恐怖事件的善后处理工作。
(5)配备必要的防暴器材,对应急分队执勤人员进行专业培训,迅速、有效处理应急突发事件。

(二)暴力恐怖事件处置的基本原则

(1)处置暴力恐怖事件要以平息事态、控制局面、防止扩散、减少损失为主要原则。
(2)针对不同性质的事件采用制止、宣传、保护、求援、疏散等不同方法。
(3)以保护职工(包括参加应急处置、抢险人员)生命安全为中心,有条不紊地开展应急工作,最大限度减少人员、财产损失,避免不良影响。

(三)具体事件的处理办法

1. 暴力、威胁
(1)如果发生以武力方式挟持、逼迫单位职工的事件,立即向领导小组、工作小组汇报,同时立即打电话向公安机关报警,要求迅速进行增援。
(2)应急分队立即持应急处理器械赶赴现场,依据现场最高领导要求采取应急处理措施,保护职工和领导安全;采取强制措施时,注意保护自身安全。

(3) 在犯罪嫌疑人没有伤及人员的情况下,应以宣传教育为主,根据其提出的要求,进行劝说,尽量拖延时间,劝说其放弃伤害他人及破坏正常秩序的行为,不能激化犯罪嫌疑人的情绪。

(4) 如犯罪嫌疑人已伤及他人,应立即予以制止,以抢救伤员为主,如情况继续恶化应以必要的强制措施制止。

(5) 注意观察暴力组织者的行为、特征,条件允许的话,当即将其擒获;不具备条件时,也要想办法接近、控制并尽量劝说其放弃武力,等待公安、武警或其他队员到时再擒获。

(6) 处理暴力事件时,要随时注意收集证据、保护证人。

2. 爆炸物品

(1) 如发现不明爆炸物,立即向工作小组汇报,同时采取隔离措施,疏散人员集中至安全地带并保护好相关人员,立即报告公安机关进行现场处理,在公安机关到达之前,不得采取其他行动,防止出现误爆,造成人员伤亡或财产损失。

(2) 控制出入通道,对进出人员进行排查,发现可疑人员立即采取措施进行控制、看守,报公安机关进行调查。

(3) 如接到不明电话或相关信息通知在某区域有爆炸物品,安保事业部应立即派人进行现场察看,确有不明物品时,立即向领导小组汇报,并报告公安机关现场排查,同时采取隔离措施,公安机关到达之前,禁止采取其他行动,防止出现误爆,造成人员伤亡或财产损失;疏散人员集中至安全地带并保护好相关人员。

(4) 组织各单位紧急集合,对有不明爆炸物品的区域进行隔离、警戒,严禁人员进出放有可疑物品的区域。

(5) 协助公安部门开展工作。

3. 抢夺、抢劫

(1) 如发现犯罪嫌疑人没有离开单位,在第一时间向工作小组汇报,并通知关闭所有进出通道,各单位人员紧急集合,组织围捕,并立即报告公安机关。

(2) 如发现犯罪嫌疑人已离开单位,立即向领导小组、公安机关汇报,察看财物的安全情况,配合公安调查。

(3) 如犯罪嫌疑人已伤人,立即组织救护,拨打120急救电话。

(4) 如犯罪嫌疑人在可视范围内,立即组织追捕、跟踪,协助公安接管捉拿嫌疑犯;进行抓捕时,要注意保护职工的人身安全。

(5) 保护好现场、证人,在公安部门到来之前,严禁无关人员进出。

4. 投毒

(1) 如发现是邮寄毒品,应立即报告工作小组,同时,集中所有可能接触到毒品的人在某特定区域,加以保护,等待公安等有关部门前来检查、检验,同时提供相应的证据。

(2) 如发现是放置的毒品,应立即保护好现场,严禁他人进出,同时报告工作小组,请求公安等相关部门前来解决。

(3) 查明毒源并切断毒源,保护好现场,严禁他人进出,如发现煤气泄漏,则应带上防毒面具进入,关闭阀门,打开窗户通风。

(4) 如毒源蔓延，应立即疏散人员至安全地点集中。

5. 谋杀、行凶

(1) 如犯罪嫌疑人没有离开事发现场，应在第一时间向工作小组汇报，立即用对讲机通知关闭所有进出通道，各单位安保人员紧急集合，组织围捕，并立即报告公安机关。同时采取正面宣传政策，争取政府宽大处理。

(2) 如犯罪嫌疑人已离开现场，应立即保护好现场，保护好证人；立即报警，请公安部门前来侦破，同时提供相应的人证、物证等。

(3) 如犯罪嫌疑人在可视范围内，应立即组织抓捕，各参加抓捕的人员携带相应器械，保护自身安全；如犯罪嫌疑人携带爆炸物品、枪械等危险作案工具，抓捕人员应进行控制、跟踪，掌握犯罪嫌疑人的主要特征，由公安机关采取强制措施。

6. 纵火

(1) 立即启动加油站灭火预案进行扑救灭火，同时拨打119消防救援报警电话，拨打110报告公安机关。

(2) 保护好现场，引导消防车进入火情区域，严禁无关人员进出。

(3) 如犯罪嫌疑人在现场，立即组织围捕。

(4) 灭火后，保护好现场，统计损失。

五、对校园安全的启示

（一）学校配备安保人员并认真开展培训

一般较大规模的学校都会配备法制副校长和安保人员，对于校园专（兼）职安保人员的配备，各地都会出台基本的规范要求，学校应该定期组织安保人员的培训工作，提供充足的资金支持，以备不时之需。

> **案例**
>
> ### 昆明火车站暴恐事件
>
> 2014年3月1日晚9时20分，一伙男子持械冲进昆明火车站广场、售票厅，他们手持刀具、统一着装，砍死、砍伤多名无辜者。至少造成29人遇难，百余人受伤。
>
> 截至2014年3月2日1时，暴力案件已造成29名群众遇难，昆明12家医疗机构共收治伤员143人，其中重伤73人、轻伤70人。特警当场击毙4名暴徒、击伤1人。
>
> 资料来源：https://www.zujuan.com/question/detail-1898722.shtml，2022-04-22。

昆明暴恐事件发生时，距事发地约200米有一个中国邮政网点，当晚，网点共有5名保安值班。面对手拿凶器的暴徒，他们能做的，也只是"镇定地接纳了数十名在混乱中寻求躲避的路人"。有鉴于此，各学校应进一步加强门卫保卫力量配备，认真开展门卫人员专业知识教育培训，以提升技能，提高素质。

（二）必须遵循学校相关安全预案并加强演练

近年来校园的安全形势基本保持了持续稳定好转的发展态势。但一旦发生了突发性的、难以控制的暴恐事件时，那些针对校园袭击等突发安全事件的处置预案，就该发挥作用了。

预案一定要明确组织领导、目标任务、方法措施,更重要的是通过适时开展演练,让预案"深入人心",让广大师生提高应对和处置突发事件的能力。

(三)加强对校园周边环境的全面整治并构筑防范网络

学校一定要加强与公安、城管、综治、文化、工商、食监等部门的联系与协调,排摸各类治安、安全隐患,争取各有关部门大力协助学校开展好校园周边环境整治工作,构筑全天候、高效率的防范网络。学校的当务之急是安装与110联网的报警系统,加强对进出车辆、物品和人员的24小时监控,严防可疑车辆、可疑人员、可疑物品进入校园。

案例

国际社会应采取措施制止暴恐组织向青少年灌输激进思想

2021年12月6日中国常驻联合国副代表耿爽在冲突中保护教育阿里亚模式会议上发言,呼吁国际社会采取措施制止暴恐组织向青少年灌输极端主张和暴力思想。

耿爽说,在冲突中保护教育要以行动为导向。会员国、冲突各方和联合国等国际组织要各自承担责任,分别采取行动,将国际共识落到实处。安理会的重点是继续推进儿童与武装冲突议程,预防和消除针对儿童的严重侵害行为。

他说,教育直接作用于人的思想,教育的重要目标是在思想中筑起保卫和平的屏障。暴力恐怖组织通过互联网,甚至学校开展激进教育,向青少年灌输极端主张和暴力思想。国际社会应当采取措施制止这种现象,并根据联合国反恐战略的要求,通过教育的方式挽救受影响人员。在多样性突出的国家,要支持通用语教育,增进国家认同、民族团结。

新冠疫情导致很多学生无法安全重返校园。国际社会,特别是发达国家要加大向发展中国家,特别是非洲国家的援助,实现疫苗的可及性和可负担性,为学生重返校园提供健康保障。

资料来源:http://world.people.com.cn/n1/2021/1207/c1002-32301900.html,2022-04-23.

小贴士

近来,全国发生数起暴恐事件,警示当前面临的反恐形势更加严峻复杂。在危险的情况下,如何采取正确的应对方法应对突发事件,建议如下。

1. 发现可疑人物或车辆怎么办?

实施恐怖暴力袭击的嫌疑人脸上不会贴有标记,但是会有一些不同寻常的举止行为,可以引起警惕。在日常生活中,大家应该做有心人,留意身边可能出现的反常情况。

比如,一些神情恐慌、言行异常者,着装、携带物品与其身份明显不符者或与季节不协调者,都可能是恐怖暴力袭击人员。此外,如果在居住区内发现有出租房内发出异常声响、气味,都有可能出现嫌疑人员。

同时,一些存在异常的车辆,比如车辆被改色、有撬动痕迹、驾乘人员神色惊慌等,都有可能是可疑车辆。

如果遇到上述情况,则应该保持镇静,不要引起对方的警觉,并直接拨打110报警,反映可疑情况。

2. 遇到疑似爆炸物怎么办?

爆炸物可能被安放的公共场所包括标志性建筑物、交通工具以及重大活动现场。

遇到疑似爆炸物,最应该牢记的一点是:千万不能触摸,应立即报警。同时,应有序撤离,不要互相拥挤,以免发生踩踏造成伤亡。还要协助警方调查,尽量识别可疑物的发现时间、大小、位置、外观,了解有无人员动过等情况。如有可能,用手中的照相机进行照相或录像,为警方提供有价值的线索。

3. 突然遇到纵火怎么办?

火灾是日常生活中最可能遇到的危险之一,在进入一个陌生环境的时候,如入住酒店、商场购物、进入娱乐场所,首先要留意疏散通道、安全出口及楼梯方位等,以便需要时能尽快逃离现场。在撤离的同时,可用毛巾、口罩捂鼻,匍匐撤离,切记不可乘坐电梯。

如果在公交车上遇到纵火,最适合的方法是立即将情况告知司机,并从车门有序撤离。遇到车门无法打开的情况,可选择跳窗逃生。如果窗户也不能开启,则可使用公交车上的安全锤击碎车窗后离开。跳窗时注意不要摔伤。

4. 突然遇到枪击怎么办?

遇到歹徒枪击,最好的方式就是选择合适的掩蔽物进行躲避,找不到合适的掩蔽物就趴下,千万不能站立。最好选择密度质地不易被穿透的掩蔽物,如墙体、立柱、大树干、汽车前部发动机及轮胎等位置。

值得注意的是,木门、玻璃门、垃圾桶、灌木丛、柜台、场馆内座椅、汽车门和汽车尾等,虽不能够挡住子弹,但可以起到隐蔽作用,使恐怖分子在第一时间里不能发现目标,为下一步逃生提供了时间。

5. 遇到歹徒持刀行凶怎么办?

持刀行凶近年来在全国时有发生,遇到此类紧急情况,在歹徒不易发现的时候,悄悄跑开,并选择一个较为隐蔽的场所躲起来。

如果确实发生了与歹徒面对面冲突的情况,可利用身边的物体来保护自己,比如可以用包挡住歹徒砍过来的刀,这样可以减小伤害,还可利用椅子、扫把、拖把等物品来保护自己。

小贴士

为了增强学生自我安全保护的意识、普及突发暴恐事件的应对方法,保卫人员对校园安全保卫提出以下建议。

(1)一旦发现有诸如暴恐事件发生,不要围观,马上撤离到安全地带并拨打110报警。

(2)晚上尽可能早回寝室,以保障个人生命财产的安全。

(3) 学生要尽量避免到人员密集的地方。
(4) 学校安装红外线监控设备,确保做好监控防护措施。
(5) 学校增加安保人员的数量,充实保卫力量。
(6) 学校增加保卫器材、升级保卫装备,如钢叉、辣椒水以及防身木棍等必要的近身防卫武器,并为每个安保人员配备甩棍。
(7) 学校完善应急体系,以便于短时间内做出决策。
(8) 加强校园内的巡逻、增加值班人员、延长值班时间,同时也要加强对校园动态的收集、及时掌握校园安保情况。

第二节 人质劫持事件的应对与安全教育

20世纪90年代以后,在经济高速发展,国家综合实力不断增强,人民群众生活水平日益提高的同时,受国内外各种社会消极因素的影响,各地劫持人质犯罪事件相继发生,且劫持人质犯罪发生的频繁度以及恶劣程度前所未有,其行径令人震惊、愤慨。

在这种严峻情况下,分析和评断当前劫持人质犯罪活动的日趋严重的客观现实,准确预测未来劫持人质犯罪的发展趋势,就显得尤为重要。

一、我国近期发生的人质劫持事件

2013年8月3日,一男子在无锡惠山玉祁持刀劫持一女子,在警方数小时劝解无效后,犯罪嫌疑人被当场击毙,人质安全获救。

2013年8月8日14时左右,山东省某办公楼三楼的一间办公室发生劫持事件,一名20多岁的男性用一把刀劫持一名30岁左右的女性,在僵持了近3小时后,人质被成功解救。

2015年4月14日9时30分左右,安徽某大学校内发生一起人质劫持事件。一名男子手持菜刀将一名女学生劫持。民警在密切关注室内情况的同时,安排学校教师、学生以及刘某的母亲通过大门、窗户与刘某对话,安抚其情绪。与此同时,特警、消防等警力做好强行救援处置准备。经过近两个小时的劝解,刘某依然拒不开门。11时15分左右,特警队员趁刘某注意力分散之际,迅速破门而入,成功将刘某控制,人质未受任何伤害,安全获救。

2018年8月30日凌晨,湖南省娄底市娄星公安分局涟滨派出所接到报警称,某社区一栋楼房内有人挥舞菜刀到处砍人。接警后,民警黄其焕带领两名辅警迅速赶赴现场进行处置。为确保人质安全,黄其焕按照嫌疑人的要求把处警装备卸下,独自一人上楼置换被挟持男子下楼。2018年8月30日凌晨5时许,娄底市公安局巡逻特警支队在消防等部门的配合协作下,在一居民楼内成功处置该劫持人质事件,嫌疑人被成功控制,人质安全获救。

2019年8月9日16时50分许,一名男子在南宁地铁1号线新民路站安检线外的自动售票区持刀劫持一名女子。2019年8月9日19时许,该名犯罪嫌疑人举刀企图对人质实施伤害,民警果断开枪将其击毙,成功解救人质,人质没有受伤。

2021年1月22日17时许,云南昆明市发生一起劫持人质案件。一名男子在昆明市云南某大学附属实验中学门口持刀致伤7人后,劫持1名人质。之后,犯罪嫌疑人被警方击毙,其犯罪行为造成7人不同程度受伤、1人经抢救无效死亡。

二、人质劫持的法律定性

劫持人质应定性为绑架罪,是指利用被绑架人的近亲或者其他人对被绑架人安危的忧虑,以勒索财物或满足其他不法要求为目的,使用暴力、胁迫或者麻醉方法劫持或以实力控制他人的行为。

(一)构成要件

(1)主体为一般主体,凡达到刑事责任年龄并具有刑事责任能力的自然人均能构成本罪,即已满十六周岁的人犯罪,应当负刑事责任。

(2)主观方面为直接故意,且以勒索他人财物为目的或者以他人作为人质为目的。

(3)客体是他人的身体健康权、生命权、人身自由权。

(4)客观方面表现为以暴力、胁迫、麻醉或其他打法劫持他人的行为。

(二)处罚

以勒索财物为目的绑架他人的,或者绑架他人作为人质的,处十年以上有期徒刑或者无期徒刑,并处罚金或者没收财产;致使被绑架人死亡或者杀害被绑架人的,处死刑,并处没收财产。

三、人质劫持事件的应对常识

尽管我国社会稳定,经济发展,但对劫持事件的防范不能松懈,普通市民也应掌握一些应对常识。劫持人质案件往往都是经过精心策划和充分准备的,而且为了他们的目的往往会孤注一掷、铤而走险,因此,一旦被恐怖分子劫为人质,一定要沉着应对,不要轻举妄动。

(一)保持沉着冷静的心理状态

(1)在被劫持现场一旦发生个别爆炸事故,最好在原地趴下,不能惊慌失措地乱跑。

(2)在被劫持现场,一旦发生毒气泄漏事故,尽量用湿的毛巾、手帕或者衣服捂住鼻子和嘴,先进行自救。同时利用肢体语言,比如挥动衣服、手臂等呼唤营救人员来搭救自己。这个时候切记不要呼喊,因为这样只会吸入更多的毒气。另外,疏散之后还要到特定地方进行毒气洗消。

(3)当劫持发生在剧场时,由于剧场空间较大、人员较多也比较拥挤,这个时候劫持者可能会在剧场里面待上一段时间,这时人质应该对自己的行为给予约束,以免给前去营救的营救队员造成行动上的障碍。

(4)孤身一人被恐怖分子劫持时,内心难免惊慌失措,这个时候最重要的是尽量保持镇定,不要做无谓的抗争,要坚定自己能被营救的信心。

(5)当恐怖分子人数较少的时候,切记不要存在侥幸心理,不要因为恐怖分子的数量较少就去做抗争,这个时候可能会引来伤亡。

（二）应对劫持的注意事项

（1）遭到劫持后，节省精力和体力至关重要。这是因为劫持事件对人质的心理素质和身体状况都是一种极端考验。因为从国外发生的劫持人质事件看，解决起来都需要经过长时间较量，事件的进展也难预测。

（2）被劫持为人质之后，要适时观察恐怖分子的弱点。这是因为在许多情况下，恐怖分子都会使用兴奋剂维持亢奋，以缓解巨大的压力。但药效过后精神会变得相当差，注意力和判断力也都会随之降低。这个时候人质就可以根据恐怖分子的语气、语调和用词等，判定恐怖分子是否服药和药效的强弱，寻找恐怖分子的弱点。

（3）被劫持的人质应坚信能被解救，不要惊慌失措，否则只会让恐怖分子狗急跳墙，危害人质安全。在莫斯科剧院的劫持人质事件中，就曾出现过由于个别人质精神崩溃，行为失常，从而引发了恐怖分子的狠毒报复。

（4）当营救队员攻击完毕之后，人质应该按照规定路线离开劫持现场，进行迅速疏散，这个时候不要乱跑，不要拥挤，以免碰到恐怖分子设置的爆炸物。

（三）应对劫持的八个"不要"

（1）不要自认为口才好，企图和恐怖分子进行谈判。因为恐怖分子往往是非正常推理，通常没有逻辑性，这个时候最保险的办法就是暂且任听他们的摆布。

（2）不要以跳窗、自杀或者其他方式来威胁恐怖分子，这样只会是徒劳无功。

（3）不要把老人、妇女、儿童放在人质队伍的前面，以这种方式企图换取恐怖分子的同情是十分幼稚的，这样之后会让恐怖分子感到更加得意扬扬。

（4）切记不要意气用事，不要单靠个人力量硬拼，更不要行为失控，不要因为一个人的行为而断送了大家的性命。

（5）当营救队员的警犬走到自己身边时，不要惊慌，因为警犬都是经过特殊训练的，它们绝对不会对人质造成伤害。

（6）当人质中有自己的亲人时，营救时不要担心自己的亲人，因为营救都是分批进行的，最后都是能被救出去的，一般的营救原则是先外后内、先重后轻、先老幼后成年。

（7）不要想去弄清楚营救队员的真实身份，不要在获救之后掀开他们的武装面罩，因为这样会暴露营救队员的面目，从而给恐怖分子以报复的机会。

（8）不要忘记出行的时候带上自己的证件，比如身份证、工作证等。这样一旦被劫持，营救的时候就能够证明自己的身份，同时也有利于营救队员排查恐怖分子，以免他们混在人质队伍中。

（四）脱险秘诀

（1）遭遇恐怖分子劫持时一定要镇定，千万不能惊慌。

（2）遭到劫持后，应密切观察恐怖分子的动静，设法传递信息，将有关恐怖分子的情况传递出去。

（3）人质要积极配合营救人员对恐怖分子发起的攻击，并按照营救人员的指令撤离。

犯罪动机是推动犯罪嫌疑人实施犯罪行为的内部驱动力，它直接决定了犯罪行为的方式和危害程度，在反劫持人质行动中，及时准确判断劫持人质者的动机是公安机关进行决策与指挥的关键环节,有着特殊的意义。

(五) 留意危险人群

为了降低危险,人们要对恐怖分子保持警惕,要对各种恐怖事件的发生有所准备;以下八类人特别需要防患于未然。

(1) 情绪波动大,易受刺激易采取过激行为的人。

(2) 狂躁不安,行为异常的人。

(3) 自我认识失调,感情适应不良的人。

(4) 人际交往严重困难,环境应激性差,相对自闭孤独的人。

(5) 不能恰当地表达爱,易产生抑郁情绪的人。

(6) 因家庭经济困难等原因,情绪消沉、低迷、抑郁的人。

(7) 对现实产生偏见和不满,丧失生活信心的人。

(8) 有其他特殊心理问题的人。

(六) 谈判手需要具备的素质

(1) 需要丰富的法律知识和本土的文化体系,包括法律、哲学、政治、建筑、气象、心理、生理等,这些知识他们可以灵活变换,并且可以发挥到最佳状态。

(2) 反应迅速,这是根据现场谈判的一种工作直觉。

(3) 脸上必须带有演员的特点,能够通过自己的动作、声音,把感情深深地压到语音的分贝之中,通过脸上的痛苦的焦虑的两个眸子,能够把感情迅速地传达给劫持者,使他能够感觉到谈判者是真心来帮助他,至少在感情上是同步化的。

(4) 生动的口头表达能力,表达能力极强,谈判者的主要能力就表现在口头表达能力上,几句话迅速打动对方,使其出现感动、迷惘、错乱甚至自我怀疑,最根本出现自我动摇,最后由谈判手把他牵引出来。

四、劫持未成年学生事件的应急处置方案

(一) 处置方案的基本原则

1. 立即报警

一旦发生恐怖分子闯入校园劫持未成年学生事件,学校应立即启用110紧急按钮,同时向公安部门和公安局突发事件领导小组办公室报告详细情况;一旦发生恐怖分子在学校组织的校外集体活动时劫持未成年学生事件,活动组织者和现场教师必须立即向公安部门和公安局突发事件领导小组办公室报告。

2. 统一指挥

学校必须各司其职,密切配合,妥善、高效地开展应急处置工作。

3. 减少损失

尽一切努力,最大限度地避免和减少人员伤亡,减少财产损失,控制社会影响,尽快恢复正常教育教学秩序。

4. 快速处置

采取一切有效措施和手段,迅速按照公安局应急联动中心发布的应急处置指令和职责

分工,开展各项处置工作,有效控制局面和事态发展。

5. 遵守法纪

在处置恐怖分子劫持未成年学生事件时,学校要遵守国家和地方法律、法规,涉及国际问题时,要依照国际法,尊重国际惯例,维护我国的良好形象。

(二) 应急处置程序

1. 疏散师生

事发学校应按照区应急联动中心指令,立即有序地组织师生疏散到安全地区,并明确专人负责维持秩序,疏散中发生师生伤害事故时,要开辟临时场所安置,并立即报告区应急联动中心,等待医疗救护人员到场。

2. 封锁现场

事发地公安机关赶到现场后,事发学校要准确向警方提供案发地的通道等情况,并配合做好设置警戒线、封锁现场工作;若学生家长或围观群众欲越过警戒线的,事发学校要积极配合公安部门做好劝阻及情绪稳定工作。

3. 预备攻击

当防恐突击力量做好武力突击准备时,事发学校要按照现场指挥部指令,配合公安部门做好中心现场的封锁工作,配合救护力量做好准备工作。

4. 武力突击

反恐突击力量实施武力突击时,学校负责做好已疏散师生的隐蔽工作。

(三) 善后处置措施

1. 评估分析

劫持事件应急处置工作基本完成后,总指挥部立即组织有关人员对恐怖事件造成的危害结果,以及对本区社会政治稳定可能构成的威胁进行评估分析,并下达指令全力做好各项善后工作,维护本区社会政治稳定。

公安局突发事件领导小组负责全区中小学校及其他教育单位的稳定工作,公安局突发事件领导小组要分别向区政府、市教委领导汇报。

2. 适时公布案情

公安局办公室根据相关报道原则,适时公布案情和调查情况,或请区委宣传部领导发表讲话。公安局突发事件领导小组和学校不向社会公布案情。

3. 收集社情动态

学校要做好当事学生及家长的情绪稳定工作,学校布置防范工作,关注师生动态并加以引导。

4. 安抚慰问师生

学校迅速派出教工安抚伤员及死者家属,做好善后处理工作,安排好他们的生活,同时,组织各学校做好宣传工作,消除社会恐慌,对师生及家长提出的正当要求尽快予以满足。

5. 其他善后工作

处置工作基本完成后,对处置工作进行总结评估。

（四）处置保障

学校按照职责分工进行应急准备，加强日常工作，为处置劫持学生事件提供切实、可靠的保障。

1. 建立应急队伍

学校成立应急事件处置工作领导小组，需及时通报上级机构。

2. 开展应急演练

学校应急队伍要制定相应的处置方案，并积极开展应急处置技能培训和应急演练。

3. 设施保障

学校对110报警按钮等安全防范设施应经常维护和检查，确保设施完好和正常使用。

（五）防范和宣传

1. 宣传教育

学校要加强有关预防恐怖袭击常识的宣传教育，鼓励学生和家长举报恐怖活动线索，广泛调动师生、家长参与反恐怖斗争的积极性，增强师生防范意识，提高师生防范能力。

2. 检查指导

学校要充分履行对相关工作的检查、指导职责。

3. 培训演练

学校要将应对和处置反劫持事件的相关知识纳入培训课程。对反劫持应急处置人员要开展经常性培训，切实提高他们应对和处置劫持事件的能力，学校要不定期地组织全校师生开展专项演练。

 小贴士

> **识别恐怖嫌疑人的办法**
>
> 实施恐怖袭击的嫌疑人脸上不会贴有标记，但是会有一些不同寻常的举止行为足以引起警惕：神情恐慌、言行异常者；着装、携带物品与其身份明显不符，或与季节不协调者；冒称熟人、假献殷勤者；在检查过程中，催促检查或态度蛮横、不愿接受检查者；频繁进出大型活动场所者；反复在警戒区附近出现的人；疑似公安部门通报的嫌疑人员。

第三节　交通工具爆炸事件的应对与安全教育

交通工具爆炸案，是指以杀伤交通工具内的人员为目的，从而造成重大恐怖效果的袭击作案形式。目前，常见的形式是公共汽车爆炸。20世纪80年代以来，又出现了两种新的交通工具爆炸形式：飞机和地铁爆炸。

一、交通工具爆炸案特点及法律定性

（一）特点

交通工具爆炸之所以引起广泛的关注，主要在于有以下特点。

1. 防范不易

每天在世界各地运行的各类公共交通工具数以亿计,难以形成严格的防范制度。仅对交通枢纽加强安检,也将带来运输成本的增加,对旅客出行带来不便,严重影响运输业的发展。

2. 救护困难

对运行中遭受袭击的交通工具进行救助是十分困难的,甚至是不可能的。因此,一旦遭受袭击,后果往往是灾难性的。

3. 侦破艰难

此类案件的侦查和起诉异常艰难。泛美103客机爆炸案至今仍有疑义,莫斯科地铁爆炸案更是难以起诉的无头案。此类案件一旦案发,正义难以伸张,罪犯逍遥法外,给国家和人民造成的伤害都是难以估计的。因此,如何建立一套行之有效的防范机制,找到国家和公民经济与安全利益的结合点,是当前各国急需解决的问题。

(二)破坏交通工具罪特征

破坏交通工具罪(《中华人民共和国刑法》第一百一十六条,第一百一十九条第一款),是指故意破坏火车、汽车、电车、船只、航空器,足以使火车、汽车、电车、船只、航空器发生倾覆、毁坏危险,危害公共安全的行为。这是一种以交通工具作为特定破坏对象的危害公共安全的犯罪。

(1)本罪侵害的客体是公共交通运输安全。

(2)本罪在客观方面表现为对火车、汽车、电车、船只、航空器进行破坏,足以造成上述交通工具发生倾覆或者毁坏危险的行为。

(3)本罪的主体是一般主体,即任何年满16周岁具有刑事责任能力的自然人。

(4)本罪主观方面是出于故意,包括直接故意和间接故意。

(三)处罚

犯本罪的,处三年以上十年以下有期徒刑。依本法第一百一十九条规定,造成严重后果的,处十年以上有期徒刑、无期徒刑或者死刑。

严重后果主要是指致使火车、汽车、电车、船只、航空器等产生危害公共安全的行为,造成的危害后果。破坏交通工具的行为与严重后果之间应具有因果关系,如果严重后果是由其他原因而不是行为人的破坏行为引起的,也不能适用较重的量刑档次即《中华人民共和国刑法》第一百一十九条第一款的规定。

在坚持以危害后果的严重程度为主要依据,确定适用较重或较轻的量刑档次的基础上,还要综合考察犯罪行为人的犯罪事实、情节等,进一步选择轻重不同的刑罚,以使罪刑相适应。

二、我国近期发生的公共汽车爆炸案及应对措施

(一)我国近期发生的公共汽车爆炸案

2010年7月21日16时许,一辆机场大巴行至长沙机场高速公路6千米处时突然起火,造成2人死亡,3人重伤,11人轻伤或轻微伤。当晚24时,犯罪嫌疑人即被抓获归案。

2012年7月28日17时许,北京一男子用塑料瓶携带了少量汽油乘车,简单泼洒后实施纵火。公交司机迅速停车疏散乘客,并用车载灭火器及时灭火,由于汽油量较少且处理及时,并未造成人员伤亡。车停之后,纵火男子迅速逃逸后被警方抓获。

2018年12月5日17时31分,夹江县焉城镇一辆3路公交车行至迎春南路,因不明原因导致爆炸,车辆玻璃碎裂,17名人员受伤,现场无人员死亡。12月7日17时许,犯罪嫌疑人被抓获归案。

2020年8月7日,济南一客车街头爆炸,无人员被困。山东交通运输集团一辆长途客车,司机驾驶空车去洗车店途中,行驶至济南市槐荫区美里湖街道新沙村小清河北路时,客车爆炸前车体发出泄气声,30米远处市民被玻璃击伤,驾驶员与路边群众受伤。

(二)防范措施

1. 加大排查不安定因素的力度

各级公安机关特别是基层派出所、国保、治安等部门要结合日常工作切实加强情报信息的搜集、报告工作,加强对公共交通运输工具以及危险品制造、生产、存放、运输单位安全的管控,对辖区内大型油库和中小型加油站监督管理,严格明油出入审查,同时对辖区内修理厂、汽车美容院等涉车行业,烟花爆竹、化工厂、混合仓库等涉危行业的从业人员进行排查。

2. 提高应对突发案(事)件的能力

自觉提升交巡警部门对于路面车辆运行的经常性的安全检查的责任心和严谨度,加强路口查报站、巡防哨卡车辆、人员安全检查,尽可能在站点、哨卡等固定地点消除隐患。

3. 公共交通工具安检升级

由于公共交通的大众性,因此要在终端加强安检。厦门交通运输管理局宣布,对所有公交车辆采取安全员跟班、跟车措施。厦门快速公交刷卡进站位置新增了快速公交安保人员,检查重点是易燃易爆物品。对于乘客来说,鞭炮、汽油、酒精等易燃易爆物品,严禁携带上公交车。一旦驾驶员发现,将立即坚决制止。

北京警方已启动覆盖轨道交通站口、通道、站台、安检点等所有部位的轨道交通"地上地下一体化"警务工作模式,提高公共交通安检等级,"逢包必检、逢液必检"。南京地铁提升安检力度和巡逻密度,在人员较复杂的南京南站,金属、液体以及炸药探测仪和通道安检全部投入使用。

4. 推广应用先进防爆技术设施

厦门交通管理局要求尽快在全市165辆BRT车辆上安装自动爆玻器,提高客车安全性能。客车厂试验中心,自动爆玻器的爆玻过程显示:司机在驾驶位按下按钮,一瞬间,12米长的公交车上四扇玻璃出现无数裂痕,乘客只要用手一推,整扇玻璃立刻"分崩离析",可第一时间从这些窗口逃生。

三、交通工具爆炸事件应对常识

公交车、地铁、火车、校车,这些普通公共交通工具的安全事关每一个人。公交系统通常人员密集,一旦起火或爆炸,伤亡必定惨重。学习一些应对知识,能有效减少自身的受伤害程度。

（一）发现可疑爆炸物的应对方法

（1）不要触动。

（2）及时报警。

（3）迅速撤离。疏散时，有序撤离，不要互相拥挤，以免发生踩踏造成伤亡。

（4）协助警方的调查。

目击者应尽量识别可疑物发现的时间、大小、位置、外观，有无人动过等情况，如有可能，用手中的照相机进行照相或录像，为警方提供有价值的线索。

（二）遇有匿名威胁爆炸或扬言爆炸的应对方法

（1）要"宁可信其有，不可信其无"，不能心存侥幸心理。

（2）尽快从现场撤离。

（3）细致观察周围的可疑人、事、物。

（4）迅速报警，让警方了解情况。

（5）用照相机或者摄像机等将现场记录下来。

（三）地铁内发生爆炸的应对方法

（1）迅速按下列车报警按钮，使司机在监视器上获取报警信号。

（2）依靠车内的消防器材进行灭火。

（3）列车在运行期间，不要有拉门、砸窗、跳车等危险行为。

（4）在隧道内疏散时，听从指挥，沉着冷静、紧张有序地通过车头或车尾疏散门进入隧道，向邻近车站撤离。

（5）寻找简易防护物、如衣服、纸巾等捂鼻，采用低姿势撤离。视线不清时手摸墙壁撤离。

（6）受到火灾威胁时，不要盲目跟从人流相互拥挤、乱冲乱摸，要注意朝明亮处，迎着新鲜空气跑。

（7）身上着火不要奔跑，就地打滚或用厚重衣物压灭。

（8）注意观察现场可疑人、可疑物，协助警方调查。

（9）在平时乘坐地铁时要注意熟悉环境，留心地铁的消防设施和安全装置。

（四）公交车爆炸起火的应对方法

（1）保持头脑冷静。寻找最近的出路，比如门、窗等，找到出路立即以最快速度离开车厢。如果乘坐的公交车是封闭式的车厢，在火灾发生的时候可以使用车载救生锤迅速破窗逃生。如果没有找到救生锤，可以利用一切硬物来砸碎车玻璃逃生。

（2）司乘人员在火灾发生的时候应该将车辆驶往人烟稀少的位置，将乘客疏散至安全地点。如果公交车是在加油站等容易发生爆炸的场所起火，应该立即将车驶离。

（3）利用车载灭火器，当公交车起火时，司乘人员应该立即使用车载灭火器将火扑灭（车载灭火器一般在驾驶员座位旁）。

（4）如果在逃生过程中，可就地打滚，将火压灭。发现他人身上的衣服着火时，可以脱下自己的衣服或用其他布物，将他人身上的火捂灭。

（五）购买保险

交通意外保险是以被保险人的身体为保险标的，以被保险人作为乘客在乘坐客运大众交通工具期间因遭受意外伤害事故，导致身故、残疾、医疗费用支出等为给付保险金条件的保险。主要包括火车、飞机、轮船、汽车、地铁等交通工具。

1. 交通意外保险的保险责任

在保险期间内，被保险人以乘客身份乘坐民航客机或商业营运的火车、轮船、汽车期间因遭受意外伤害事故导致身故或残疾的，保险人依照下列约定给付保险金，且给付各项身故保险金和残疾保险金之和不超过各对应项的保险金额。其中包括身故保险责任和残疾保险责任。

2. 选择合适的交通意外保险

对于长期出差的商旅人士，乘坐交通工具比较频繁，每次买一份意外保险既麻烦又不划算，所以可以考虑买一份一年期的含有交通工具保障的意外保险。

对于短期偶尔出差的人士，可以选择短期的含有交通工具保障的意外险，保障涵盖出行期间即可，一般保障7~15天的这种短期的交通意外险，保额都会相对较高，保费也比较便宜，一般为20~50元。

3. 购买保险的注意事项

购买交通意外保险时，一定要注意保险期限和责任范围。

案例

沈阳公交车发生爆炸

2022年2月12日17时55分，沈阳市公安局指挥中心接到报警，一辆232路公交车行驶至皇姑区黄河南大街与宁山中路路口附近时发生爆炸。接到报警后，省、市领导及公安、应急、急救等部门人员第一时间赶到现场进行处置。

辽宁沈阳皇姑区突发一起公交车爆炸重大事故，瞬间引起全社会高度关注，此事件连续几天热度不减，一直是网友讨论的焦点新闻。当日下午6点左右，一辆满载乘客的公交车，在黄河大街与宁山路交界处驶离路边站台时，突然发生大爆炸，当时随着一声巨响，车内还发出耀眼的火光，不过仅仅是一闪而过，并未继续燃烧。此次事故已致1人死亡，数十人受伤。

爆炸发生后，路上过往车辆全都停在了原地，大家半天也没回过神来，随后有不少群众跑了过来，一些过路司机和市民自发上前营救车上乘客。因车门被爆炸变了形无法开启，救援人员就从车窗里把乘客一个接一个地接应出来，很多乘客身上都有血。

现场视频显示，发生爆炸的公交车周围地面上，到处都是散落的玻璃碎渣，一片狼藉，公交车没有一个车窗完好无损，全部碎裂，车顶也被爆炸冲击波掀翻。视频中，一名受伤男子满脸是血，坐在路边绿化带的路肩上，等待救援。2022年2月12日下午5点55分许，警方接到报警，一辆232路公交车行驶到皇姑区黄河南大街附近时发生爆炸，截至2月13日已有1人死亡，2人重伤，另有40人轻伤。

2月15日，此次公交车爆炸事故原因以及具体情况，官方还未公布，所有关心此事件的人，都在急切等待调查结果。那么，这究竟是一场人为引爆爆炸物的刑事案件，还是其他原因造成的意外爆炸呢？爆炸发生后，民警和救护人员先后赶到了现场，对伤员进行施救。从被炸车辆现场来看，爆炸位置应该是在车辆后半部，车尾受损非常严重，很可能是车上电池爆炸。

一位当天乘坐232路公交车的女乘客透露："当时公交车停靠在站点上，上下完乘客后，司机左打方向，把车辆转到公交车专用车道上时爆炸发生了，声音很大，幸好没有起火。车上的人全被吓蒙了，我也半天没反应过来，后来看到有人跳窗逃生，我就跟着他们从车窗里逃了出来，手被碎玻璃碴划破了也没感觉到痛，乘客都很惊慌，大家害怕还会发生爆炸。"

另一位男性乘客介绍："我当时不在爆炸位置上，因为天冷戴了保暖头套，爆炸威力太大，所有车窗玻璃都被震碎，碎片四射而出，很多乘客都被玻璃划伤，我很幸运，有头套保护，脸和眼睛都没事。"事发当晚，有一位乘坐该车的网友称："耳朵都被爆炸震得出现了不良反应，手也被伤到流了很多血，从车窗里逃出来后，感觉身体其余部位没有大碍，就自己回家了。"

针对此次事故原因，很多网友都发表了自己的看法，有网友表示做过电池爆炸试验，这种爆炸一般都会起火燃烧，不可能炸完了而没有引发火，沈阳公交车爆炸不像电池爆炸现象。其实社会中有很多案例可以证明这个说法，每年都有电动车电池爆炸事件发生，每一起无不是爆炸后引起火灾。而且锂电池爆炸并不是只有一声，它会连续发出爆炸声。

另一位去过现场的网友透露，车窗玻璃粉碎是爆炸冲击波造成的，现场没有燃烧痕迹，更无刺鼻的硫黄气味，也不太像爆炸物引发的爆炸。有自称对锂电池有研究的网友声称，锂电池爆炸自然是所有电池爆炸概率中最高的一种，锂电池爆炸不一定都会起火燃烧，但锂电池起火了必爆炸，锂电池还有一个特点，遭到撞击也会爆炸。不管网友的猜测正不正确，都应该以相关部门调查结果为准。

资料来源：http://ln.people.com.cn/n2/2022/0212/c378489-35131581.html，2022-04-21。

小贴士

国外公共交通工具爆炸事件应对经验

（一）伦敦公交系统使用密集摄像头监控

虽然伦敦公交系统没有任何安检措施，不过千万别以为这样就可以为所欲为，每次进入站台就能听到广播，"你已经进入监控区域，请规范自己的言行"。

据估计，伦敦有超过50万个摄像头，是世界上监控最严密的城市，一周七天每天24小时实时监控。除此之外，根据规定，英国总共有400多万个闭路电视电控头。虽然没有安检措施，但是如果有人在公共区域举止可疑，会被及时发现。

（二）莫斯科地铁的安保措施

莫斯科地铁内的各个车站和过道都安装有摄像头，录像资料保留3天。计划以后将改为数字图像，这样可以在调度室实时观察任何一个车站和过道的情况，录像资料保留一个月，以备查用。

为了降低突发事件可能造成的损失，有关部门计划在车辆内安装新式车窗玻璃，一旦发生爆炸，玻璃不会破碎，而是连同窗框一起脱落。

在安全教育方面，俄罗斯除了在中学开设安全和逃生课程之外，紧急救援部也在有计划地向居民宣传安全防范和自救的知识。几乎所有地面和地下交通工具在报站时都会提醒乘客"下车时不要忘记自己的东西。看到可疑的东西千万不要动，请立即向司机或附近的警察报告"。

（三）美国加强对交通枢纽的安检力度

洛克比空难后，美国加强了对机场的监管力度，并开始研制客货仓安全隔离等装置，取得了明显的效果，但也由此造成了人们出行的不便，增加了安全的成本。对运输业，尤其是航空业造成了不小的冲击。

在众多的反恐措施中，美国建立的反恐预警机制可以根据恐怖活动威胁情报等级的高低，适时调整安检力度，最大限度地保持安全和经济利益的平衡。

小贴士

1. 救生锤的使用方法

救生锤又名安全锤，是一种封闭舱室里的辅助逃生工具。它一般安装于汽车等封闭舱室内容易取到的地方，当车内出现火灾或汽车落入水中等紧急情况下，可以方便取出并砸碎玻璃窗门以顺利逃生。

钢化玻璃的中间部分是最牢固的，四角和边缘是最薄弱的。最好的办法是用安全锤敲打玻璃的边缘和四角，尤其是玻璃上方边缘最中间的地方，一旦玻璃有了裂痕，再多敲几下就可以了。

2. 公交车、客车爆炸着火的逃生办法

（1）看到汽车冒黑烟或者闻到焦味一定要及时报告给司机，让司机立即靠边停车处理。

（2）如果已经爆炸起火，最快的逃生通道就是车门，因为车门打开最为方便，可以由司机控制开启，也可以由乘客通过紧急旋钮开启，电动门可能会因为电路损坏不受控制，这时需要司机开启车门应急开关，开关多为红色扳手。

（3）如果车窗可以人为推开，远离车门的人可以跳窗逃生，如果车窗玻璃是密封的，不能打开，这时需要借助安全锤，敲击玻璃四角，把玻璃敲碎逃生，若找不到安全锤，可以用灭火器、皮带扣等一切可以利用的坚硬物体敲碎玻璃。

（4）逃出车后一定要撤离到安全地带，不可在车周围逗留，以免发生多次爆炸受到伤害。

第四节　性侵害的应对与安全教育

一般认为，只要是一方通过语言的或形体的有关性内容的侵犯或暗示，从而给另一方造成心理上的反感、压抑和恐慌的，都可构成性骚扰。性侵害，主要是指在性方面造成的对受害人的伤害。性骚扰和性侵害是危害大学生身心健康的主要问题之一。由于两性的社会地位和角色不同,相对而言,性骚扰和性侵害的对象常以女性居多。

一、性侵害的类型

(一) 暴力型性侵害

暴力型性侵害是指犯罪分子使用暴力和野蛮的手段,如携带凶器威胁、劫持女学生,或以暴力威胁加之言语恐吓,从而对女学生实施强奸、轮奸或调戏、猥亵等。

暴力型性侵害的特点如下。

1. 手段残暴

当性犯罪者进行性侵害时,必然受到被害者的本能抵抗,所以很多性犯罪者往往要施行暴力且手段野蛮和凶残,以此来达到自己的犯罪目的。

2. 行为无耻

为达到侵害女学生的目的,犯罪者往往会厚颜无耻地不择手段,比野兽还疯狂地任意摧残、凌辱受害者。

3. 群体性

犯罪分子常采用群体性纠缠方式对女学生进行性侵害。这是因为人多势众,容易制服被害人的反抗而达到目的;还会使原来单个不敢作案的罪犯变得胆大妄为,这种形式危害极大。

4. 容易诱发其他犯罪

性犯罪的同时又常会诱发其他犯罪,如财色兼收、杀人灭口、争风吃醋、聚众斗殴等恶性事件。

(二) 胁迫型性侵害

胁迫型性侵害是指利用自己的权势、地位、职务之便,对有求于自己的受害人加以利诱或威胁,从而强迫受害人与其发生非暴力型的性行为。

胁迫型性侵害的特点。

(1) 利用职务之便或乘人之危而迫使受害人就范。

(2) 设置圈套,引诱受害人上钩。

(3) 利用过错或隐私要挟受害人。

(三) 社交型性侵害

社交型性侵害是指在自己的生活圈子里发生的性侵害,与受害人约会的大多是熟人、同学、同乡,甚至是男朋友。社交型性侵害又被称熟人强奸、社交性强奸、沉默强奸、酒后强奸等。受害人身心受到伤害以后,往往出于各种考虑而不敢加以揭发。

(四) 诱惑型性侵害

诱惑型性侵害是指利用受害人追求享乐、贪图钱财的心理,诱惑受害人而使其受到的性侵害。

(五) 滋扰型性侵害

滋扰型性侵害的主要形式有以下几种。

（1）利用靠近女生的机会，有意识地接触女生来产生身体接触，在公共汽车、商店等公共场所有意识地挤碰女生等。

（2）暴露生殖器等变态式性滋扰。

（3）向女生寻衅滋事，无理纠缠，用污言秽语进行挑逗，或者做出不雅举动对女生进行调戏、侮辱，甚至可能发展成为集体轮奸。

（六）网恋型性侵害

由于网络技术的迅猛发展，给在校大学生提供了更多与陌生人交往的机会。上网聊天、结识网友已成为高校的一种时尚，作案人员在网络聊天中往往利用花言巧语给那些正处在感情迷茫时期的女生以最大的诱惑，在女学生看来，那些人就是她们要找的梦中情人，因此容易上当受骗。

二、大学性侵害的主要特征

（一）作案目标的选择性

1. 长相漂亮，打扮前卫者

犯罪心理学表明，一个犯罪分子在实施犯罪之前都具有一个犯罪欲念，即一个人产生非法需求欲望的动力。根据弗洛伊德的性心理学说，在性犯罪中，感官刺激是性犯罪的主要犯罪意念。娇美白皙的面容、曲线优美的身材、前卫暴露的衣着等往往都能给人很大的感官刺激，加速了欲望的产生，因此，在性侵害中，长相漂亮、打扮前卫者比相貌平平、穿着朴素者的比例高。

2. 单纯幼稚，缺乏经验者

大学生往往在社会交往方面相当缺乏经验，只看到了社会美好的一面，忽视了社会阴暗的一面，信守人本为善的信条而对人性丑恶的一面知之甚少，于是在与有着丰富社会阅历的人打交道时就显露出许多单纯幼稚的言行，这恰好成为那些心怀叵测的人攻击的弱点，容易成为他们的猎物。

3. 作风轻浮，关系复杂者

现代高校与社会的接触已越来越紧密，社会上的各种诱惑也时时冲击着在校大学生，面对各类高薪陪侍兼职的诱人广告，部分学生开始蠢蠢欲动，频频出入那些歌厅、舞厅等高档娱乐场所，结识所谓的成功人士，最后却成为被侵害的对象。

其他还有如文静懦弱、胆小怕事者；身处险境，孤立无援者；贪图钱财，追求享受者；精神空虚，无视法纪者等。以上人群也容易成为性侵害的对象。

（二）作案手法的多样性

除暴力、胁迫的手段以及通过家教、网恋、求职等方法去侵害女大学生，以下的几种手法也是性侵害中经常能见到的。

1. 谈恋爱

谈恋爱手法具有一定的隐蔽性，一般不容易让被害人防备。女大学生在选择恋爱对象时，不考察对方的人品、修养与内涵，而过多注重了外在因素，在遇到那些以玩弄女性为目的的心术不正之人时，往往身心会受到伤害。

2. 饮酒

饮酒手法发生在熟识的同学、朋友、老乡聚会以及有些女大学生有求于人的场合,犯罪分子通过与女大学生交往一段时间,取得她们的信任后,在吃饭场合提出让女生喝酒,由于酒精能刺激麻痹人的神经系统,使人的思维过程受到干扰而变得神志不清,自制力下降,从而使犯罪分子轻易得手。

三、防范高校校园性侵害事件

(一)筑起思想防线,提高识别能力

(1)女生特别应当消除贪图小便宜的心理,对一般异性的馈赠和邀请应婉言拒绝,以免因小失大。

(2)谨慎待人处事,对于不相识的异性,不要随便说出自己的真实情况,对自己特别热情的异性,不管是否相识都要倍加注意。

(3)一旦发现某异性对自己不怀好意,甚至动手动脚或有越轨行为,一定要严厉拒绝、大胆反抗,并及时向学校有关领导和保卫部门报告,以便及时加以制止。

(二)行为端正,态度明朗

如果自己行为端正,坏人便无机可乘。如果自己态度明朗,对方则会打消念头,不再有任何企图。若自己态度暧昧,模棱两可,对方就会增加幻想,继续纠缠。在拒绝对方的要求时,要讲明道理,耐心说服,一般不宜嘲笑挖苦。

中止恋爱关系后,若对方仍然是同学、同事,不能结怨成仇人,在节制不必要往来的同时仍可保持一般正常往来关系。参加社交活动与男性单独交往时,要理智地、有节制地把握好自己,尤其应注意不能过量饮酒。

(三)学会用法律保护自己

对于那些失去理智、纠缠不清的无赖或违法犯罪分子,女大学生千万不要惧怕他们的要挟和讹诈,也不要怕他们打击报复。要大胆揭发其阴谋或罪行,及时向领导和老师报告,学会依靠组织和运用法律武器保护自己。千万注意不能忍气吞声,忍气吞声的结果常会使犯罪分子得寸进尺,没完没了。

(四)可适当学习防身术

一般女性的体力均弱于男性,防身时要把握时机,出奇制胜,狠准快地出击其要害部位,即使不能制服对方,也可制造逃离险境的机会。

同时,要注意设法在案犯身上留下印记或痕迹,以备追查、辨认案犯时做证据。对突发性群体事件的解决,必须讲究控制和处理突发性群体事件的策略。具体应把握"快、稳、化、活、公、清"六字方针。

(五)关注所处周围环境

性侵害犯罪作为一种特殊的犯罪行为,犯罪分子往往注重作案环境的选择以求作案的"成功率",减少作案风险,所以女生对自己的生活、居住环境要加倍关注。

晚上尽量不要外出,有事外出也要尽早回来,夜晚外出或在校内行走最好结伴而行,行

走时要选择行人较多,路灯较亮的明亮道路行走,经过树林、建筑工地、废旧房屋、桥梁涵洞等处时要特别小心。在学校公寓或校外租房处就寝时,要避免独处,特别是节假日期间,晚上睡觉时要关好门窗,拉上窗帘。

(六)谨慎结交新朋友

根据调查表明,有63%的性侵害是发生在相互认识的熟人中间。因此,女大学生在与同学、老乡及朋友(网友)的交往过程中要注意对方交往的目的,留意对方日常言行中表现出来的人品、道德修养。

如发现对方时常有过分亲昵、挑逗等预兆性言行时,要及时果断地终止来往。在与朋友交往中时刻应注意观察和提醒自己,不要轻信他人,不要单独跟新朋友去陌生的地方;控制感情,不要在交往中表现轻浮;控制约会环境,不要到偏僻人少的地方;不要过量饮酒,不接受超过一般的馈赠;对过分的言行持反对态度等。

(七)有选择地适当参加社会活动

女大学生应慎重参加如家教类的活动,即使要参加也要通过学校及有关部门去联系,切忌自己通过小广告或者自行推荐去选择服务对象。在参加之前,要对家教对象的基本情况有个大致的了解,不要只图报酬高而贸然前往。

四、性侵害发生后的应对措施

(一)及时报案不要拖

女大学生一旦遭遇性侵害事件后,要打消顾虑,及时向有关部门报案,不能因为害怕名誉受损,将苦果自己咽下,这样会使犯罪分子逍遥法外,也使更多的女性受害。

(二)配合调查要积极

性侵害发生后,在报案的同时,被害人要将侵害的有关证物保留好,并将犯罪分子的体貌特征、衣着打扮、口音、携带物品、受伤状况如实地向有关调查人员反映,为公安机关破案提供线索。

(三)调整心态,不要走极端

性侵害发生后,女大学生表现出意志消沉,精神萎靡,心理负担加重,整天生活在被侵害的阴影中,久而久之,会产生厌世情绪,有些甚至会走上自甘堕落的道路。还有自尊心较强的被侵害人会由悲愤产生强烈的报复心理,从而产生过激的报复行为,因此,作为有知识、有文化的女大学生一定要在吸取教训的同时,及时调整心态,尽快从阴影中走出来。

> **小贴士**
>
> **预防性骚扰注意事项**
> (1)日常生活中去人群拥挤或偏僻的地方要提高警惕。
> (2)外出时,到陌生环境中要提高警惕,注意那些不怀好意的尾随者,必要时采取躲避、报警措施。

（3）不贪图小便宜，不但要警惕陌生人送钱财，也要对熟人过于殷勤和热情的行为有所防范。

（4）尽量不与陌生人或单独一人去歌舞厅、酒吧等公共场所，注意食品与饮料的清洁，防止投毒，深夜不独自外出。

（5）一旦遭到骚扰，要沉着冷静，在适当的时机大声呼喊、抗争，报警。

小贴士

在现实生活中女大学生可能被侵害的主要情形有以下几种。

1. 家教

家教是许多女大学生在大学期间参加的一项社会实践活动，它一方面可以增强学生的社会实践能力，同时也能获得一定的经济收入。但有的女大学生找家教工作不是通过正规的中介机构去联系，而是仅凭张贴的招聘广告自己去联系，有时只是看报酬多少，不了解对方家庭成员、社会背景等情况，毫无警惕意识。

2. 求职

在竞争日益激烈的今天，女大学生找到一份工作很不容易，总想通过各种途径去推销自己，这种急于求成的心理往往给了犯罪分子作案的机会，他们通过吹嘘自己取得女大学生的信任和崇拜，然后找机会对女大学生进行侵害。

3. 交友

大学生们离开了父母和家庭，来到一个陌生的环境，更加迫切地希望得到心灵上的慰藉。因此在大学生生活中，同学之间建立纯真无邪的友谊是大学生生活中不可缺少的一部分。但在实际生活中，许多大学生处理不好异性间的关系，而可能导致悲剧发生。

习题

1. 发生人质劫持事件应怎样应对？
2. 发现可疑爆炸物应怎样应对？
3. 发生性侵害后应怎样应对？

讨论题

一、讨论题 1

如何应对可能出现在校园中的暴恐事件？请讨论具体的应对办法。

二、讨论题 2

在人质劫持现场，谈判员的主要目的是拖延时间。

人质劫持事件的时间拖得越长，和平解决的可能性就越大。拖延时间的策略包括向上级征求意见、延迟最终期限、将劫持者的注意力转移到一些细枝末节上。

2012年6月12日17时许，家住北京市朝阳区王四营乡，一位老人带着1岁多的孙子出门遛弯儿,在快到观音堂桥下时,一名男子突然走了过来,一把抱住孩子,左手卡住孩子的脖子,右手持刀顶住孩子的腹部。闻讯赶到的孩子父亲看到母亲和孩子被劫持,他立即冲了上去,但被对方用刀逼退。赶到现场的民警为了保护人的安全,开始与犯罪嫌疑人谈判。

请在特定的劫持情境下,设计一下拖延时间的具体办法。

三、讨论题3

2013年6月7日,福建省厦门市一公交车在行驶过程中突然起火,有乘客记得,车子开过金山站不久,大概下午6点15分左右,浓烈的汽油味开始在车厢内弥漫。当时乘客以为味道是从外面传进来的,所以没太在意。同样没太在意汽油味的还有厦门双十中学高二的一位学生。汽油味飘散时,这名站在司机旁边的学生,还在玩手机。

该学生讲述,"先有人喊停车,没过多久就有人喊着火了",大家都往车门拥。"我回头看,车厢中后部冒着浓烟。不久烟往我这边蹿,我呛得难受,隐约看到火。当时我很害怕,也想往车门那边挤,但是人太多,根本挤不过去。"他说,后来,他看左边有人从窗户跳出去,也就跟着从窗户钻出去了。

结合上述材料,分析乘客如何提高自我安全保护意识。

四、讨论题4

2020年7月4日,在广东深圳,一名餐厅店员发现一名就餐女孩的水杯被同行男同伴下药,随后该店员一直站在女孩身边,以添水为由把水换掉,并将此事告知当事女孩,目前女孩已报警。

7月12日晚,该女孩发长文讲述事情经过。女孩称,这位男性熟人叫赵某,两人是4年前在一次辩论活动上认识的,关系并不那么熟,赵某已有女友,两人并非男女朋友关系。2020年7月4日晚,赵某约女孩在深圳某自助餐馆见面,吃饭时趁女孩离席期间在水杯中下药。

当女孩回到桌边去拿饮料的时候,被店员叫住(以下为当晚店员原话,均有录音):"你同桌的男生在你离开的时候,把一包白色粉末倒进了你喝水的杯子,倒完后急忙用手指搅动倒进粉末了的水,然后将杯子放回了原位置。我们看到他神色慌张,你们吃饭的桌子上也撒上了大量粉末。"之后,店员以帮忙续杯为由把杯子收走,并收到后厨一直作为证据保留。

女孩闻言回到餐桌后立刻让朋友打电话,告知男伴她要先行离开,不久独自走出餐厅,并报警。经过与店员的确认,女子的水杯的确被下药,所幸女子全程没有碰过水杯,侥幸逃过一劫。店内监控清楚地拍到赵某下药的全过程。

店长出于对该女子安全的顾虑,派店员跟随确保其安全,暗中保护的同时监视男伴的行动路径。据该女孩讲述,赵某承认药是从美国购买,是一种"女性用缓解性冷淡药物""本为女友购买",自己出于"猎奇的心理""想看看是什么效果",于是对当事人"下药"。据当事人提供的消息显示,在微信上赵某表示"万分抱歉""愿做出任何赔偿"。

根据以上案例,谈谈高校应如何预防性侵害,遭受性侵害后如何诉诸法律手段并如何调整心态。

微课：扩展阅读

如何对待网络暴力

"微博站方对涉冬奥会相关内容进行排查与治理，清理违规微博41 473条，对850个账号视程度采取禁言30天至永久禁言的处置""抖音平台通过模型识别、举报受理、舆情监测等方式，拦截清理相关违规视频、评论内容6 780条，对331个存在互相谩骂、煽动对立、网暴诋毁行为的账号，视违规情节严重程度，予以禁言甚至封禁账号等处置"……北京冬奥会赛事期间，互联网上一些不文明行为严重影响观赛氛围，多家平台重拳出击，封禁了一批极端账号，严厉打击了网络暴力、网络造谣等行为。

近年来随着互联网技术的发展，越来越多的普通民众有了在公共空间内表达的途径，也让很多人一下子失去了应有的规范。在"人人都有麦克风"的时代，网上那些看似"不那么重要"的言行，经过互联网放大传播，很可能让网民的"声浪"变成伤人利刃。哪些行为属于网络暴力？谁是网络暴力的最大受害者？如何避免将"网络正义"变成"网络暴力"？以上种种，都成了当下需要深思的问题。

1. 明晰网络暴力的定义

"不要在不知情的情况下轻易做出评论，雪崩时没有一片雪花是无辜的。"谈及网络暴力，首都师范大学文学院教师林品回想起两年前的亲身经历。当时，因为发表了对某位明星的言论，在一段时间内遭受了一批极端粉丝的网络暴力。

何为网络暴力？"目前尚无明确界定，更多的是从局部角度进行归纳。比如，仇恨言论、虚假消息、暴恐言论等。"北京师范大学网络法治国际中心执行主任、中国互联网协会研究中心副主任吴沈括认为，在互联网时代，对网络暴力做出明晰定义有其必要性，但这个定义必然是一个动态的、持续变动扩张的概念。

在北京师范大学教授、亚太网络法律研究中心主任刘德良看来，网络暴力并不是法律用语，不同学科都可能涉及，可以看作是发生在网络公共空间里的针对特定个人的侵权行为。"这种行为往往由一个人发起、参与人数众多、公众互动频次高、具备跨平台传播等特点，其危害后果不可预测、不可控制，通常伴有侵犯人的名誉、披露人的隐私、侮辱人的尊严等侵权行为。"刘德良说。

对于网络暴力产生的原因，刘德良认为，网络具有虚拟性和匿名性，使得用户在用网过程中忽略了真实的社会身份、道德准则和规章制度，抱着"法不责众"的心理去引导事件走向；此外，法律层面没有要求公共信息发布平台对用户信息发布行为承担事先审查义务，而只能通过事后救济的方式对信息进行处置，助长了网络戾气。

很多情况下，网络暴力蔓延背后存在网络黑色产业链或幕后推手的恶意引导，这也导致了治理的复杂性、紧迫性。"很多场景下粉丝表达极易失控，网络暴力也就随之而来了。"多年关注粉丝文化的林品也深有感触。他认为，部分团队长期施行旨在将"粉丝型用户"规训为"数据劳工"的粉丝运营模式，其背后的商业、资本因素需要警惕、批判。

2. 从法律视角透视网络暴力

网络世界是与真实世界并行、交融的世界。因此，网络空间从来不是法外之地，任何人在网上的言行超过言论自由的合理边界，都将承担相应后果、付出法律代价。从近年来的网络暴力事件司法判决看，较有影响的两起案件分别是"德阳女医生安某遭网络暴力后自杀案"和"杭州女子取快递被造谣诽谤案"。

其中,杭州女子被造谣案件中分别以诽谤罪判处被告人郎某某、何某某有期徒刑一年,缓刑两年。德阳女医生案件中法院认定三名被告人行为均已构成侮辱罪,依法判处被告人常某一有期徒刑一年六个月;常某二有期徒刑一年,缓刑两年;孙某某有期徒刑六个月,缓刑一年。

在现实生活中,类似的案件不胜枚举。对此,刘德良阐述了自己的担忧:"传统的法律法规采取事后救济的方式,并不能完全适应网络领域的变化。互联网时代信息后续传播成本低,控制后续传播较为困难,事后救济的方式已不符合网络时代的信息传播规律。因此,互联网立法必须及时跟进,并加大执法力度,切实制止网络暴力现象,净化网络环境。"

深入剖析这些案例可以发现,网络暴力蔓延中时常伴随着人肉搜索等乱象,这也凸显了个人信息、个人隐私的泄露问题。"个人信息、数据的泄露是造成网络暴力事件影响力扩大的重要环节。因此,在网络暴力治理过程中,强化个人信息保护水平和数据安全水平是非常关键的一环。"吴沈括说。

在2021年11月正式实施的《中华人民共和国个人信息保护法》中,明确提到了要加强重要互联网平台的义务,以及强化侵犯个人信息的惩罚机制和力度。对此,刘德良认为,网络侵权具有匿名性特征,被侵权人无法知晓实施侵权行为的直接主体,因此网络服务商作为信息发布平台的提供者,理应在其能力范围内,向被侵权人披露实施侵权行为的网络用户信息,以便被侵权人维护自身合法权益。

3. 网络中的施暴者和受害者

中国人民大学新闻学院讲师董晨宇在2019年时曾针对上海部分地区的中学生做过问卷调查,其中认为遭受或见证过网络暴力的学生占比将近90%。"我们特别担心的是,在'如果遭受到了网络中的语言暴力或人身威胁,你会选择怎么办'这个问题下面,排名最高的是选择自我消化,排名最低的则是告诉老师或家长。这说明家长和学校没有跟孩子建立足够的信任,也没有让孩子意识到遭遇网络暴力也可以求助。"董晨宇说。

中国互联网络信息中心最新报告显示,我国网民规模达10.11亿,6～19岁网民规模达1.58亿,占网民整体的15.7%。随着触网年龄结构进一步向青少年群体扩大,互联网对青少年群体的不良影响也受到各界广泛关注。董晨宇表示,在前互联网时代,人们更关注现实中的校园暴力,这时候家长会有意识地告诉孩子,"如果有人欺负你,就告诉家长或老师";但在互联网时代,学生很可能不会主动说,"老师,有人在网上欺负我。"

"也就是说,我们并没有对这种转变进行足够有效的干预,这本身也是媒介素养中存在的一个重要问题。"董晨宇认为,从"网络去抑制效应"的影响来看,网络会抑制一些广义上的"社会规范",很多时候网上互动无法得到及时反馈,网络暴力发生时施暴者看不见受暴者,施暴者会更加肆无忌惮地施加伤害,让很多本可讨论的问题变成了恶语相向,导致理性、温和、建设性的言论被挤压或屏蔽,成为"沉默的大多数"。

很多人在网络中会不自觉陷入信息茧房内,并在"茧房"内频繁接收各种低质量、非理性的信息,导致精神和情感受到持续性刺激,容易陷入非友即敌的二元对立思维,对网络空间中丰富多元的声音进行非此即彼的划分。

此外,从人格特质方面来看,董晨宇认为,施暴者往往具有侵略性人格,并极其缺乏同理心。也就是说,一个人的侵略性人格程度越高,就越容易将模棱两可的信息解读为敌对信息。

4. 网络文明需要多方发力、久久为功

"网络暴力治理需要重视多方面因素:既要通过引导教育的方式,提升公民的媒介素养、文明素质,也要通过完善政府监管和社会监督机制,促进互联网平台切实履行主体责任。"林品说。

"要采取事先预防与事后救济相结合的方式遏制网络暴力。"刘德良建议,网络信息传播离不开网络平台,要先从规制平台入手,在法律中明确平台的事先审查责任,通过人工智能、大数据等技术手段,对图片、文字、语音等进行识别,过滤显而易见的违法侵权信息,对于其他较为隐蔽的侵权信息,可由受害人通知平台采取删除、屏蔽、断开链接等方式;严格落实网络实名制,限制公民肆无忌惮地在网上发表言论,这样也可以在网络暴力发生后及时追究责任;加大对侵权人或不履行主体责任平台的法律责任追究,降低维权人成本,提高侵权人成本,既是对受害人的救济,也是对侵权人的震慑与遏制。

在监管机制完善方面,吴沈括认为,要及时建立有效的投诉举报机制,保证能够快速、有效、便捷地处理民众的投诉和举报,"这样可以让网络暴力及早被发现,扼杀在萌芽状态下"。

为了营造文明健康、喜庆祥和的春节网上舆论氛围,2022年春节前夕,中央网信办开展了为期一个月的"清朗·2022年春节网络环境整治"专项行动,包括集中整治网络暴力、散播谣言等问题。专项行动启动以来,各地网信部门、互联网平台积极响应,集中开展网络暴力专项整治。

网络社会是现实社会通过互联网纽带作用形成的虚拟空间,加强文明社会建设也要加强网络文明、网络伦理建设。"很多线上问题是线下问题在网络上的映射,并在网络空间表现出特殊的形式和传播规律。因此,只有整个社会治理体系和治理能力得到提升,才能从根本上治理网络暴力。"吴沈括说。中国传媒大学人类命运共同体研究院副院长王四新也表示,治理网络暴力要从网络空间言论、信息生态等方面进行全方位、系统性地矫正,需要持续发力、久久为功。

资料来源:http://yn.people.com.cn/n2/2022/0223/c361322-35145635.html,2022-03-20.

第七章 校园安全突发事件的安全教育

大学生安全教育

CHAPTER 7

本章内容提要

(1) 校园投毒事件的应对与安全教育。
(2) 火灾的应对知识。
(3) 校园暴力伤害事故的应对与安全教校园育。

第一节 校园投毒事件的应对与安全教育

一、盘点高校投毒事件

2007年6月8日下午,石家庄市中医院接诊一名疑似食物中毒的患者。患者当时面容痛苦,胃疼,双下肢剧痛难忍,不能站立行走。患者就读于中国矿业大学,5月31日晚与另外3名同学在学校食堂就餐,6月1日与其中2名同学同时出现胸闷、胃疼、恶心、呕吐等症状,在当地多家医院求治,均未能诊断出病因。后来3人症状加重、情况危急,患者返回医院求治。医院迅速召集神经内科和脉管科临床经验丰富的主任医师会诊,初步诊断为重金属铊中毒,并制定了相应的救治方案。

2013年4月复旦医学院研究生黄某被人投毒致死。4月11日,上海市公安局文化保卫分局接到复旦大学保卫处对黄某中毒事件的报案,上海警方接报后立即组织专案组开展侦查。林某在此前,包括在接受公安人员调查询问时,始终未说出实情。4月12日零时许,公安机关确定林某有作案嫌疑并对其传唤后,林某才如实供述了其向421室饮水机投放二甲基亚硝胺的事实。

4月19日下午,上海警方正式以涉嫌故意杀人罪,向检察机关提请逮捕复旦大学"4·1"案犯罪嫌疑人林某。4月25日,黄浦区检察院以涉嫌故意杀人罪对复旦大学"4·1"案犯罪嫌疑人林某依法批准逮捕。2014年2月18日上午在上海市第二中级人民法院一审判决中,被告人林某犯故意杀人罪被判处死刑,剥夺政治权利终身。

二、学生投毒案原因分析

(一)投毒案折射心理问题

学生遭投毒,警方基本认定其室友存在嫌疑,这样的悲剧让人扼腕叹息,甚至脊背发凉。该是什么样的原因,才会导致原本亲密无间的室友,竟然做出饮水机投毒这种犯罪行为;作为受过高等教育的人群,怎么会沦落到漠视生命、无视法律底线的地步,谁该为他们的行为买单?

无论投毒嫌疑人的动机如何,大学生心理问题已经是明确无误地摆在了整个社会面前,成了一种社会不可承受之重。在传统的中国社会里,人们一直将教育视作向更高社会阶层流通的重要通道。因此,通常一个家庭,都是倾其财力培养一个孩子,他们殷切地期望着子女能够有出息,通过高考、上大学然后找到一个好工作,进而光宗耀祖。

这是一种社会的普遍现象,然而投射在每一个年轻人的心里,就有可能变成一种实实在在的压力。各种极端行为可能都是这种压力的不同表现而已。人性的脆弱,对生命的漠视,酿成了一起起可悲的事故。

(二) 高学历人才犯罪逐渐增多

中国心理卫生协会的一项调查表明,近40%的大学新生和50%以上的毕业生存在不同的心理问题,其中"人际交往、学习压力、就业压力、情感困境"是最为突出的四大"心病"。

不少人持有的价值观过于偏激,为达到目的不择手段,他们会把同学视为学习或者是感情与未来生活的对手,甚至敌手,为了战胜对方在学校里几乎什么事情都有可能发生,连对法律的畏惧都置之脑后。而盯着功利性十足的个人目标,这其实很容易造成一些高学历人才的精神偏陋或心理失常,在原本只属于常识、常规的人际关系或行事挫折面前,缺少包容心与应对能力,容易产生过激行为。如此事例,并不在少数。

(三) 人文精神缺失和校园关系存在问题

高等教育不能成为单纯的知识教育,还应该以正确的人生观、价值观培育学生的人文情怀,使他们学会悲悯、关爱和同情。

北大教授钱理群曾表示,现在的一些大学,正在培养一些"精致的利己主义者",他们善于利用规则达到自己的目的。如果这股风气不能得到扭转,学生就很难正确地面对成功与失败,也不会懂得人生价值所在。

教育问题涉及千家万户,学校教育、家庭教育、社会教育、自我教育,缺一不可。教育在教学知识、追求升学率的同时,还必须加强品德教育、心理教育、成功教育、生命教育等人文精神教育。多起校园投毒案,说明社会在人文精神教育方面的培育依然任重而道远。

三、投毒事故应急处理方案和措施

(一) 预案

(1) 一旦发生食物中毒事件,必须在第一时间汇报学校有关领导,并按规定立即向卫生监督部门、教育局汇报。如疑似人为投毒还必须及时向公安机关报告,控制人员流动,配合调查取证。

(2) 及时组织人员护送或联系急救中心,对食物中毒的师生进行就近抢救,跟踪了解中毒原因,及时向主要领导汇报,并迅速通知相关学生家长。

(3) 配合卫生部门调查取证,对可疑食品控制处理,对现场采取消毒处理,及时采样检测。保护现场以及48小时留样食品。

（4）领导小组、工作小组根据本预案要求，统一指挥，积极稳妥地采取相关的应急处理控制措施。做好全校师生和家长的稳定工作，维护学校正常的教育教学秩序，控制事态发展，做好善后工作。对未能尽责而发生责任事故的有关人员，学校将给予批评教育和给予相应的处罚，责任重大的，依法追究法律责任。

（二）措施

（1）学校要着力提高大学生的思想道德素质和法律意识，要用社会道德去规范、用法律去强制约束大学生的行为。当前，学校要在大学生们的教学大纲、教学课程上多增加思想道德和法律法规方面的知识教育，杜绝大学生成为思想道德上的矮人，法律知识方面的盲人。

（2）学校要着力学生的人性化管理和人文关怀。学校管理工作并非局限在大一开学的时候给学生们分班、分宿舍和安排老师上课那么简单。学校要安排专人（班主任）着力学生宿舍的和谐关系建设，对宿舍存在的各种矛盾要及时解决，从而全面构建大学生之间的和谐关系，解决学生之间的种种矛盾。

（3）学校要加强管理。在学校的安全管理中，对实验室的药品管理首当其冲。对学生的管理也应该及时跟上。学校要组建专门的班子，要及时调查研究学生们的动态，针对学生们存在的问题及时进行解决，以做到防患于未然。

发现学生出现一些不好的苗头，要及时规劝化解，强化学生的思想教育管理。

小贴士

学校食堂防投毒措施

（1）食堂操作间闲杂人员一律不得进入，张贴明显标志。

（2）食堂钥匙不得转交非工作人员，如需维修等，必须报总务处批准并由专人在现场。

（3）食堂工作人员上班时应检查门锁是否有撬过的痕迹，以及调味罐等是否原样，发现异常立即上报校领导。

（4）食堂里禁止摆放无关的化学物质及药品。

（5）建立领导巡查制度，重视食堂卫生与安全，每次巡查均要有记录。

（6）一旦发现有投毒迹象或已发生，应立即进行抢救和向上级领导汇报，并及时向公安机关报案。

第二节 校园暴力伤害事故的应对与安全教育

近年来，我国校园暴力事件的发生呈上升趋势，这一系列校园暴力事件的发生，突显出在社会的转型期，校园不可避免地受到外部环境变化的冲击。因此，对暴力伤害事故要真正重视起来。

一、校园暴力的概念及类型

暴力泛指凶恶、残酷,即侵害他人人身、财产的强暴行为。其中校园暴力是暴力的一种特殊形式,是指行为人(包括在校学生、老师及校外人员)在学校管辖范围内,对在校学生或老师的心理、身体及财产等实施迫害行为,并在一定程度上使受害人深受身心伤害的暴力行为。

根据暴力的对象不同,可将校园暴力划分为以下四类。

(1) 校外人员与在校学生或老师之间的暴力行为。
(2) 学生与学生之间的暴力行为。
(3) 学生与老师之间的暴力行为。
(4) 老师与老师之间的暴力行为。

根据暴力采用的方式不同,可将校园暴力分为以下两种。

(1) 语言攻击,使用嘲笑、蔑视、漫骂、诋毁等歧视、侮辱性的语言,致使他人在心理及精神上受到侵犯和损害,属于精神伤害的范畴。

(2) 行为攻击,使用打架斗殴、勒索财物、谋杀等凶恶、暴力性的行为,致使他人在身体及财物上遭到伤害和损失,属于身体伤害的范畴。

二、影响校园暴力行为的主要因素

当前在校大学生一般为 18~25 岁,正处于青年中期,其个性特征基本形成,对事物有自己独特的见解和一定的辨别是非能力,但其身心尚未完全成熟。

(一) 个体因素

1. 人格发展不健全

一般来说,个体的性格特征在暴力攻击的启动阶段发挥不可忽视的催化剂作用。具有暴力或攻击倾向的个体一般属于以下性格类型。

第一种类型指说话和行动节奏快,脾气暴躁,缺乏泰然自若的态度,争强好胜,容易发火,常常充满失落感和懊恼情绪,总是迫使自己处于紧张的状态。

第二种类型指性格内向孤僻,平时少言寡语,不善与人交流,一定程度上能控制自己的情绪。

研究表明,属于第一种类型的个体情绪控制能力较差,在愤怒或受到挑衅时会毫不犹豫地使用暴力,目的是让对方受到身体或心理的伤痛而一泄心中不快。第二种类型的个体在一定程度上能控制自己的情绪,但由于性格内向,不善表达,把平时所有的怨恨和愤怒都积压在内心深处,等到内心不堪重负、怨恨四溢时,个体将通过一个极端暴力的途径来发泄内心的积怨,因此此类个体在报复时更具有危害性。

2. 自我认知不和谐

认知不和谐(又叫认知失调)是指一个人的行为与自己先前一贯的对自我的认知(而且通常是正面的、积极的自我)产生分歧,从一个认知推断出另一个对立的认知时而产生的不舒适感、不愉快的情绪。

3. 对挫折的耐受力差

挫折是指个体在实现其预定目标的过程中，遇到难以克服的或者自以为无法克服的障碍或干扰时，因其目标无法满足而产生的消极情绪反应。剧烈的挫折可能激发个体直接的、指向挫折来源的攻击行为；而较弱的、来源不明的挫折只引起间接性的、替代性的攻击行为。

研究表明，如果大学生个体受挫折后，不能通过一定的方式发泄内心的不满，那么内心将保留受挫感，并时刻有一种准备发泄或攻击的状态；此后，随着挫折的不断积累，达到某一饱和点后，会激发更剧烈的反应。

4. 对挑衅缺乏理智

挑衅是用言语或行动引起冲突、纠纷或某种情绪。一些行为偏激的个体往往以此作为自己的人生信条，当其受到直接的挑衅或被激怒时，往往不会视而不见、听而不闻，而会以眼还眼，以牙还牙。在校大学生正处于青少年时期，初生牛犊不怕虎是他们此阶段的真实写照，他们表达感情的方式非常直接，可以为朋友义愤填膺，而对于挑衅者则是水火不容。

（二）家庭因素

1. 家庭教养方式

父母是儿童的启蒙老师，在儿童成长过程中父母的言谈举止、为人处世及人格特征等对儿童的心理发展具有重要的影响，并通过内化的方式成为儿童及其成年后的思维定式。

如果家庭对儿童过分溺爱，对其行为放任不管，则致使儿童道德观念薄弱，法治意识欠缺，是非不分，没有正确的道德规范和行为准则，做事一意孤行，为所欲为，社会适应困难，在此环境下长大的大学生个体往往和同学不能建立良好的人际关系，常常导致不良行为的发生。

2. 家庭冲突和暴力

如果个体从小生长在充满暴力攻击和冲突的家庭中，通过观察父母的暴力行为及后果而潜移默化为自己遇挫后的首选策略，致使儿童获得有关人际交往的错误认知和不恰当的攻击性冲突解决策略，因此家庭冲突和暴力是儿童接触暴力的首要原因，并时刻影响其日后的人际交往模式。

（三）社会因素

1. 个体成长及同伴环境

若个体成长过程中所处的街道、社区的居民粗暴、野蛮、横行霸道、打斗成风，那么个体生长在此环境必定受其影响，遇挫后的习惯性解决策略极有可能选择暴力性攻击方式；除此之外，个体还可以从喜好惹是生非、无所事事、打架斗殴的同伴那里学会暴力性攻击行为。

2. 暴力性的大众传媒和网络游戏

研究表明，经常观看暴力性影视节目极有可能改变个体的人格结构和日常交往方式。当暴力影视节目中的场景在现实中再现，个体就会无意识地沉醉于剧情中并模仿剧中人物，从而导致暴力行为的增加或发生。

此外，暴力电子游戏为个体提供了学习攻击行为的机会和练习攻击方案的场所。对于长期沉溺于网络暴力电子游戏的大学生个体，通过反复练习新的脚本而掌握了各种与暴力行为有关的知识结构，在现实与游戏相冲突的情境下，其暴力性攻击行为有可能被唤起和使用，从而增加暴力事件发生的可能性。

3. 社会就业压力

随着社会经济的快速发展和高校生源的扩招，国家各企业、事业用人单位对应聘人员的要求越来越高，导致每年有大批学子常常为谋求一份高薪工作而忙得焦头烂额，毕业前的雄心壮志被残酷的现实所摧残，以至于形成意志消沉、心情浮躁等不良心理问题，严重者可能为发泄心中不满而寻找发泄对象，以至于对他人造成人身伤害。

（四）学校因素

随着我国教育体制的改革和高校招生规模的扩大，在校大学生数量剧增，而相应配套的软、硬件设备没有及时跟上，致使高校在对学生监督管理等方面显得力不从心，具体表现为：对学生平时发生的人际矛盾和心理摩擦不能及时发现或进行疏导化解；对具有暴力倾向、惹是生非、打斗成风等特性的"问题学生"不能及时排查或开展心理教育；对校园周边环境不能及时进行规制和管理等。

除此之外，高校重学生就业率、轻学生素质，重共性发展、轻个性培养等观念仍大有市场，把教育降格到人类只是掌握知识的工具，忽视大学生社交技能、公德意识、法律意识等方面的培养，从而为校园暴力事件的发生埋下了祸根。

三、防范校园暴力行为的措施

（一）大学生个体

1. 提升个体认知水平

认知一般包括对自己的认知、对他人的认知以及对交往本身的认知三个方面。如果个体在社会交往中总是抬高自己而贬低别人，就会目空一切，相反就会畏畏缩缩。因此具有暴力倾向或攻击行为的大学生个体，应将注意力更多地转移至专业学习、业余爱好、理想事业等方面，并不断深刻剖析自我，认识自己的不足，明确自己的职责，以实际行动提高自己的综合能力来满足自尊。

2. 加强个体社交技能

在校大学生发生暴力事件或攻击行为的一个重要原因就是缺乏良好的社会交往技能，良好的社交技能有助于他们免遭对抗性事件、暴力事件和攻击行为的伤害。因此，那些社会交往技能欠缺，且具有高攻击倾向的大学生个体应有意识地进行社会交往技能训练，掌握社会人际交往的技能，提高人际沟通能力，这样必将减少暴力事件或攻击行为的发生。

3. 建立心理支持系统

大学生个体受挫时可主动找朋友、亲人、老师等倾诉内心积怨，从那里得到理解和支持，从而平衡内心的怨恨与不满，防止暴力事件的发生。此外，个体也可通过合理的方式发泄内心愤怒。

例如参加大量消耗体能的对抗性运动(指拳击、摔跤、柔道、跆拳道、击剑等运动项目),或参加激烈的体育运动(指跑步、爬山、棒球、足球、篮球、网球等运动项目),将有助于减少个体可能的暴力或攻击行为。

(二) 高校

1. 丰富法制教育课堂内容

如果高校仅仅想通过思想政治教育课来丰富大学生的法律知识,提升法律意识,效果是微乎其微的。因此高校应通过定期组织学生参加法制讲座、法院庭审、集体观看法制影视资料和进行劳教观摩等活动,使大学生能够在耳濡目染中更加深刻地了解国家法律、法规知识结构,明确其威严性,做到知法、懂法、守法,在生活中能够自我认识、自我领悟和自我矫正其错误言行,从而不断提升个人法律意识。

2. 加大理想信念教育力度

当代大学生是国家的栋梁之材,是年轻人学习的榜样,青春激扬、魅力四射、激流勇进、勇于拼搏等是他们此阶段的特点,他们是有理想、有抱负的青年一代,当理想与现实交叉闪光时,无疑会激发他们的斗志,从而为实现理想人生而奋斗。

因此高校应定期开展以立足专业、全面发展等为主题的讲座来激励大学生;并开展相关主题的才艺表演、专业作品设计大赛,把理想信念教育和专业教育结合起来,树立正确的世界观、人生观和价值观。

3. 有效应用心理疏导方法

心理疏导是通过环境、说服、解释、启发、教育等手段,减轻或消除学生的焦虑、抑郁、强迫、恐怖等不良心理,提高其心理承受能力和环境适应能力的一种心理引导方法。各高校辅导员应深入学生内部,把握学生心理动向,对具有暴力倾向、心理障碍的学生及时进行排查并开展心理疏导工作,使其在鲁莽行事之前先设想后果,从而促使自己内心醒悟,自觉消解怨恨,恰当地处理同学间矛盾,防止暴力事件的发生。

4. 及时、适度惩罚校园暴力事件的肇事者

处于青年时期的大学生精力旺盛而易于意气用事,大学生群体中容易出现暴力事件。因此高校对于做出暴力或攻击行为的大学生个体或群体应分别给予及时、适度的惩罚,以此警告其他预谋实施暴力事件的大学生个体要悬崖勒马,以此为戒,从而起到杀一儆百的作用,避免暴力事件的发生。

(三) 家庭及社会

在家庭方面,父母应以身作则,注重言传身教,及时关注子女心理变化,并做好沟通与疏导工作,使其正视困难、摆正心态和纠正心理偏差,从而避免暴力事件或攻击行为的发生;在社会方面应注重发挥大众媒体的舆论引导作用,通过新闻、电视、网络等宣传社会公德和人间正义,使大学生接收到正面积极的例子影响,从而净化心灵,从思想上驱除暴力、攻击等不良行为,培养良好的公德意识和人格品质。

总之,构建和谐稳定的校园氛围,需要高校、家庭、社会和个人等各方面的相互协作、共同努力,只有各环节齐心协力、相辅相成才能从根本上铲除校园暴力的发生,从而促进高校大学生的身心健康发展。

案例

预防学生暴力伤害的措施

广东、湖南等地发生暴力伤害学生事件，令人痛惜，影响恶劣。国务院领导高度重视，要求加强指导，妥善处置。

国务院教育督导委员会办公室发布2020年第5号预警，提醒各地、各有关部门和学校在疫情防控常态化下务必树牢安全第一意识，严格落实各项要求，织密学生安全"防护网"，尽最大气力守护学生生命安全。

该预警提到，要组织安全隐患排查工作。各地要汲取学校安全事件的惨痛教训，加强部门间的沟通协调，夯实联防联控机制，以预防学生暴力伤害、校园及周边治理、学校周边特殊人群管控为重点，立即组织开展一次安全隐患起底式大排查，及时化解涉校涉生矛盾纠纷，消除各类安全隐患，坚决不留死角。

此外，加大安全教育宣传力度。各地要根据学生身心特点和认知能力，把安全教育贯穿于学校教育各个环节。要会同有关部门，定期开展各类安全专题教育，经常性地开展应急疏散演练，不断提高学生的安全防范意识和应急避险能力。注重家校协同，以上下学途中突发安全事件应对为重点，灵活运用多种形式和载体，有针对性地开展宣传教育，着力让安全意识融入家长和学生的日常生活之中。

该预警还指出，要加强常规性安全督导。各地教育行政部门要结合当地实际，会同公安等部门采取线上线下、明察暗访相结合等方式，定期组织学校安全工作专项督查，督促各地各校加快落实公安部、教育部关于《加快推动中小学幼儿园安全防范建设三年行动计划》中的"三个100%"要求，配齐配强学校保安，视频监控全覆盖、一键报警与公安部门联网，切实提高校园及周边安全防护能力。

同时，各地教育督导部门要严格按照《中小学（幼儿园）安全工作专项督导暂行办法》要求，对地方政府及各有关部门、学校落实安全工作职责强化督导检查。对不重视学校安全工作、不履行学校安全管理责任，造成重大安全事故或造成恶劣社会影响的，要依法依规严肃问责。

资料来源：http://yn.people.com.cn/n2/2020/0923/c361322-34312252.html，2022-03-21.

 小贴士

校园暴力伤害事故处置措施

（1）立即报警。不管是教师还是学生，只要发现情况，马上报告校长，或到门卫室，也可直接拨打110报警电话。

（2）马上救治。采取措施，迅速组织教师抢救受伤师生，直接从校门口拦截出租车或者拨打120急救电话，送医院处理。

（3）及时控制。遇到突发事件，女教师可迅速将学生转移到安全的教室中，男教师利用一切手段稳住不法分子，防止伤害事故的再次发生。

（4）坚决斗争。如果学校有能力制止不法分子的活动，应采取一切坚决手段，制止不法侵害行为。

（5）积极协助。配合公安民警制止不法分子，直至抓获。

第三节　实验室安全事故的应对

近年来高校实验室安全事故频发，在实验过程中难免要接触一些易燃、易爆、有毒、有害、有腐蚀性的物品，且经常使用水、气、火、电等，潜藏着诸如爆炸、着火、中毒、灼伤、割伤、触电等危险性事故。

北京大学 2012 年 3 月 6 日下午 6 点左右，医学部中心实验楼发生火灾，所幸无人员伤亡，但烟雾弥漫整个大楼，多名被困楼内的人员从三层窗口二层平台疏散到楼外。

东华大学 2016 年 9 月 21 日上午 10 点 30 分左右，化学化工与生物工程学院一实验室发生爆炸，两名学生受重伤，爆炸原因为学生实验操作不当。

北京交通大学 2018 年 12 月 26 日，市政环境工程系学生在学校东校区 2 号楼环境工程实验室，进行垃圾渗滤液污水处理科研实验期间，实验现场发生爆炸，事故造成 3 名参与实验的学生死亡。

这些事故的发生常会带来严重的人身损害和财产损失，现在已把实验室安全教育纳入了学生培养环节。

如果掌握相关的实验室安全知识以及事故发生时的急救常识，就能够正确、安全地使用相应试剂及实验器械，从而可以尽可能地减少和避免实验室里安全事故的发生，即使在发生紧急事故时，也能够不慌不乱，把伤害和损失减少到最低程度。

案例

把实验室安全教育纳入学生培养环节

近日，教育部印发了《教育部办公厅关于开展加强高校实验室安全专项行动的通知》（以下简称《专项行动》）。《专项行动》是 2019 年印发的《教育部关于加强高校实验室安全工作的意见》（教技函〔2019〕36 号）的实施方案，为文件的落实从九个方面进一步提供了具体的路径。

《专项行动》指出，要全面落实实验室安全责任体系。要求高校压实各级安全责任，明确一个职能部门牵头负责实验室安全工作，避免以前存在的"多部门管理等于无人管理"的情况；要求高校行政主管部门落实监管责任，和本地区实验室安全相关行业部门建立协调机制，协同保障实验室安全工作。

《专项行动》要求高校根据本校实验室实际情况，足额配备专职安全管理人员，将所必需的资金列入年度预算，并制定相关政策，做好实验室安全管理与技术人员保障。

《专项行动》还要求高校把实验室安全教育纳入学生的培养环节中，针对不同学科、专业明确各级各类学生的培养要求。要求研究生导师将实验室安全教育列入指导内容，让安全教育入脑入心。建立实验人员安全准入制度，未取得相应学分或未通过考核的人员不得进入实验室进行实验操作。同时,要求高校行政主管部门建立实验室安全培训机制,定期组织开展相关人员的培训。

教育部科学技术与信息化司负责人表示,对专项行动落实情况不好的高校会进行督导,对因违反法律法规和学校实验室安全管理相关规定等,造成实验室安全责任事故或责任事件的,依法依规追究责任。

资料来源:http://yn.people.com.cn/n2/2022/0106/c378440-35083384.html,2022-04-22.

一、实验室常见事故应急处置措施

1. 危险化学品

(1) 若有毒、有腐蚀性的化学品泼溅在皮肤或衣物上,应迅速脱下衣物,用大量自来水冲洗,再根据毒物性质采取相应的有效处理措施。

(2) 若有毒、有害物质泼溅或泄漏在工作台面或地面,处置人员应穿好专用防护服、隔绝式空气面具等必要防护用具后进行处理。在确保人身安全的条件下用沙子、吸附材料、中和材料等进行处理,收集的泄漏物应运至应急废弃物处理场所进行无害化处理,残余物用大量水冲洗稀释。

(3) 若发生易燃、易爆化学品泄漏,则泄漏区域附近应严禁火种,并切断电源。事故严重时,应立即设置隔离线,并通知附近人员撤离,同时报告保卫处、实验室与设备管理处。

2. 特种设备

(1) 压力容器、压力管道发生泄漏,现场处置人员必须佩戴头盔、过滤式防毒面具或口罩、氧气呼吸器,进入现场关闭所有通气阀门或采取堵漏措施,将救出人员抬至通风处进行现场救护,中毒严重者应立即送医院。

(2) 钢瓶气体泄漏时应立即关闭阀门,对可燃气体用干砂、二氧化碳或干粉等灭火器进行灭火,同时设置隔离带以防火灾事故蔓延。对受伤人员立即实行现场救护。

(3) 气体钢瓶中有毒气体泄漏时,抢险人员须佩戴防毒面具或氧气呼吸器等进入现场处理事故和救援。

(4) 使用氯气气瓶的单位,必须建立碱池,配备防毒面具等符合国家有关要求的防护措施。

(5) 锅炉、压力容器、压力管道、气体钢瓶爆炸时,所有人员须立即撤离现场并报警,等待救援。

3. 病原微生物

(1) 若病原微生物泼溅在皮肤上,立即用75%的酒精或碘伏进行消毒,然后用清水冲洗。

(2) 若病原微生物泼溅在眼内,立即用生理盐水或洗眼液冲洗,然后清水冲洗至少15分钟,并立即就医。

(3) 若病原微生物泼溅在衣物、鞋帽上或实验室桌面、地面,应立即选用75%的酒精、碘伏、0.2%~0.5%的过氧乙酸、500~1000毫克每升的有效氯消毒液等进行消毒。

4. 化学灼伤

(1) 强酸、强碱及其他一些化学物质,具有强烈的刺激性和腐蚀作用,发生这些化学灼伤时,应用大量流动清水冲洗,再分别用低浓度的(2%～5%)弱碱(强酸引起的)、弱酸(强碱引起的)进行中和,视情况再做进一步处理。

(2) 若酸(或碱)溅入眼睛时,用大量清水或生理盐水彻底冲洗,时间不少于15分钟,切不可因疼痛而紧闭眼睛。经上述处理后还要及时送医治疗。

5. 中毒

(1) 吸入中毒。若发生有毒气体泄漏,应立即启动排气装置将有毒气体排出,同时打开门窗使新鲜空气进入实验室。若吸入毒气造成中毒,应立即抢救,将中毒者移至空气良好处使之能呼吸新鲜空气,同时立即送医治疗。

(2) 经口中毒。要立即刺激催吐(可视情况采用0.02%～0.05%高锰酸钾溶液或5%活性炭溶液等催吐),反复漱口,同时立即送医治疗。

(3) 经皮肤中毒。将患者立即从中毒场所转移,脱去污染衣物,迅速用大量清水洗净皮肤(黏稠毒物用大量肥皂水冲洗)后,及时送医治疗。

6. 爆炸

(1) 实验室发生爆炸事件,现场工作人员或周边人员在可能的情况下应及时切断电源和关闭管道阀门,同时迅速撤离,并立即向有关部门报告或报警。

(2) 应急处置人员到达现场后,应迅速了解爆炸产生的可能原因,并设法采取措施控制危险源,如需专业救援应立即向有关方面求救。

(3) 组织人员迅速撤离爆炸现场,及时清点人数,做好相关医疗救护;禁止无关人员进入事故现场,做好现场保护,等待警方及有关部门进行勘察,查明事故原因。

7. 火灾

(1) 发现初起火灾,现场人员应针对不同火情,立即使用灭火器、灭火毯、沙箱等进行灭火。

(2) 火势蔓延时,千万不要惊慌失措、盲目乱跑,应立即向119报警,并通知楼栋所有人员沿消防通道紧急疏散。疏散过程中不要乘坐电梯,应用湿毛巾等捂住口鼻、放低身姿、浅呼吸、快速向安全出口撤离。

(3) 人员撤离后,应立即组织清点人数,确认是否全部撤离;发现有人员受伤,可立即向120报警求助。

8. 触电

(1) 首先切断电源或拔下电源插头,若无法及时切断电源,可用绝缘物将电线挑开。在未切断电源之前,切不可用肢体去接触触电者,也不可用金属或潮湿的东西挑电线。

(2) 触电者脱离电源后应就地仰面躺平,禁止摇动伤员头部。

(3) 检查触电者呼吸和心跳情况,若呼吸停止或心脏停搏时应立即施行人工呼吸或心脏按压,并及时向120报警。

9. 仪器设备故障

(1) 若仪器使用中发生设备电路事故,须立即停止实验,切断电源,并向仪器管理人员和实验室负责人汇报。如发生火情,应用灭火毯或二氧化碳灭火器扑灭,不得用水扑灭。如火势蔓延,应立即向学校保卫处报警。

(2) 若仪器使用中的容器破碎及污染物质溢出,应立刻戴上防护手套,按照仪器的标准作业程序关机,清理污染物及破碎玻璃,再对仪器进行消毒清洗,同时告知其他人员注意。

案例

事故频发,高校实验室如何拧紧"安全阀"

危险化学品、易制毒制爆材料复杂集中,开展实验的学生流动性大等因素,导致高校实验室安全风险客观存在,但部分高校对实验室安全不重视,相关法律法规存在制度缺失,安全管理专业人才缺乏,对危化品管理较粗放,也为实验室安全埋下隐患。

"太可惜了。"当看到南京航空航天大学一材料实验室爆燃的新闻后,南京某高校大四学生为2位遇难者惋惜的同时,也倒吸一口冷气。

大三时,他和同学们在实验室做灯光诱捕虫的试验,有天试验到晚上9点时,突然闻到一股烧焦的味道,大家最后发现原来是一个灯泡烧焦了,"如果周围有易燃易爆物,不知会不会有火灾。"更让人后怕的是,因为试验过程是同学们自己摸索设计的,不知道是否安全,而且当时也没有导师和安全员在场,一旦发生意外,后果不堪设想。

高校实验室,是激发创新灵感、诞生科研成果的重要摇篮,也是青年学子探索科学真理、掌握科研方法的关键起点,近年来也时常成为起火、爆炸等意外的发生地。

仅一年,实验室安全事故就有多起见诸报端。

随着我国高校的科研能力逐渐增强、科研投入不断增大,实验室的体量越来越大、种类越来越多,这在无形中增大了高校实验室安全事故的发生概率,下面将列出导致安全事故发生的原因。

1. 危险化学品储存使用存漏洞

导致高校安全事故频发的因素可分为4类,分别为化学安全问题、安全设施建设问题、规章制度及安全检查问题和环境基础建设问题。其中,化学安全问题占比34.5%,安全设施建设问题占比12%,规章制度及安全检查问题占比11.1%,环境基础建设问题占比10.9%。

在教育部科技司于2015—2017年连续3年对75所教育部直属院校的实验室安全督查中,这四大问题的占比均超过10%。而在检查的62所综合或理工类高校中,100%的学校都存在化学品安全管理问题,这包括化学试剂存放、气体管理不规范等问题。

"时至今日,危化品的管理仍是一个重灾区。"多年参与高校实验室安全督察的浙江大学实验室与设备管理处原处长、2016年教育部首届科研实验室安全技术专家委员会主任冯建跃认为,在危化品的采购、储存、使用、处置等环节,目前还缺乏有效监管。

有研究者统计,近年来有50%以上的高校实验室事故因危化品储存和使用不当引起。

中国矿业大学安全工程学院公共安全与消防研究所教授、博导,应急管理部消防救援局特约研究员朱国庆对此感同身受。"目前,学校和科研院所对危化品的使用、储存、回收和管理等方面不能严格按照《危险化学品安全管理条例》的有关规定执行,尤其专库储存和专人管理方面基本难以落地执行到位。大多数情况下,是由各个学院、基层单位酌情处置,老师或学生兼职管理。因此漏洞不可避免。"朱国庆说。

这并非危言耸听,一位高校实验室安全管理专家为了摸清本校危化品实际情况,曾带领团队开发了化学品盘点器,用了两年时间组织涉及化学品的院系师生,彻底盘点了实验室内的化学品。"结果清理出不少管控化学品,包括剧毒品。定期清理这些隐患,相当于帮助实验室'体检',可以防范风险。"该专家说。

以上种种在一定程度上映射出监管难的问题。"国家现行的《中华人民共和国安全生产法》《中华人民共和国消防法》《危险化学品安全管理条例》等法律法规虽然都涉及对危化品的管理,但主要针对企业的监管,目前还没有专门针对学校和科研机构使用危险化学品开展科学实验的十分明确的、完全对应的规定,在这方面尚存监管盲区。"朱国庆说。

为此,化工专家、南京工业大学校长乔旭建议:"高校实验室的化学品品种多、危险性差异大,如果能出台标准规定各种危化品的安全试验用量,也许可以兼顾科研和安全。"目前,他也在带领团队就如何让化工装置使用最少的危化品原料,实现最高、最安全的产出进行研究。

这与南京医科大学资产和产业管理处处长俞宝龙的想法不谋而合:"有好几次高校实验室事故,都与危化品的使用量有关,可否针对高校科研院所制定专门的危化品管理办法和实验室的危化品总量使用标准,如实验室危化品暂存的限额、储存条件等。"

冯建跃则认为,在销售环节,商家应推出科研需求型的危化品小剂量包装,从采购源头加强管控。

2. 缺乏消防和安全防护设计

东部省份某知名高校从事分析化学研究的教授每天进入实验室的第一件事,就是检查学生们前一晚是否将设备和试剂归位。如果发现有遗漏或者安全隐患,立即拍下照片,并将照片发到微信群。

但他发现出问题的不都是自己的学生。"有几次一进实验室,发现楼上化工实验室的水漏了下来。我们相邻的有机实验室也经常有试剂挥发,味道特别大。"教授说。

这名教授此前所在的实验楼是数学系腾空后留下的,化学化工学院做了改造后将实验室搬入,"做完通风、防泄漏的改造后,实验室安全有了一些提升,但毕竟还是有先天缺陷。"遭遇前述几次小"意外"后,实验室最终搬家了。

诸如此类的经历,在一定程度上映射出高校实验室硬件布局的现实之痛。随着我国科技研发水平的提升,特别是交叉学科的飞速发展,越来越多的前沿课题在高校的科研实验室开展。

但激增的实验室数量与有限的高校建设用地和传统的建筑功能之间存在较大差距。"多数高校科研院所规划建设时,没有充分考虑实验室的危险性和安全防护措施,绝大多数实验室和学校的教学、办公、会议等人员密集场所混合在同一栋建筑内。很多实验室中涉及易燃易爆危险品的使用、储存,使管理的难度和安全的风险加大,一旦发生事故极有可能扩大人员的伤亡和灾害的损失。"在朱国庆看来,如果说高校早期建设缺乏为实验室量身定制的规划设计,那么后期防护手段的缺乏又加大了灾害发生的风险。

根据住建部《科研建筑设计标准》(JGJ 91—2019)第5.2.5条规定,当易发生火灾、爆炸、极低温和其他危险化学品引发事故的实验室与其他用房相邻时，必须形成独立的防护单元。同时，易发生火灾、爆炸或缺氧危险的实验室应设置独立的通风系统，有爆炸危险的实验室应设置泄压设施。

但在专家看来现实并不理想。"不少高校、科研院所对有火灾爆炸危险的实验室，没有与主体建筑分开设置，或者分区域自成独立防护单元设置。"朱国庆说。

朱国庆建议，涉及危险品的实验室应按照国家有关规范单独建设在一栋建筑或一组建筑中，不宜与教学、办公等普通民用建筑混合设置，并遵照国家相关管理标准严格专人、专岗管理。暂不具备条件的学校，经专家论证后，可以将既有建筑按照规范要求改造为专用的涉及危险品的实验建筑。

"根据防爆要求，涉火灾爆炸危险的实验室，一般应为单层或多层建筑，而且要视实验室的类别按照防护单元设计。涉危实验室必须设专人、专岗管理，管理人员要相对固定、减少岗位流动。"朱国庆同时强调，要建立完善的危险品采购、入库、储存、领用、使用、回收、废物处置等闭环管理规程。涉危实验室应由学校统一管理，统一运行，建立涉危实验的申请、论证、审批、操作、监督、处罚等实验室运行管理机制。

"涉危实验应该由专门的实验老师指导学生严格按照规程和实验方案开展实验，而不是由没有经过安全培训和长期训练的课题老师指导。课题老师如参与实验，也必须服从涉危实验室的专门实验老师的指导和监督。"朱国庆说。

3. 新项目风险评估难落地

"科学实验有较强的探索性，要经常在未知中寻找新的科学规律。而探索是有风险的，例如温度和压力是最容易引起能量积聚的，如果不及时释放，就会爆炸；又例如在从小试到中试等放大试验过程中，由于量的控制不当，条件参数未合理修正，也会引发事故；甚至如果操作者当天的身体、精神状况不佳，也有可能造成事故。"冯建跃认为，科研的价值在于探索与创新，而有时风险是难以预见的，所以提高安全意识、防患于未然就显得尤为重要。

如果说，人类对未知科学的探索就是一场冒险之旅，那么有效的风险管控或许可以让这场冒险行稳致远。

2019年，《教育部关于加强高校实验室安全工作的意见》，要求实验室对所开展的教学科研活动要进行风险评估，并建立实验室人员安全准入和实验过程管理机制。实验室在开展新增实验项目前必须进行风险评估，明确安全隐患和应对措施。

尽管要求在前，但现实中的实施情况却并不理想。就实验前的风险评估来说，制定评估规则及落实每个新项目的评估要耗费人力物力，出于种种原因，评估难以落地。

多位专家也指出，这一方面在于评估标准难以确立，另一方面在于缺乏外部监督、约束机制。

"高校每年有很多科研项目，课题组对自己的项目应该最了解，需要在开展新项目前对人员、机器设备、原材料管理、方法工艺和环境方面的风险有详尽的掌控，再由学校科技部门审核，提出规范要求，但现在还没有形成硬性规则。"有专家认为，"想建立规则并不难，例如根据国家自然科学基金项目申报的有关规定，所有涉及动物实验的研究，在申报前需完成实验动物伦理审查。新增项目的安全评估是否也可以参照这种思路来约束？"

需要规则补位的还有高校不同风险等级的实验室。

"涉及危化品、病原微生物、放射源、特种设备的实验室是目前高校实验室最主要的安全隐患点。但目前对这4类实验室的管理,都分散在国家各项法律法规中,还没有专门针对高校的统一的实验室分级分类具体管理规范。"冯建跃认为,出台高校实验室分级分类管理规范,便于梳理需要重点防范的区域,并配备重点的人力、设备进行管理。"现在有的高校也在制定细化标准和要求,但推广需要一定时间。"

　　如果说专业监管的需求呼唤技术标准的出台,那么,监管能否落地,则离不开专业人士的精准"盯防"。理想状态下,身为高校实验室的"安全管家",实验室安全管理者要能制定安全和消防标准,还要能组织检查、督促整改,也要能培训师生。

　　但缺乏专业人才是困扰高校实验室安全专业化的又一瓶颈,不少高校的安全保卫部门和实验室管理部门中,缺乏这类人员的编制,相关岗位的建制只在个位数。在东部省份某省属高校,资产管理处负责实验室安全的3名工作人员要负责校内700多间实验室的管理。同时,这些岗位也缺乏消防工程或安全工程专业背景的人才。

　　专业人才不足,导致对安全和消防的监管和检查往往表面化、程序化,看不到真问题,提不出切实可行的解决办法,难以发现事故隐患并及时纠正。

　　"事实上,这个岗位对人的要求很综合,随着交叉学科的研究探索越来越多,高校也应该设置不同专业方向的实验室安全管理人才,或者形成安全管理委员会,吸纳不同专业背景的专家参与管理。"华东理工大学教授蓝闽波建议。

　　资料来源:http://edu.people.com.cn/n1/2021/1130/c1006-32295214.html,2022-04-26.

二、实验室事故应急预案

1. 应急管理的工作原则

　　居安思危,预防为主;以人为本,减少危害;统一领导,分级负责;快速反应,协同应对。严格遵照以上原则,为预防实验室及其附属用房区域内的突发安全事件,制定应急预案。

2. 突发事件的分类和分级

　　突发事件是指在实验室范围内突然发生,造成或者可能造成重大人员伤亡、财产损失、生态环境破坏的紧急事件。

　　(1) 突发事件主要包括自然灾害、事故灾难两类。

　　自然灾害是指可能影响实验室的自然灾害,主要包括洪水、风暴、雷电、冰冻、地震等非人为因素而形成的灾害。

　　事故灾难包括易燃易爆物、废弃物、放射性物品、水、电等,由于使用不当等人为因素而引起的灾害事件。

　　(2) 根据其可控性、严重程度、可能造成的危害和影响、可能蔓延发展的趋势等由高到低分为四级:Ⅰ级(特别重大)、Ⅱ级(重大)、Ⅲ级(较大)、Ⅳ级(一般)。依次用红色、橙色、黄色和蓝色进行预警。分级标准是突发事件信息报送和分级处置的依据。

3. 突发事件处置领导机构及工作职责

　　(1) 成立实验室突发安全事件应急处置领导小组,负责组织指挥突发事件的应急处置工作。领导小组由分管安全工作和实验室工作的领导任领导小组组长,实验室管理人员为成员组成。

（2）应急处置领导小组工作职责包括以下内容。

根据消防安全管理的有关规定和实验室的具体情况，配备更新消防灭火器材，检查消防设施完好情况，开展相关知识的宣传工作。

加强实验室安全管理，将实验室安全工作作为实验室建设、管理与评估的一个重要组成部分，将实验室安全知识作为实验室工作人员培训的一项重要内容，做好实验室突发事件应急预案的制定和执行工作。

定期进行实验室及其附属用房电路设施的检修、改造，增强抵御洪水、风暴等自然灾害对实验室造成危害的能力。

根据突发事件的级别启动应急预案，具体实施对突发事件的紧急应对与处置工作；及时向上级有关部门报告突发事件的进展与处置情况。

对突发事件原因进行调查；根据突发事件的性质及所造成的后果提出对有关责任人进行处理的建议。

4．突发事件的预防

坚持预防为主的方针，针对可能发生的突发事件，完善预测预警系统，开展风险分析，在必要的地方设置警示标志、安全疏散标志等，明显位置上公布突发事件的处置方法，做到早发现、早报告、早处置。

（1）加强应急反应机制的建设，不断修订和完善突发事件应急预案。加强对相关人员的培训，经常开展演练活动，不断提高应急处置队伍的实战能力。

（2）做好应对突发事件的人力、物力和财力的储备工作，确保突发事件预防、现场控制所需的应急设施和必要的经费。

（3）在确认可能引发某类突发事件的预警信息后，应根据各自制定的应急预案及时部署，迅速通知有关部门采取行动，防止事件的发生或事态的进一步扩大。

5．应急预案的启动与实施

由突发事件处置领导小组的组长决定是否启动应急预案。领导小组成员及负责人要认真执行应急预案，遵守工作纪律，确保信息安全，并保证联系方式畅通。

（1）突发事件报告时限、程序及内容。根据突发事件的发生、发展、处置进程等环节，每一起突发事件都必须做首次报告、进程报告和结案报告。首次报告要快，进程报告要新，结案报告要全。

① 首次报告。发生突发事件后，应立即向突发事件应急处置领导小组组长报告。报告的内容必须包括事件名称、发生地点和时间、报告时间、涉及人群或潜在的威胁和影响、报告单位、报告人、联系人及通信方式；尽可能报告的信息内容包括事件初步性质、严重程度及发展趋势、可能的原因、已采取的措施等。

② 进程报告。进程报告内容为突发事件的发展与变化、处置进程、事件的原因或可能因素、已经或准备采取的整改措施等。对于重大或特别重大突发事件的进程报告除了向应急处置领导小组组长报告外，还应将事件发展变化情况及时报告学校及相关部门。

③ 结案报告。在事件处理结束后，事件应急处置领导小组应及时向学校提交结案报告。结案报告的内容包括事件的基本情况、事件产生的原因、应急处置的过程（包括各阶段采取的主要措施及其效果）、处置过程中存在的问题及整改情况，并提出责任追究及今后对

类似事件的防范和处置建议等。

(2) 应急处置措施。突发事件发生后,实验室负责人应立即启动突发事件应急预案,同时将有关情况报告应急处置领导小组组长,领导小组组长接到报告后,根据职责和规定的权限启动应急预案,对突发事件进行及时、有效处置,控制事态进一步发展。

在领导小组统一部署下,按照分级响应的原则,快速做出应急反应。根据实际情况可采取下列措施:组织营救和救治受害人员,疏散、撤离、安置受到威胁的人员;迅速消除突发事件的危害和危险源,划定危害区域并加强巡逻;针对突发事件可能造成的损害,封闭、隔离有关场所,中止可能导致损害扩大的活动;抢修被损坏的供水、供电、供气等基础设施。

突发事件应急处置要采取边调查、边处理、边抢救、边核实的方式,以有效控制事态发展。

事后,要对其他实验室和相关人员及学生进行教育,要及时部署和落实学院的预防控制措施,防止类似的突发事件在本单位再次发生。

(3) 应急响应。对于先期处置未能有效控制事态发展的,或超出事件发生单位处置能力需要学校协调处置的,应及时联系上报学校,再由学校主要领导直接指挥和指导,协同开展处置工作。

6. 善后处理

直接应急处置和救助活动结束后,工作重点应马上从应急处置转向补救和善后工作,争取在最短时间内恢复正常秩序。

(1) 做好事故中受伤人员的医疗救助工作,对有各种保险的伤亡人员要帮助联系保险公司赔付。

(2) 及时查明事故原因,严格信息发布制度,确保信息及时、准确、客观、全面,做好稳定正常教学和生活的秩序工作。

(3) 全面检查设备、设施安全性能,检查安全管理漏洞,对安全隐患及时整改,避免事故再次发生。

(4) 总结经验教训,引以为鉴,对因玩忽职守、渎职等原因而导致事故发生的情况,要追究有关人员的责任。

(5) 配合公安机关做好事件侦察工作。

习题

学校防投毒事故的措施有哪些?

讨论题

一、讨论题 1

上海"11·15"火灾亲历者周先生在火灾发生后,他和妻子从 23 楼墙外的脚手架下爬自救。据周先生称,他们住在胶州教师公寓的 23 楼,火灾发生时,他和妻子正在家中睡午觉,后被浓烟熏醒,当时整个房间内都已经弥漫着浓烟。

周先生冲到楼道,打破消防栓的玻璃,取出楼道内的灭火设备,将 23 楼窗外的火部分扑灭,然后和妻子顺着23楼外的脚手架逐渐往下爬,大概爬到十几楼时,他们遇到了前来救援的消防队员,消防队员先把其妻子救下,随后他也安全脱险。

结合周先生的亲身经历,谈谈火灾逃生的基本方法。

二、讨论题2

遇到校园暴力事件该如何处置?

 微课:扩展阅读

坚决遏制各类安全事故多发势头

2021年6月17日国务院安委会召开全国安全生产电视电话会议。会议要求认真贯彻落实关于安全生产的重要指示精神,按照批示要求,充分发挥制度优势,举一反三、压实责任,全力抓好安全生产,坚决遏制各类事故多发势头,为庆祝建党100周年创造安全稳定环境。

会议指出,近期安全事故接连发生,安全生产形势严峻,各地区各部门各单位要切实增强政治敏锐性和政治责任感,坚持人民至上、生命至上,统筹好发展和安全,保障人民群众生命和财产安全,以实际行动做到"两个维护"。

要群策群力坚决遏制重特大事故,深入开展化工和矿山、燃气管道、工业园区、危化品运输、道路交通安全等领域安全整治,全面排查治理各类重大风险隐患。严格安全生产执法,严厉打击各类违法违规行为,依法依规严肃事故调查和责任追究。强化社会面防控,坚决防止发生极端暴力案事件。扎实提升本质安全水平,加大基础设施安全投入,加强应急处置能力建设。广泛开展安全宣传教育,提升全社会安全意识能力,筑牢安全生产的人民防线。

资料来源:http://hb.people.com.cn/n2/2021/0618/c194063-34781702.html,2022-05-10.

国家安全管理法规

1. 教育部颁布的《学生伤害事故处理办法》自 2002 年 9 月 1 日起实施。

2. 《中华人民共和国突发事件应对法》于 2007 年 8 月 30 日第十届全国人民代表大会常务委员会第二十九次会议通过。

3. 《高等学校消防安全管理规定》自 2010 年 1 月 1 日起施行。

4. 《教育部办公厅关于在当前安全生产大检查中重点加强洪水、泥石流等自然灾害防范工作的紧急通知》(教发厅函〔2013〕79 号)。

5. 国务院教育督导委员会办公室关于印发《教育重大突发事件专项督导暂行办法》的通知(国教督办〔2014〕4 号)。

6. 最高人民法院、最高人民检察院、公安部联合下发《关于办理暴力恐怖和宗教极端刑事案件适用法律若干问题的意见》(公通字〔2014〕34 号)。

7. 《中华人民共和国国家安全法》于 2015 年 7 月 1 日第十二届全国人民代表大会常务委员会第十五次会议通过。

8. 《关于印发大专院校新冠肺炎疫情防控技术方案的通知》(国卫办疾控函〔2020〕304 号)。

北京市突发公共卫生事件应急条例

《北京市突发公共卫生事件应急条例》于2020年9月25日由北京市第十五届人民代表大会常务委员会第二十四次会议通过。

第一章 总 则

第一条 为了建设统一高效的公共卫生应急管理体系,预防、有效控制和应对突发公共卫生事件,保障人民群众生命安全和身体健康,维护首都安全,依据有关法律、行政法规,结合本市实际,制定本条例。

第二条 本市行政区域内突发公共卫生事件的预防与应急准备、监测预警、应急处置、应急保障和秩序恢复等活动,适用本条例。

本条例所称突发公共卫生事件,是指突然发生,造成或者可能造成社会公众健康严重损害的重大传染病疫情、群体性不明原因疾病、重大食物和职业中毒以及其他严重影响公众健康的事件。

突发公共卫生事件分为特别重大、重大、较大和一般四级。

第三条 突发公共卫生事件应急工作应当坚持人民至上、生命至上,遵循预防为主、防治结合、健康优先的方针,党委统一领导、政府分级负责、社会共同参与,落实属地、部门、单位和个人四方责任,科学、依法、精准应对。

第四条 本市成立中共北京市委领导的应对重大突发公共卫生事件领导机构,并根据应急工作需要设立办事机构和专项工作机构,统一指挥处置特别重大和重大突发公共卫生事件。

对一般、较大突发公共卫生事件,依法实施市、区分级指挥处置。

第五条 市、区人民政府负责本行政区域内突发公共卫生事件应急工作,建立健全疾病预防控制、医疗救治、应急物资保障等体系以及医疗保险、救助等制度,完善及时发现、快速处置、精准管控、有效救治的应急机制,适时作出应对突发公共卫生事件的决定、命令。

市、区卫生健康部门应当组织和指导突发公共卫生事件的监测预警、公共卫生监督管理等工作,负责组织突发公共卫生事件的调查、控制和医疗救治工作。

市、区人民政府有关部门应当建立健全突发公共卫生事件预防和应急处置责任制,落实部门联动机制,推进信息互联互通和工作协同。

街道办事处、乡镇人民政府应当按照市、区人民政府及其有关部门的部署,做好辖区内的突发公共卫生事件应急工作。

第六条 本市建立健全社会动员机制,组织开展爱国卫生运动,倡导文明健康生活方式,增强市民的公共卫生风险意识,提高突发公共卫生事件认知水平和预防自救互救能力。

工会、共青团、妇联、残联、红十字会、科协等人民团体和群众团体,以及医学会、预防医学会等行业组织按照各自职责,共同做好突发公共卫生事件应急工作。

本市行政区域内的机关、企业事业单位、社会组织和个人应当按照国家和本市的有关规定落实自身责任,积极参与、配合做好突发公共卫生事件应急工作。

居民委员会、村民委员会应当组织辖区居民、村民和单位参与、协助和配合做好突发公共卫生事件应急工作,并根据需要设立公共卫生委员会或者由居民、村民较少的居民委员会、村民委员会成员分工负责公共卫生工作,健全公共卫生工作机制。

第七条 市、区人民政府及其有关部门采取的突发公共卫生事件应对措施,应当与事件可能造成的社会危害性质、程度和范围相适应;有多种措施可供选择的,应当选择有利于最大程度地保护公民、法人和其他组织合法权益的措施。

市、区人民政府及其有关部门,街道办事处、乡镇人民政府,居民委员会、村民委员会以及医疗卫生机构等应当对在突发公共卫生事件应对工作中获取的个人信息采取保护措施,防止泄漏和滥用;任何单位和个人不得泄露和滥用获悉的个人信息。

任何单位和个人不得歧视突发公共卫生事件中的病人、疑似病人和传染病病人密切接触者。

第八条 市、区人民政府及其有关部门在保护个人信息的前提下,整合政府、市场和社会各方资源,发挥大数据、云计算、移动通信等技术作用,为突发公共卫生事件监测、病原溯源以及病人、疑似病人和传染病病人密切接触者管理等提供数据支撑;根据应急工作需要,可以提供个人健康状态查询服务。

第九条 本市建立健全与国家有关部门、驻京部队、中央在京单位以及其他省、自治区、直辖市的联防联控机制,加强突发公共卫生事件的信息沟通、突发公共卫生事件应对政策协调和资源共享与合作。

第十条 本市推动京津冀突发公共卫生事件应急区域合作,联合开展应急演练,实行信息共享、应急资源合作、应急物资生产联合保障、重大应急策略和措施联动。

第十一条 本市支持在突发公共卫生事件应急人才、技术、药物、疫苗等方面开展国际交流与合作。

市卫生健康部门应当会同外事、科技等部门建立国际交流合作渠道,与相关国际组织、机构在突发公共卫生事件监测预警、调查溯源、应急处置有关技术和治疗药物、检测技术、疫苗研发等方面广泛开展合作。

第十二条 市、区人民政府作出应对突发公共卫生事件的决定、命令,应当报本级人民代表大会常务委员会备案;突发公共卫生事件应急处置结束后,应当向本级人民代表大会常务委员会作出专项工作报告。

第十三条 市、区人民政府应当按照国家和本市有关规定,对在突发公共卫生事件应急工作中作出突出贡献的单位和个人给予表彰和奖励。

第二章 应急准备

第十四条 市、区人民政府应当根据国家有关规定,结合本行政区域实际,制定本级突发公共卫生事件应急预案,明确事件级别和对应措施等事项,并向社会公布。

市、区人民政府有关部门和街道办事处、乡镇人民政府应当根据市或者区人民政府制定的应急预案,结合各自职责制定本部门、本区域的相关应急预案。

公共交通工具、公共场所以及其他人员密集场所的经营管理单位应当制定本单位的具体应急预案。

应急预案编制单位应当建立应急演练制度,定期或者根据实际需要进行应急演练,并根据突发公共卫生事件应对和应急演练发现的问题等情况及时修订应急预案。

第十五条　市、区人民政府应当采取下列措施,加强疾病预防控制体系建设:

(一)按照国家标准建设疾病预防控制机构基础设施、技术能力和实验室;

(二)完善公共卫生服务项目,开展重大疾病和主要健康危险因素专项防控工作;

(三)建立首席公共卫生专家制度,培育公共卫生领军人才,储备专业应急人才;

(四)建立疾病预防控制机构、医院、医学检验机构联合协作机制,构建传染病检测实验室网络。

第十六条　市、区疾病预防控制机构应当采取下列措施,提升专业技术能力:

(一)加强专业化、标准化流行病学调查队伍建设;

(二)开展新发突发传染病病原检测技术或者方法学储备;

(三)规范信息收集、监测预警、风险评估、调查溯源、趋势研判和防疫指引发布等的标准和流程。

第十七条　本市构建多病种综合监测和症状监测网络,建立健全覆盖传染病专科医院,二级以上医疗卫生机构发热、呼吸、肠道门诊,社区卫生服务中心发热哨点门诊以及诊所、卫生室(所)、门诊部等基层医疗卫生机构和其他医疗卫生机构的突发公共卫生事件动态监测系统,加强对不明原因疾病和异常健康事件的监测;建设完善位于口岸、机场、火车站、长途客车站、学校、食品集中交易市场、物流仓储中心、零售药店、医疗和生活污水处理场站等场所的监测哨点;通过互联网医疗健康服务企业及其服务平台收集突发公共卫生事件相关信息。

第十八条　本市建立分级、分层、分流的应急医疗救治体系,形成市级、区级定点救治医院和社区卫生服务中心以及其他医疗卫生机构构成的应急医疗救治网络。

市卫生健康部门负责组织研究突发公共卫生事件应急医疗救治方案,并按照方案开展医疗救治的指导培训。

第十九条　市卫生健康部门建立医疗卫生机构公共卫生职责清单和评价机制,推动疾病预防控制与医疗救治功能融合。

市、区疾病预防控制机构应当对其他医疗卫生机构、城乡社区开展公共卫生工作进行技术指导、人员培训、考核,建立相互间信息、资源共享与互联互通等协作机制。

医疗卫生机构应当依法履行公共卫生职责,优化诊区布局,配备公共卫生医师,加强对临床医务人员的公共卫生技能培训,提升突发公共卫生事件监测、认知能力,防控院内感染。

第二十条　本市建立健全医疗防治、技术储备、物资储备、产能动员为一体的公共卫生应急保障体系。市、区人民政府制定和完善储备目录并动态调整;在医疗救治场所和储备单位实施应急物资的实物储备,完善动态轮转机制;引导单位和家庭日常储备适量应急物资。

第二十一条　市规划自然资源部门应当会同市卫生健康部门,按照防治结合、分级响应、分区管理、分类完善的原则编制本市防疫设施专项规划,根据人口分布和应急工作需要等优化全市医疗卫生设施布局,完善社区公共卫生服务配置,建设公共卫生安全应急保障和医疗中心等基地。

市、区人民政府统筹规划建设传染病等定点救治医院,加强综合医院传染病防治设施建设,确定备用医院、临时救治和医疗废物集中处置场所;在机场、火车站等配置监测、检疫、留验场所和设施、设备;新建、改扩建大型公共建筑应当预留应急设施、设备转换接口;通过与民办医疗卫生机构或者宾馆、展览馆、体育场馆等签订协议等方式确定集中医学观察、急救转运和洗消等备用场所。

市卫生健康部门应当会同规划自然资源、生态环境、住房城乡建设、消防等部门制定备用场所设施设备配置等防疫标准。

第二十二条 本市组建公共卫生专家委员会,为突发公共卫生事件应急处置提供决策支持。

市、区卫生健康部门应当会同有关部门建立多层级、广覆盖的突发公共卫生事件应急处置、医疗救援、心理危机干预等队伍,定期组织培训、演练。

第二十三条 市教育部门应当将公共卫生健康知识、应急技能和相关法律法规纳入学校教学内容,提高学生的自我防护意识和能力。

本市行政区域内的机关、企业事业单位和社会组织应当向本单位人员普及公共卫生健康知识、应急技能和相关法律法规。

新闻媒体应当开展突发公共卫生事件预防与应急、自救与互救知识的公益宣传以及相关法律法规的普及工作。

第三章 监测预警

第二十四条 市、区人民政府应当根据国家有关规定,结合本市实际,建立健全突发公共卫生事件监测预警系统;增强早期监测预警能力,完善多渠道监测哨点建设,建立智慧化预警多点触发机制。

市、区疾病预防控制机构负责突发公共卫生事件的日常监测,收集、核实、汇总各级各类医疗卫生机构、相关科研机构、药品零售企业和海关等监测哨点提供的监测信息,跟踪、研判外省市、国(境)外新发突发传染性、流行性疾病风险,综合国内外有关监测情况,形成监测分析报告,向卫生健康部门报告。

本市各级各类医疗卫生机构负责职责范围内的突发公共卫生事件日常监测和信息报告工作。

第二十五条 本市根据国家有关规定,结合本市实际,建立突发公共卫生事件信息报告制度,完善突发公共卫生事件报告系统,建立健全网络直报机制。

执行职务的医疗卫生人员以及有关人员发现发生或者可能发生突发公共卫生事件线索的,应当依法将具体情况向本单位和疾病预防控制机构报告。获悉情况的疾病预防控制机构、医疗卫生机构以及相关机构应当及时向区卫生健康部门报告,区卫生健康部门应当及时向区人民政府和市卫生健康部门报告。情况紧急时可以越级报告。

第二十六条 发生或者可能发生突发公共卫生事件时,市卫生健康部门应当及时向海关、毗邻以及相关地区卫生健康部门等通报信息;对接到的突发公共卫生事件信息通报,及时向市人民政府报告。

第二十七条　任何单位和个人有权向人民政府及其有关部门报告突发公共卫生事件隐患。

报告有关情况可以通过北京12345市民服务热线、部门电话、政府网站、政务新媒体等途径。

市、区人民政府及其有关部门应当保证报告渠道畅通，建立受理与调查处理机制，依法维护报告人的个人信息、人身安全等合法权益；对报告的突发公共卫生事件隐患，经调查核实的，市、区卫生健康部门对报告人予以奖励，对非恶意的不实报告不予追究责任。

第二十八条　市、区卫生健康部门收到突发公共卫生事件监测分析报告、信息报告、通报、社会报告后，应当立即组织专业机构和专家开展现场调查确证、先期处置，进行科学分析、综合研判，根据紧急程度、发展态势和可能造成的危害程度，按照国家和本市有关规定提出预警建议或者启动应急预案的建议。

市、区人民政府根据建议，依法发布预警或者启动应急预案。

第二十九条　市、区人民政府应当按照有关规定统一发布突发公共卫生事件事态发展和应急处置的信息及相关建议、提示、指引等，加强与社会公众的沟通、互动，及时回应社会关切。

信息发布应当遵循及时、准确、公开、透明的原则，在突发公共卫生事件发生期间持续进行，并采取措施为残疾人等特殊群体提供无障碍信息服务。

第四章　应急处置

第一节　应对措施

第三十条　重大传染病疫情、群体性不明原因疾病的应对处置，坚持早发现、早报告、早隔离、早治疗原则。

有关部门应当积极运用检测手段，科学、合理确定检测范围，针对特定人群、场所、区域组织开展病原检测等筛查措施，精准确定防控对象，缩小防控范围。

第三十一条　突发公共卫生事件发生后，市、区人民政府依据相关程序并按照应急预案明确应急响应级别，依法采取下列一项或者多项措施，并对应急响应级别和应对措施适时调整：

（一）调集应急处置和医疗救治队伍，调用储备物资，临时征用宾馆、学校、展览馆、体育场馆、交通工具及相关设施、设备；

（二）确定定点救治医院、备用医院、临时救治和集中医学观察场所等；

（三）对病人、疑似病人及时进行救治，对传染病病人密切接触者依法进行管理；

（四）组织开展流行病学调查，实施人员健康状况动态监测，及时对易受感染的人群和其他易受损害的人群采取预防性投药、群体防护、应急接种等措施；

（五）合理使用大数据等技术手段，追踪突发公共卫生事件传播链条；

（六）实施交通卫生检疫，对道路、交通枢纽和交通工具进行管控；

（七）对定点医院、隔离救治场所、污水处理场站、食品集中交易市场、冷链仓储物流设施、出现特定病例的社区（村）等重点场所、区域开展环境监测和消毒；

（八）对饮用水及食品生产、加工、储存、运输、销售全过程实施监管，对来源于疫情发生地的食品及其外包装进行检测，对餐饮、物流、交通运输、食品生产经营等行业从业人员加强健康管理；

（九）停工、停业、停课，限制或者停止使用有关公共场所，限制或者停止人群聚集活动；

（十）稳定市场价格，对特定应急物资或者其他商品实施价格干预措施；

（十一）明确风险区域划定标准，确定区域风险等级，分区分级采取差异化、精准化的防控措施；

（十二）严格进出京人员管理，实施社区封闭和居民出入管理；

（十三）宣传卫生应急知识，发布人群、地域、行业应对指引；

（十四）临时调整有关部门职责；

（十五）采取财政措施，保障应急工作资金需求；

（十六）为降低或者消除突发公共卫生事件造成或者可能造成的损害，需要采取的其他措施。

第三十二条　市卫生健康部门按照分类救治、全流程管理的原则，组织医疗卫生机构开展下列工作：

（一）落实首诊负责制，对传染病病人、疑似病人及时进行救治或者按需转诊，采取措施防止传染病传播，并按要求及时履行报告义务；

（二）对传染病病人密切接触者进行转运、医学观察；

（三）对突发重大传染病疫情、群体性不明原因疾病等开展病原学和治疗方案研究；

（四）及时发布行业和基层应对指引；

（五）开展线上线下相结合的健康监测、诊断、筛查、转诊和就医指导。

从事诊疗活动的医疗卫生机构应当加强院内感染防控，在采取安全措施的情况下开展日常医疗服务，对需要紧急救治的急危重症患者以及需要血液透析、放化疗等持续性治疗的患者应当及时采取救治措施；卫生健康部门应当予以指导、规范，保障救治渠道畅通。

第三十三条　本市在突发公共卫生事件应对中支持中西医结合，充分发挥中医药的预防救治作用，建立中西医联合会诊制度，完善中西医协同救治机制；组织制定中医药防治方案，指导医疗卫生机构、中药企业为重点岗位、重点人群提供中药预防方等服务。

第三十四条　市、区卫生健康和教育、民政等部门应当根据突发公共卫生事件应急处置情况，组织精神卫生医疗机构、高等学校、社会组织和志愿服务组织，有序开展心理危机干预和心理援助等服务。

第三十五条　市、区人民政府有关部门应当规范监管场所、养老机构、儿童福利机构、残疾人服务机构、救助机构、精神卫生医疗机构等场所的应对措施；对老、幼、病、残、孕产、孤寡、精神障碍患者等群体以及流浪乞讨人员、滞留人员等群体给予应急救助。

第三十六条　发生突发公共卫生事件时，市、区人民政府应当建立应急志愿服务协调机制，提供需求信息，引导志愿服务组织和志愿者及时有序开展志愿服务活动。

本市鼓励志愿者根据其专业知识、技能和志愿开展科普宣传、基层应对、心理疏导、社区服务、交通物流、社会秩序维护等应对突发公共卫生事件志愿服务活动。

第三十七条　本市鼓励单位和个人向突发公共卫生事件应对工作提供物资、资金、技术支持和捐赠。

市、区人民政府建立应急捐赠统筹协调机制,规范捐赠和受赠行为,引导社会按需捐赠。市、区民政部门负责指导或者协助捐赠单位和个人精准对接需求,并督促、监督慈善组织等及时、准确、详细公示捐赠物资接收、使用情况,主动接受社会监督。

第三十八条　市、区人民政府在做好突发公共卫生事件应对工作的前提下,统筹谋划改革、发展、稳定等各项工作,支持、服务和保障生产经营活动,促进城市平稳有序运行。

第三十九条　突发公共卫生事件的威胁和危害得到控制或者消除后,市、区人民政府应当采取下列措施:

(一) 适时宣布终止应急响应,解除应急措施,恢复社会正常秩序;

(二) 返还征用的财产,并对被征用单位和个人依法予以补偿;

(三) 及时调查、分析突发公共卫生事件发生的原因、过程,对监测预警、信息报送、应急决策与处置等情况进行全面、客观评估,组织善后学习,必要时组织复盘演练,制定改进措施,完善相关应急预案。

第二节　四方责任

第四十条　区人民政府应当落实属地政府责任,做好下列工作:

(一) 落实市人民政府部署的应对措施和任务;

(二) 建立健全符合本区功能定位、职责明确、行为规范、运转有效的领导指挥体系、预防控制体系、医疗救治体系和监督管理体系;

(三) 对辖区内机关、社会团体、企业事业单位、基层组织和其他组织的突发公共卫生事件应急工作进行督促检查;

(四) 负责本辖区居住人员、境内外来京人员等相关人员的集中观察,做好管理和服务。

第四十一条　街道办事处、乡镇人民政府应当做好下列工作:

(一) 坚持党建引领"街乡吹哨、部门报到"和接诉即办机制,统筹协调相关部门和单位,指导社区、村以及物业服务人开展风险排查,做好应对工作;

(二) 组建社区工作者、社区民警、协管员、物业服务人员、在职党员和社区志愿者等人员组成的基层应急队伍,以社区、村为单元,配备人员力量,提供应急物资保障;

(三) 与社区卫生服务机构建立协同联动机制,做好辖区居住人员的健康监测管理和卫生应急知识的宣传普及;

(四) 及时回应辖区居民合法诉求。

第四十二条　居民委员会、村民委员会应当在基层党组织的领导下,做好下列工作:

(一) 按照人民政府统一指挥部署,动员、组织居民、村民和物业服务人、相关生产经营单位开展群防群治;

(二) 按照要求做好居民、村民的信息告知、宣传教育和健康提示;

(三) 开展出入人员、车辆登记排查;

(四) 实施环境卫生治理,对人员聚集场所进行清洁、消毒;

(五) 协助实施人员分类管理、健康监测,为封闭管理的居民、村民和居家观察人员提供日常生活服务保障,发现异常及时报告;

（六）组织开展邻里互助和志愿服务；

（七）组织对无人照料的儿童、失能老人、精神障碍患者等特殊人群予以临时生活照料。

第四十三条 市、区人民政府有关部门应当依法履行突发公共卫生事件应急工作职责，重点做好下列工作：

（一）交通部门负责做好公交、轨道、出租、省际客运、货运、客运枢纽、公路等交通领域的应对工作，指导生产运营单位对地铁、公交等公共交通工具采取必要的人员限流和其他应对措施，保障应急物资和应急处置人员等及时运送；

（二）教育部门负责各级各类学校、幼儿园和教育培训机构应对工作的行业管理，组织、指导做好食源性疾病和传染病的预防工作，协助、配合疾病预防控制机构做好流行病学调查；

（三）商务、粮食和物资储备等部门负责组织生活必需品调配供应，完善生活必需品监测网络，保障生活必需品供应；

（四）应急管理、药品监督管理、发展改革、国有资产管理等部门负责做好药品、防护用品等应急物资的紧急调用，组织境内外采购配送，启动应急生产，保障应急物资需求；

（五）市场监督管理部门负责市场检查和食品安全监管，全面排查食品安全风险隐患，依法查处危害食品安全、哄抬价格、囤积居奇、制假售假等违法行为；

（六）卫生健康部门负责组织各定点救治医院、隔离治疗等场所做好生活垃圾和医疗废物的分类收集、消毒、包装、暂存，生态环境部门组织做好医疗废物的收集和处置，城市管理部门负责做好生活垃圾清运；卫生健康、生态环境部门负责对集中观察点等场所产生的生活垃圾参照医疗废物进行管理，并会同城市管理部门制定相关应急处置措施；

（七）公安机关负责维护社会治安秩序，依法严惩扰乱社会秩序的行为；对需要接受隔离治疗、医学观察的病人、疑似病人和传染病病人密切接触者拒绝配合的，依法协助有关部门强制执行；

（八）民政部门负责对疫情期间的困难群众提供基本生活保障，对监护人无法履行监护责任的被监护人予以临时生活照料，引导各类社会组织、社会工作者和志愿者等力量参与应急工作；

（九）医疗保障部门与财政部门负责重大突发疫情等紧急医疗救治费用保障，确保医疗卫生机构先救治、后付费，将相关救治药品和医疗服务项目临时纳入医保报销范围；

（十）农业农村部门负责组织实施畜禽疫病监测和强制免疫，园林绿化部门负责实施野生动物疫情监测，其他相关部门根据突发公共卫生事件应对需要依法做好动物疫源疫病的监测调查以及无主动物的处置、收置、防疫工作；

（十一）新闻宣传、网信部门负责收集、分析和引导涉及突发公共卫生事件的舆情，强化网络宣传，组织协调相关部门快速反应、及时发声，持续发布权威信息；

（十二）科技、卫生健康等部门负责组织科研机构、医疗卫生机构、高等院校和企业开展治疗药物、疫苗、检测试剂、防护物品和医疗器械等的紧急研发；

（十三）外事部门负责涉外政策的解读，指导做好驻华使团、在京外籍人员和本市在境外人员有关应急处置工作；

（十四）其他相关部门按照各自职责开展应急处置工作，组织公共服务企业做好水、电、气、热、电信、网络等城市运行保障工作，保障重点单位和重点场所的能源供应和信息畅通，指导分管行业企业落实应对措施。

第四十四条　本市行政区域内的机关、企业事业单位、社会组织和其他组织，应当按照国家和本市规定，服从属地管理，落实单位责任，做好下列工作：

（一）建立健全应对工作责任制和管理制度，配备必要的防护物品、设施；

（二）建立与所在街道、乡镇的对接工作机制，落实各项应急处置措施；

（三）对本单位人员和其他相关人员宣传普及卫生健康知识、应急技能和相关法律、法规，进行健康监测管理，发现异常情况及时报告；

（四）对职工的工作方式作出必要调整；

（五）按照所在地人民政府要求组织人员参加应急处置工作。

机场、火车站、省际客运站等交通枢纽，以及进京检查站、市内公共交通工具的运营管理单位应当配合做好交通卫生检疫、出入境检验检疫工作。住宿餐饮、文化体育、宗教活动、商务办公、商场市场、物流仓储等公共场所以及其他人员密集场所应当按照本市有关规定安排专人落实清洁、消毒、通风等措施，对进入场所人员进行健康监测、提示和卫生健康知识的宣传教育。建筑施工单位应当做好施工人员集中管理和健康监测，对施工场地内的生活区、办公区、施工作业区等进行环境消毒。

物业服务人应当制定突发公共卫生事件应对工作方案，在街道办事处、乡镇人民政府的指导下，服从居民委员会、村民委员会安排、调度，配合做好社区、村群防群治工作；商务楼宇物业服务人应当督促物业使用单位落实有关应对措施，加强出入楼宇人员健康监测，配合做好有关应对工作。

第四十五条　在本市行政区域内居住、工作、生活、学习、旅游以及从事其他活动的境内外人员，应当配合国家和本市依法采取的突发公共卫生事件应对措施，并遵守下列规定：

（一）做好自我防护，注意环境和个人卫生，出现特定症状时，及时主动前往规定的医疗卫生机构就医，并避免乘坐公共交通工具；

（二）协助、配合各级人民政府及其有关部门以及所在社区、村组织开展的应急处置工作；

（三）配合有关调查、样本采集、检测、隔离治疗等预防控制措施，如实提供有关情况；

（四）进入本市的人员按照有关规定主动报告健康状况，接受、配合集中或者居家观察。

第三节　监督落实

第四十六条　发生突发公共卫生事件期间，公职人员任免机关、单位，监察机关应当按照管理权限加强对承担应急工作职责公职人员的监督管理，督促公职人员依法履行职责，并重点查处下列违法行为：

（一）不履行、违法履行、不当履行职责的；

（二）不当侵害公民、法人和其他组织合法权益的；

（三）拒不配合有关部门依法采取的防控措施，造成恶劣社会影响的。

第四十七条　承担有关行政监督管理职责的部门应当加强对妨害应急管理秩序行为的监督检查，及时查处、纠正有关单位和个人的行政违法行为，维护突发公共卫生事件期间的应急管理秩序和正常的生产生活秩序。

有关单位和个人应当自觉遵守相关法律、法规、规章，主动接受、配合有关部门的监督检查。

第四十八条　市、区卫生健康部门应当加强对本行政区域内监测哨点、医疗卫生机构、第三方检验检测机构等单位履职情况的指导、监督，严厉查处未取得执业许可、登记注册的机构、个人非法从事诊疗活动的行为，规范有关单位、个人依法履行公共卫生职责。

市、区疾病预防控制机构依法对各级各类主体开展防疫工作提供技术指导和技术咨询。

第四十九条　任何单位和个人有权向监察机关举报有关公职人员应急工作中的违法线索，有权向有关部门举报应急工作中有关迟报、谎报、瞒报、漏报突发公共卫生事件等各种行政违法行为。接到举报的监察机关和有关部门应当依法及时调查处理，并对举报人的个人信息保密。

卫生健康部门和其他有关部门在监督检查中发现公职人员涉嫌违法的，应当将线索转送监察机关依法调查处理。

第五十条　任何单位和个人有权劝阻、制止不配合应对措施、妨害突发公共卫生事件应急处置的行为。

公共场所、公共交通工具运营管理单位和居民委员会、村民委员会应当及时劝阻、制止不配合应对措施的行为，劝阻、制止无效的，向公安机关或者有关部门报告。公安机关或者有关部门应当及时依法处理。

第五章　应急保障

第五十一条　市、区人民政府及其有关部门应当建立公共卫生事业投入保障机制，将突发公共卫生事件应急工作所需资金列入同级财政预算；根据突发公共卫生事件应急处置的需要，市、区财政部门依法简化审批程序，及时拨付、追加所需资金。

第五十二条　本市建立健全公共卫生应急物资紧急调用工作机制；对急需的药品、医疗器械和防疫物资市场准入实行联审；及时通过国际国内市场采购、启动储备生产能力等保障应急物资供给；建立有序高效的应急物流体系，确保物资合理调度、快速配送。

第五十三条　本市推动基本医疗保险、大病保险、大病救助以及其他医疗保障政策互补衔接；探索建立特殊群体、特定疾病医药费用豁免制度；统筹医疗保障基金、公共卫生服务资金的使用。

本市鼓励商业保险机构开发突发公共卫生事件应急相关保险产品。

第五十四条　本市建立健全突发公共卫生事件应急人员力量调配、支援机制，及时保障医疗救治机构、基层、事件发生地等应急工作所需人员力量。

本市各级机关、国有企业、事业单位、人民团体和群众团体应当按照统一部署，组织职工参加突发公共卫生事件应对工作。

第五十五条　本市建立突发公共卫生事件应急管理信用体系，在应急物资采购、场所储备、志愿捐赠、信息报告、配合突发公共卫生事件应急处置措施等方面建立信用制度,将各类主体信用记录纳入本市公共信用信息服务平台,实施守信激励和失信惩戒。

本市有关行政执法部门应当加强信息共享、案件移送、证据互认,及时查处违反突发公共卫生事件应急相关法律法规的行为,依法公示执法信息。

第五十六条 市、区人民政府及其有关部门组织人员开展应急处置的,应当为其提供保险和符合标准的职业安全防护,合理安排休息、休养。

本市各有关单位应当按照国家规定,对参加突发公共卫生事件应急处置的医疗卫生人员和其他相关人员给予补助、补贴,对在应急处置中伤亡的人员及其家属给予救助、抚恤。

第六章 法律责任

第五十七条 在突发公共卫生事件应对工作中,有关公职人员不履行、违法履行、不当履行职责,应当受到政务处分的,由任免机关、单位、监察机关依法处理;构成犯罪的,依法追究刑事责任。

第五十八条 在突发公共卫生事件发生期间,有下列行为之一,构成违反治安管理行为的,由公安机关依法给予处罚;构成犯罪的,依法追究刑事责任:

(一)编造、故意传播有关突发公共卫生事件事态发展或者应急处置工作虚假信息,造成严重影响的;

(二)不服从本市应对突发公共卫生事件发布的决定、命令,不配合人民政府及其有关部门依法采取的突发公共卫生事件应对措施的;

(三)阻碍公职人员依法履行为应对突发公共卫生事件而采取的防疫、检疫、隔离治疗、在指定场所进行医学观察、集中观察等措施的;

(四)对依法履行职务的医疗卫生人员、社区工作人员等实施侮辱、恐吓、故意伤害或者破坏安全防护装备等行为的;

(五)法定传染病的确诊病人、病原携带者、疑似传染病人或者密切接触者,拒绝隔离治疗或者隔离期未满擅自脱离隔离治疗,进入公共场所或者公共交通工具,造成他人被传染或者被隔离、医学观察或者有传播严重危险的;

(六)其他扰乱公共秩序,妨害应对突发公共卫生事件的行为。

违反前款规定的人员是公职人员的,公安机关应当同时通报其所在单位、主管部门、上级机关或者监察机关。

第五十九条 在突发公共卫生事件发生期间,有下列行为之一,扰乱市场秩序的,由市场监督管理部门依法从重处罚,情节严重的,吊销营业执照、生产经营许可证;构成犯罪的,依法追究刑事责任:

(一)违反有关市场经营、价格管理等规定,哄抬应急物资或者其他涉及民生的物品价格,囤积居奇的;

(二)利用广告对所推销的防疫、防护用品作虚假宣传,欺骗消费者,造成严重后果的;

(三)生产、销售不符合国家强制标准的应急物资的;

(四)其他扰乱市场秩序,妨害应对突发公共卫生事件的行为。

第六十条 因人为原因造成水污染引发病原传播和传染病事件发生的,依照有关水污染防治、传染病防治法律、法规的规定处理;构成犯罪的,依法追究相关人员的刑事责任。

第六十一条 单位或者个人违反本条例规定,导致突发公共卫生事件发生或者危害扩大,给他人人身、财产造成损害的,依法承担民事责任。

第七章 附 则

第六十二条 本条例自公布之日起施行。

参 考 文 献

[1] 邹建华.突发事件舆论引导策略[M].北京:中共中央党校出版社,2009.
[2] 李涛,陈登国.突发事件应急救援手册[M].北京:军事医学出版社,2010.
[3] 张振学.领导者应对和处理突发事件的9种能力[M].北京:中国致公出版社,2011.
[4] 陈光.高校突发事件应对策略论[M].北京:光明日报出版社,2011.
[5] 艾学蛟.突发事件经典案例解析与使用指南[M].北京:中国长安出版社,2011.
[6] 金舒.应对突发事件方法与技巧[M].北京:国家行政学院出版社,2012.
[7] 李飞.大学生安全教育点对点[M].上海:上海浦江教育出版社有限公司,2013.
[8] 江川.突发事件应急管理案例与启示[M].2版.北京:人民出版社,2013.
[9] 张效民.大学生安全教育与应急处理训练[M].北京:商务印书馆,2014.
[10] 刘廷辉.大学生安全教育与突出事件应对[M].北京:兵器工业出版社,2014.
[11] 刘志军,张宝运.大学生安全教育图鉴[M].济南:山东人民出版社,2015.
[12] 刘志彧,李文阁.大学生安全教育教程[M].北京:高等教育出版社,2016.
[13] 王威.大学生安全教育[M].北京:清华大学出版社,2017.
[14] 郑恒.大学生安全教育[M].北京:北京师范大学出版社,2018.
[15] 邹礼均.大学生安全教育与管理[M].重庆:重庆大学出版社,2018.
[16] 李宗茂.大学生安全与法纪教育读本[M].北京:中国人民大学出版社,2019.
[17] 邢廷卫.大学生安全教育[M].北京:科学出版社,2019.
[18] 贺明华,李岚,杨爱民.大学生安全教育[M].北京:中国轻工业出版社,2020.
[19] 宋志伟,陈建军.大学生安全教育[M].北京:清华大学出版社,2020.
[20] 张国旺,叶明君.大学生安全教育[M].大连:大连海事大学出版社,2020.
[21] 汪家兵.大学生安全教育教程[M].北京:科学出版社,2020.
[22] 姜辉.大学生卫生安全教育[M].北京:化学工业出版社,2021.